물류, 장보고와 칭기스칸에게서 배워라

역사 속에서 배우는 물류 이야기

물류 장보고와 칭기스칸에게서 배워라

정필수 지음

KHUP 경희대학교 출판국

추천사

物流를 장보고와 칭기스칸에게서 배운다

이 책은 21세기 글로벌시대를 살며 동북아경제권 형성을 추구하는 당대의 우리들에게 "물류(物流, logistics)를 장악한 자, 세계를 지배한다"는 불멸의 진리를 새롭게 입증해주고 있다.

9세기 한 · 중 · 일 해양 무역활동을 지배하면서 그 활동영역을 샴, 이슬람 지역에까지 펼쳐 세계사에 빛나는 세라믹 로드(ceramic road)를 개척했던 장보고(張保皐) 대사로부터 저자는 그 성공비결로 국제경영 CEO로서의 탁월한 리더십과 비전 그리고 끊임없는 기술혁신과 정보의 수용에 물적 유통망 구축을 들고 있다. 철저한 정경분리 원칙의 상적경영(商的經營) 활동에 못지않게, 과학적이고 종합적인 물적유통(物的流通) 인프라의 구축이 비교적 짧은 기간 안에 일개 대사(당시 大使란 직책은 오늘날의 ambassador 개념이 아니라 commissioner, 즉 총독) 직분의 장보고 상단(商團)으로 하여금 당시 세계 선진문화권인 동양의 해상왕으로 군림할 수 있게 만들었다는 해석이다. 한반도 남단의 완도 청해진과 중국 산둥 반도 동단의 석

도진 적산포, 동남부 절강성 명주(명파) 그리고 일본 서남단 구주 하까다를 연결하고, 중국내륙의 경항(京杭) 대운하와 연운항 그리고 초주 회안과 장안성에 연결되는 주요 교통로 및 상업요지마다 20여 곳의 신라방 또는 신라소를 구축한 네트워킹은 현대 물류감각으로도 과연 천재적인 발상이었다.

13세기 칭기스칸이 동서고금 전쟁 복역사에서 유례가 없는 경이로운 동서양 육상을 정복하여 지배한 비결 역시 그의 비범한 통합리더십과 비전, 기마를 활용한 특이한 용병술이 탁월했지만, 그보다도 군대의 신속한 이동을 뒷받침 해주었던 군수물자 조달기술과 매 40km마다의 과학적인 물류거점(역참)의 구축 관리능력에 의해 실제 가능하였다. 지구 동북부 고원 초원지구의 몽골로부터 시작하여 동남쪽으로는 중국과 한반도, 서쪽으로는 중앙아시아와 헝가리, 이태리 등 유럽대륙에 이르기까지 불가사의한 질주와 질풍노도와 같은 세계정복 성공사의 이면에도 이와 같이 칭기스칸 특유의 새로운 기술과 정보의 수용체제에 바탕을 둔 물적 유통망 인프라의 성공적인 구축과 관리 운영기술에 기인했다. 그 손자 쿠빌라이 때에는 중국 남송을 통합하여 해상 물류 거점들을 확보함으로써 마침내 육상과 해상 물류망의 대통합이라는 대역사를 창조하였다.

저자 정필수 박사는 모든 정치 · 경제 · 문화 활동의 필수적인 성공요소로서 종합적이고도 과학적인 물류망 구축과 관리능력을 강조한다. 이를 세계사에 빛나는 장보고, 칭기스칸, 쿠빌라이의 성공사례에서 그 요인을 추출해낸다. 다만, CEO 1인의 능력과 비전에만 의존하는 물류 건설운영은 비록 당대에는 획기적인 성과를 거둘 수 있게 했지만 그의 사망과 더불어 소멸되고 말았다는 사례에서 미래지향적인 교훈을 도출해낸다. 즉 장보고의 사후와 몽골 패망 이후의 명(明代)에 이르러 그 화려했던 물류망이 소멸되고 다시 침체와 축소경제를 반복한 원인으로서 시스템에 의한 체계적이고 조직적인 물류망의 구축과 과학적인 관리능력의 부재현상을 지적하고 있다.

그 역사적인 교훈은 자명하다. 시간과 비용개념에 바탕을 둔 과학적이고 조직적인 물류망의 구축과 CEO의 리더십, 정부의 물류 인프라 지원활동, 기업의 내부혁신이 혼연일체로 통합 추진되어야 지속성을 유지할 수 있다는 것이 필자의 지론이다. 글로벌시대 동북아와 세계를 경영하려는 기업가, 지도자, 정치가들이 모름지기 이 책을 일독해야 하는 이유가 바로 이 때문이다.

2007년 6월

김 성 훈

(상지대학교 총장, 전 농림부 장관)

저자의 말

국경, 인종, 언어에도 구별이 없는 지구촌시대에는 오로지 경쟁력만이 가장 믿을만한 무기가 된다. 더구나 자본, 기술, 마케팅 등 전통적인 노하우가 더 이상 전가의 보도로 쓰일 수 없는 무한 경쟁 여건 속에서 마지막 보루는 물류 밖에 없다고 할 수 있다. 최근 FTA 등으로 무역의 지평이 확산 되는 시점에 정치권 공약의 제1호로 물류부문이 떠오르는 이유도 효율화의 대상인 물류부문에서 일말의 지혜를 얻고자 함이 아닌가 생각된다.

다음 세대를 이끌어 갈 성장 동력의 발굴이 아쉬운 시점에 서비스산업 중 IT를 배경으로 하고 풍부한 인적자원을 가동할 수 있으며 지리적 이점까지 유리한 물류부문이 예비 후보의 상단에 자리매김 되고 있다. 북극이 위에 있는 세계지도를 뒤집어 보는 발상의 전환을 해보면 우리는 동북아의 대 세계 접촉의 창구로 희망봉과 같은 연결지가 되며 일본은 방파제 역할을 하게 됨을 알 수 있다. 한반도를 통하지 않고는 대륙의 앞날이 없으며 해상과 육상의 통로가 열릴 수 없음을 보며 물류입국의 이상이 괜한 소리가 아님을 다시 한 번 실감하게 된다.

세계 경제규모의 약 20%, 세계화물량의 약 30%를 차지하고 있는 한국, 중국, 일본 등 동북아 3국은 서로 다른 나라이지만 황해라는 하나의 바다를 공유하고 있어 한 나라와 같은 지리적 특성을 가지고 있다. 따라서 각국의 물류정책 기조도 자국의 이익만이 아닌 공동발전을 위하여 장보고, 칭기스칸 시대와 같은 통합적 사고가 필요하다고 할 수 있다. 장보고와 칭기스칸이 역사적으로 증명하고 있는 것처럼 탈국가적 사고의 실현을 위하여 동북아 권역의 물류체제의 역사적 원천을 탐구하고 선인들의 물류를 통한 협력과 발전에 대한 지혜를 얻고자한다.

물류는 시간과 공간의 미학이다. 달리 말하면 빠르고 안전하면서도 저렴하게 대상화물을 전달하는 것이라 할 수 있는데 우리는 이미 시간관념에서는 타의 추종을 불허할 만큼 세련되었다고 말할 수 있다. 다만 우리의 경험을 국제표준화 하는 작업만 남았다고 할 수 있다. 그러나 적은 비용으로 처리해야 하는 효율성 문제에서는 아직 갈 길이 멀다고 할 수 있다. 더구나 시간과 공간이라는 두 개념의 복합화가 물류라고 한다면 아직도 많은 노력과 경험이 요망된다.

역사의 선인들은 개인의 뛰어난 역량을 최대한 발휘하여 세계 물류체제의 구축이라는 빛나는 금자탑을 쌓았지만, 현세에서는 시스템의 구축을 통하여 바탕을 크게 만들고 비전을 제시해주는 CEO와의 조화를 통해 효율화를 실현하는 물류의 새로운 장르를 개척해 나가야 할 것이다. 동북아의 거점으로 발돋움한 우리는 물류라는 새 보석을 갈고 닦으며 차세대에 이어지는 굳건한 토대를 만들어 가야 할 것이다. 이 책이 복잡한 물류 여정에 조그만 길잡이가 될 수 있기 바란다.

제기 서재에서

정 필 수

목 차

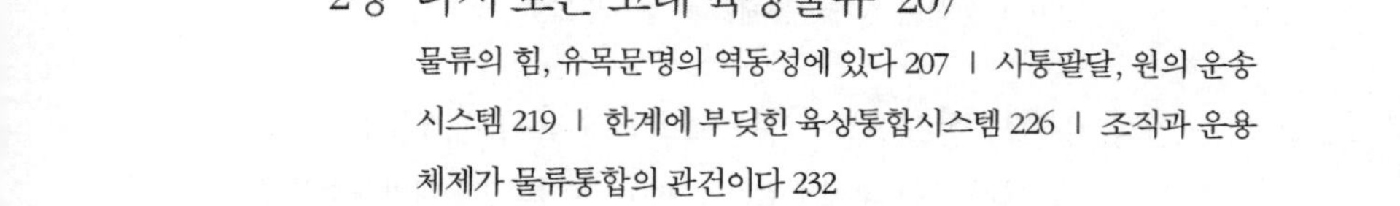

목 차

제Ⅲ부 장보고와 칭기스칸의 물류체제

들어가며

장보고와 칭기스칸에게서 배우는 물류이야기

오늘날 물류의 발전과정은 경제활동의 유발수요라는 소극적 기능을 떨쳐버리고 다른 부문의 수요를 창출하고 해결하는 독자적인 영역으로 진입하고 있다. 현대물류의 개념은 경제활동을 지원하기 위해 화물의 운송에 역점을 두던 협의의 물류개념에서 제품의 생산자에서 최종소비자에 이르는 모든 과정의 경제활동과 서비스의 제공으로 활동범위가 확대되고 있기 때문이다.

이러한 현대적 개념의 물류는 화물의 운송은 물론 제조, 가공 등 생산과정에 소요되는 부품, 반제품 등을 효율적으로 조달하는 중간단계의 경제활동, 유통, 무역 등 경제활동을 완결하는 최종단계의 산업 활동, 그리고 완성된 제품을 판매하는 최종 유통과정에서 디자인, 포장, 보관 등의 부가가치 증대활동까지 포함되기 때문이다. 따라서 물류활동의 대상은 급속하게 확대되고 있으며 최근에는 부수적으로 경제활동을 보완하는 수동적인 위치에서 벗어나 다른 경제활동을 유발하고 끌어오는 등 새로운 부가가치를 창출해내고 있기 때문에 물류의 중요성이 더욱 강조되고 있다.

지난 세기 동안 자동차, 기차, 선박, 항공기 등 각종 운송수단의 발전과 도로, 철도, 항만 및 공항 등 교통관련 기반시설 등이 크게 확충되어 화물운송을 위한 제반 여건이 크게 향상됐으며, 화물운송 방법도 하나의 운송수단을 이용한 단일운송보다는 다양한 운송수단을 연계하여 운송하는 복합운송 시스템으로 발전하고 있다. 또한 최근에는 정보통신기술(IT)의 급속한 발전으로 물류분야도 더 저렴한 비용으로 더 빠르고 정확한 서비스를 제공하는 등 효율성이 크게 향상되고 있다. 이러한 운송수단의 발전과 IT의 확산은 물류활동을 하나의 통합된 복합시스템으로 발전시키고 있으며 활동의 범위도 크게 확대시키고 있다.

또한 물류활동은 글로벌 경제체제의 확산으로 생산지와 최종 소비지, 반제품과 부품의 이동, 완성된 제품을 판매하는 유통단계 등 지역적 범위가 국내에서 국외로, 그리고 세계를 대상으로 확대되고 있다. 이제 물류활동의 발전 없이는 국제적 재화의 이동은 상상할 수 없으며 하루도 생산과 소비활동을 유지할 수 없게 됐다. 따라서 물류체제의 발전 없이는 국가 경제의 발전도 꾀하기 어려운 시점에 이르렀다.

이미 우리가 잘 알고 있듯이 장보고는 지금으로부터 1200여 년 전인 통일신라시대에 중국과 한반도 그리고 일본의 3국을 연결하는 해상항로를 장악하여 효율성이 높은 국제물류조직을 구축했다. 장보고는 최초로 청해진에 물류 클러스터를 설치하고 중국과 일본에 해외거점을 구축하여 하나의 통합된 물류체제로 경영했다. 그는 동북아 해상교역의 네트워크 창설자, 동북아 통상협력 모델의 선구자 역할을 했다. 장보고가 신라시대에 구축한 교역과 물류시스템은 당시 나당일 3국의 국경을 뛰어넘는 국제적인 네트워크로 대단히 혁신적인 것이었다. 장보고는 통일신라시대에 동북아의 해상물류혁명을 일으킨 것이다. 그 결과 장보고는 3국간 국제교역을 촉진시킨 해상 무역왕이라는 평가를 받았다.

칭기스칸은 13세기에 동아시아의 동쪽 끝에서 흑해를 건너 유럽의 문턱에 이르기까지 그리고 몽골의 북쪽 초원부터 남으로는 말레이시아, 인도, 페르시아에 이르기까지 광대한 영토를 정복하여 유라시아 대륙을 통합했으며 육로 물류네트워크를 확고하게 구축하였다. 칭기스칸은 유라시아의 넓은 대륙을 통합하여 국경을 초월하는 운송 및 물류네트워크를 구축하였으며 동서간을 육상으로 연결하는 탄탄한 실크로드를 건설했다. 그 결과 동서간 교역이 증진되고 문물의 교류가 활발하게 이뤄져 세계사에 위대한 업적을 남겼다. 칭기스칸의 국경을 초월하는 열린 마음과 행동이 동서간의 문화와 경제 및 물류의 대혁명을 가져오게 한 것이다. 그 후 그의 손자인 쿠빌라이에 의해 바다로 나가는 수로를 개설하였고 남송을 통합함으로써 강남의 해양세력을 포용하게 됨으로써 육상과 해상을 아우르는 통합물류체제를 구축했다. 칭기스칸 세대라고 함은 칭기스칸에 의한 육상 통합뿐 아니라 쿠빌라이에 의한 육운과 해운의 대통합을 포함한다.

통일신라나 몽골의 시대적 배경으로 볼 때 장보고의 해상운송과 칭기스칸의 육상운송체제는 최적의 물류시스템이었다고 말 할 수 있을 것이다. 당시 물류의 기본적인 관념이 정립되어 있지 않았는데도 장보고와 칭기스칸은 복합적인 물류기능을 통합하여 수행하는 효율적인 시스템을 갖추었기 때문이다.

청해진에 설치된 장보고 해상무역기지는 신라, 당, 일본 및 동남아 일부 국가와의 무역을 수행하는데 중심이 되는 적합한 곳에 위치해 있으며 해상보안을 유지할만한 군사력도 보유하여 최적화가 이뤄졌었다고 할 수 있다. 장보고 시대의 해상물류체제는 단순한 화물의 운송에 그친 것이 아니고 장보고의 주선으로 교류를 했던 해외 주요 항만에 인적, 물적 교류의 네트워크가 구축되어 있었기에 종합적인 물류활동을 통합하여 추진할 수 있었다. 이는 오늘날의 국제물류체제의 개념과 같다고 할 수 있다.

초원이 바탕이 된 유목시대에 말을 이용한 칭기스칸의 역참제는 유목습관에 물류기능을 첨가한 형태로 광활한 정복지를 통합하여 운용하는 가장 효율성 높은 제도로 보인다. 정보의 흐름도 매우 빨라 속도나 기민성면에서도 훌륭한 물류시스템을 구축했다고 평가할 만하다. 육상 물류의 거점이었던 잠치 중 일부 규모가 큰 곳은 대상관이라는 상인들의 거점이 설립되어 있어 이를 중심으로 교역활동과 정보를 교환할 수 있었고 물류활동에 필요한 제반 편의를 제공받을 수 있어 당시 대륙의 물류거점으로 인식할 수 있을 것이다. 다만 육상운송은 물자 운송의 채널로서는 중량, 부피 면에서 해상운송에 비해 크게 제약을 받았다. 쿠빌라이 시대에 해상운송네트워크를 구축하여 육상과 해상운송의 통합을 추진했던 것도 육상운송의 한계를 극복하기 위했던 것이다.

장보고 시대의 물류 네트워크에는 중국, 일본, 신라의 3국에 거주하는 다수의 신라인들이 인적 네트워크를 구축하여 정보를 소통하였으며 무역, 물류, 안보차원의 협력까지 유도해냈다. 장보고 시대에도 이러한 정보의 수집, 분석, 활용은 상당한 수준에 달했을 것이다. 청해진을 중심으로 한 당, 일본 등과의 무역에서 한자를 공유하고 있어 언어소통에는 문제가 거의 없었던 것으로 보이며 정보관리체제도 신속성이 보장된 시스템임을 알 수 있다.

몽골은 역참제를 통한 정보망의 구축, 정복지 수집정보의 활용, 분석된 정보의 신속한 전달 및 확산 등 물류관련 정보망 관리가 우수했다고 볼 수 있다. 잠치를 점령지마다 설치하여 통신, 물류, 유통의 근거지로 삼았으며 군사정보 수집임무를 충실히 수행함과 동시에 파발마 운영의 거점으로 삼았다. 잠치 운영의 묘를 살려 육상운송과 해상운송을 결합한 연계활동에서도 종합적인 정보의 수집 및 관리업무가 이들 거점을 중심으로 행해져 원대의 전반적인 네트워크의 범위가 확대되었다. 원대에는 다수 민족이 혼합하여 몽골연방의 대규모 울루스(제국)에 속해 있었기에 부족이나 민족 별로 다른 문화 속에서 다른 언어를 사용하고 있었다. 그러나 일찍부터 개방적인 교류체제를 구축하고 속 깊은 문화의 교류를 표방하여 다른 문화, 다른 언어에 대한 장벽이 비교적 적었으며 완전히 혼합된 다양한 문화의 접촉으로 몽골만의 독특하고 새로운 문화가 만들어지고 향유되었다고 할 수 있다.

9세기 신라 청해진에 본거지를 두고 일본, 중국, 신라 등 동양 삼국 해양을 경영하며 통합물류체제를 구축했던 장보고대사와 13세기 몽골부족의 통일을 계기로 주변의 넓은 광야를 질주하며 정복의 깃발을 높이 내걸고 잠치라는 독특한 육상운송 물류체제를 구축한 칭기스칸의 물류체제를 오늘날 근대적 물류개념에 입각하여 비교해 보는 것은 많은 점을 시사해줄 것으로 보인다.

한국, 중국, 일본 등 동북아 3국은 세계 경제규모의 약 20%, 세계 화물량의 약 30%를 차지하고 있다. 13억 인구의 거대한 시장을 가진 중국은 세계 최대의 생산 공장으로 급속히 성장하였으며, 일본은 세계 최첨단 기술과 막대한 자본력을 바탕으로 범세계적 경쟁력을 유지하고 있다. 한국 역시 내적 활력과 역동적인 인적자원, 창의적 능력을 바탕으로 세계적 수준의 경제국가로 도약 중이다.

최근 동북아 3국에서는 역내교류가 급속히 활성화되고 있어 국제물류의 비중이 갈수록 커지고 있다. 따라서 한국, 중국, 일본은 자국이 동북아시아 지역의 물류중심국가로 부상하기 위해 항만과 공항 등 물류관련 시설을 경쟁적으로 확충하고 있다. 한국은 '동북아 물류 허브' 를 지향하며 부산, 광양의 항만시설을 확충했다.

중국은 '자국의 물량은 자국이 소화한다.' 는 목표 하에 전국항만을 3대 항구군으로 구분하고 이 항구군을 중심으로 항만개발을 대폭 확대하고 있다. 이들 항구군에 대량화물 전용터미널과 물류단지를 집중 개발하고 있다. 일본은 동북아의 중심항만 경쟁에서 상대적으로 한국, 중국에 비하여 뒤처지게 되었지만, '수퍼중추항만 육성계획' 을 수립하여 소수 대형항만을 집중 육성하고 있다.

한국, 중국, 일본은 서로 다른 나라이지만 황해라는 하나의 바다를 공유하고 있는 지리적 특성을 가지고 있다. 따라서 각국의 항만정책도 각국의 이익만이 아닌 공동발전을 위하여 장보고, 칭기스칸 시대와 같은 통합적 사고가 필요하다. 장보고와 칭기스칸이 역사적으로 증명하고 있는 것처럼 탈국가적 사고의 실현을 통하여 궁극적으로는 한국, 중국, 일본 각국과 동북아시아인 모두가 번영 발전할 것이다. 그러나 현재까지는 그러한 사고가 뒷받침 되지 않아 중복투자, 지역과 시설의 효율적 활용의 어려움, 통합적 네트워크 구성의 어려움 등이 문제점으로 지적되고 있다. 이러한 문제는 동북아시아 각국간 협력증대를 통하여 극복하여야 한다.

다만 동북아 권역의 협력을 위하여 항만 개발뿐만 아니라 물류 SOC확충, 기간 물류 네트워크 구축에 대한 국가간 협력이 늦게나마 추진되고 있는 것은 반가운 일이다. 아직 본격적인 것은 아니지만 동북아 지역의 물류 표준화, 국제 표준규격의 상호사용 추진, 대학간 물류교육에 대한 협력과 인재의 공동 양성 등의 움직임이 시작되고 있는 것은 장보고 시대와 칭기스칸 시대의 국경을 초월한 물류분야의 협력 모델에서 배우고자 하는 태도로 생각하고 싶다. 이미 앞에서 언급했지만 장보고는 언어, 문화 등에서 이미 국제적 소양을 갖춘 인물이었으며, 지역별 협력과 적절한 인재 등용으로 1200여 년 전에 이미 해양에서 국제적 물류 네트워크를 구축했다. 칭기스칸은 인재 양성과 나눔, 그리고 교통을 통하여 육상에서 가장 발달한 네트워크를 구축하고 세계에서 가장 큰 나라를 건립하고 통치하였다.

동북아시아가 세계경제의 중심으로 부상하고 있는 시점에서 9세기 해상물류네트워크를 구축한 장보고와, 13세기 유라시아를 통합하여 동서간을 연결하는 실크로드를 구축한 칭기스칸의 업적을 되돌아보고 선인들에게서 지혜를 얻어 동북아권역 국가간에 물류 협력체제를 강화하는 데 이 연구가 도움이 되었으면 한다.[1)]

제 I 부

장보고시대의 해상물류 패러다임

1장 • 해상 물류를 다스리는 자 세계를 다스린다
2장 • 해양 강국으로 가는 길목에 서다
3장 • 탈국가적 사고의 도전과 한계
4장 • 침몰하는 해상왕국

1장

해상 물류를 다스리는 자 세계를 다스린다

무역왕 장보고

해양상업제국의 무역왕

주일대사를 지낸 바 있는 미국의 동양사학자인 에드윈 오 라이샤워(E.O.Reischauer) 하버드대 교수는 1955년에 쓴 「엔닌의 중국 당나라 여행기」에서 "9세기 신라인들은 중국, 한반도, 일본의 동북아시아 3국 중 가장 조선술이 뛰어나고 항해술이 발달하여 황해와 남중국해(또는 동지나해), 그리고 한반도와 일본 간에 위치한 대한해협에서 해상권을 장악하고 있었다." 고 기술하고 있다. 그리고 라이샤워 교수는 신라인들이 황해와 남중국해지역 등에서 해상권을 장악하고 있었던 것은 "장보고 대사(Commissioner)라는 뛰어난 인물이 있었기 때문에 가능했었다" 라고 지적하고 있다.[2)]

이미 우리가 잘 알고 있듯이 장보고는 통일신라시대에 중국과 한반도 그리고 일본의 3국을 연결하는 해상항로를 배타적으로 지배하며 국제교역을 발전시켜 해상왕의 역할을 수행했다. 라이샤워 교수가 극찬하고 있듯이 장보고는 통일신라시대에 동북아시아에서 "해양상업제국의 무역왕"(The Trade Prince of the Maritime Commercial Empire)이라는 평가를 받았던 것이다. 장보고는 통일신라시대에 중국, 신라, 일본의 해상항로를 장악하여 해상왕으로서의 위치를 확고하게 유지하고 있었으며 그의 영향력은 중국, 일본 뿐 아니라 멀리 이슬람지역까지 뻗치고 있었다. 이렇게 당시 장보고 대사는 해상의 무역왕으로 동북아시아지역을 장악하는 것은 물론 아라비아, 페르시아 지역까지 영향력을 미치는 뛰어난 해상 무역왕이었다.[3)]

장보고 대사의 활약상은 중국 정사의 하나인 「신당서」의 '동이전'과 '신라전'에도 나오고 있을 정도다. 「신당서」의 '동이전'과 '신라전'은 당나라 시인 두목(803-852)이 쓴 「번천문집」의 '장보고, 정년 전'을 기초로 한 것인데 당나라의 유명한 시인 두목이 장보고의 전기를 쓸 정도로 장보고 대사는 통일신라시대에 해상왕으로서의 영향력이 대단했으며 위대한 업적을 남겨 중국에서도 크게 존경을 받았던 것이다.[4)]

장보고가 통일신라시대에 동북아시아 3국의 해상왕으로서 뛰어난 활동과 위대한 업적을 구축했다는 것은 일본에서도 잘 알려져 있다. 일본의 천태종 승려 엔닌은 838년부터 847년까지 당나라에 체류하면서 불교공부를 하고 여행을 했는데, 9년여에 걸친 그의 당나라 체류 경험을 「입당구법순례행기(入唐求法巡禮行記)」라는 책을 써서 남겨놓았다.[5)] 이 기록에 의하면 당시 장보고와 신라인들은 황해와 남중국해(또는 동지나해) 항로에서 눈부신 교역활동을 하고 있었다. 일본 승려 엔닌 일행이 여행하는데 선박과 여행관련 정보의 제공 등 모든 편의를 제공했다면서 장보고 대사를 격찬하는 글이 곳곳에 나오고 있다.

우리나라 최초로 장보고 대사의 업적에 관한 논문을 쓴 김상기 교수는 장보고야말로 우리나라 역사상 "바다를 다스리는 자가 세계를 지배 한다"라는 말을 몸소 실천한 위대한 인물이라고 평가하고 있다. 장보고가 대사라는 그 때 당시 전무후무한 직책을 가지고 있었던 것도 신라 왕권과는 독자적인 입장에서 교역을 할 수 있는 권한을 부여받았기 때문일 것이다.

장보고는 당시 교역을 확대하고 일본과의 협력관계를 돈독하게 하기 위해 사절단을 보냈는데 당시 용어로 사절이란 국가 간을 왕래하는 외교사절을 의미하므로 장보고나 청해진의 이름으로 사절을 보낼 수는 없는 것이 원칙이다. 그러나 장보고가 일본에 사절단을 보낸 것을 보면 장보고는 신라의 중앙정부와는 어느 정도 독립적인 권한을 가지고 있었던 것이며 일본에서도 이러한 독립적인 권한을 인정했던 것으로 보인다.[6]

미국의 라이샤워 교수, 중국의 「신당서」와 시인 두목의 기록, 그리고 일본의 승려 엔닌의 기록들을 종합해 볼 때 장보고 대사는 막강한 해상세력을 육성하여 동북아시아 3국을 연결하는 해상항로를 장악하여 국제무역을 발전시키고 멀리 이슬람지역까지 영향력을 미쳐 신라의 위상을 해외로까지 드높인 진정한 의미의 해상 무역왕이었음을 알 수 있다.

동북아 해상교역 네트워크 창설자

장보고가 일본에 얼마나 큰 영향력을 행사하였는가는 일본 교토(京都) 부근 삼정사 선신당(三井寺 善神堂)에 있는 "신라명신(新羅明

神)" 장보고의 채색화를 보면 알 수 있다. 장보고 대사가 일본사회에서 신적 존재로 남아 있다는 것은 그의 영향력이 일본사회에 크게 미쳤음을 뜻하는 것이 아닐 수 없다.[7] 당나라에도 많은 종류의 물품을 수출하였으며 적산 법화원(赤山 法花院)이라는 사찰을 건립하였다. 일본 승려 엔닌의 「입당구법순례행기」 1권에 수록되어 있는 "行見有以密州 運木炭去楚州的新羅商人"이라는 기록[8]에서 볼 수 있는 것처럼 신라상인들이 중국 연안무역에서도 광범위한 무역활동을 하고 있었다.

신라시대 유적에서 발굴되는 물품들을 조사한 결과 당시 아랍 등 서방세계의 교역 물품들이 많이 나오고 있는데, 이러한 아랍권 지역의 물품들은 "해상 실크로드"를 통해 유입된 것으로 분석되고 있다. 이는 또한 동서양을 연결하는 "해상 실크로드"가 중국의 양주나 명주에서 끝난 것이 아니라 한반도와 일본까지 연결되어 있었던 것을 입증해주기도 하는 것이다.[9]

장보고의 해상 무역세력은 크게 3개 지역의 세력으로 구성되어 있다고 말할 수 있을 것이다. 첫째는 장보고의 무역세력의 기반이 되었던 재당 신라인사회의 무역상들이다. 둘째는 장보고가 청해진을 설치한 이후 새롭게 규합하여 구축한 한반도 서남해안의 해상세력들이다. 셋째는 일본의 하카다 대재부 등 일본의 교통 요충지에 구축된 장보고 우호세력이 있다.

엔닌의 기록에도 여러 차례 언급되고 있지만 재당 신라인들은 산동반도와 그 북쪽 연안, 그리고 남쪽 연안과 회하 하류를 연결하는 중국 연안 일대의 중요 지점에서 활발하게 국제무역 활동을 벌이고 있었다. 재당 신라인 무역상들의 활동이 특별히 활발했던 등주와 초주는 오늘 날의 산동반도 일대로서 지정학적으로 중요한 의미가 있다. 등주는 옛날부터 중국과 한반도를 연결하는 관문 항구였고,

또한 중국과 일본 열도를 연결하는 가장 안전한 항로의 출발점이기도 했기 때문에 황해 해상교역의 요충지였다. 황해의 교통 요충지인 등주에서 무역업에 종사하는 재당 신라인들이 장보고와는 긴밀한 네트워크로 연결돼 장보고 국제무역 시스템의 중요한 해상세력의 역할을 수행했다.[10)]

초주도 지정학적으로 중요한 지점이다. 초주는 대운하와 회하를 연결하는 지점으로 내륙수로의 연계 항구 역할을 하였으며 신라와 일본 등 외국으로 가는 선박이 양주에서 운하를 이용해 초주로 오는 선박들과 서로 만나는 요충지였다. 초주에는 많은 신라인들이 집단 거주하고 있었으며 어느 정도 자치권이 인정되는 신라방이 있었던 곳이다. 이와 같이 중국 연안과 한·중 항로에서 중요한 역할을 하는 해상교역의 요충지 초주에서 무역활동을 하는 재당 신라인들도 장보고 해상무역시스템 조직의 중요한 일부를 담당했다.[11)]

재당 신라 무역상들은 장보고의 청해진 본영과는 긴밀한 네트워크를 구축하고 있었으며 현대의 종합무역상사의 해외지점망과 같이 정보네트워크도 신속하고 효율성 있게 가동되고 있었다. 일본 해상교역의 중심지 하카다 대재부도에도 장보고의 우호세력이 구축돼 장보고가 상주하는 청해진 본영과는 긴밀한 네트워크를 구축하고 있었으며 이렇게 구축된 해외 거점들이 장보고 해상세력의 중요한 역할을 수행하고 있었다. 그리고 장보고 해상세력은 동북아 3국 항로의 요충지인 황해는 물론 동서무역을 연결하는 해상실크로드와도 긴밀하게 연계돼 국제적인 무역활동을 전개했다.

고도의 국제 상거래 시스템 구축자

장보고의 무역은 국제적으로 행해지고 있었고 이미 당시 일본 상류사회의 생활 속에 커다란 영향력을 미치고 있었다. 820년대부터 일본과 교역을 시작한 장보고는 일본의 관인들과 친밀한 관계를 맺고 있었다. 이들과의 돈독한 신뢰관계를 기반으로 고도의 신용거래까지 행하고 있었다.[12] 무역 업무를 담당하는 일본인 관리 미야다마로는 미리 선금을 지불하고 나중에 장보고로부터 교역물품을 넘겨받는 신용거래 행위를 했는데 당시의 상거래로서는 상대방에 대한 높은 신뢰가 없으면 이루어지기 힘든 고도의 상거래방식이라고 할 수 있다. 이러한 신용 거래방식은 미야다마로 뿐 아니라 일본의 다른 관리들도 애용했을 것으로 추정된다.

이는 장보고의 해상 무역팀과의 상거래 행위는 믿을 수 있다는 깊은 신뢰심에서 나온 것이다. 다시 한 번 강조하여 언급하면, 장보고의 해상무역 시스템은 당시 일본과 신용거래를 할 수 있을 정도로 국제적인 높은 신망을 구축했었던 것이다. 이러한 국제적 신뢰는 또한 장보고가 확립한 교역시스템과 물류 네트워크가 그만큼 확고한 기반을 가지고 있었기 때문에 가능했을 것이다.

지금으로부터 1200여 년 전인 통일신라시대에는 물물거래나 현금매매가 통상적인 상거래 관행이었다. 그런데 장보고의 청해진 국제교역단과 일본 간에 신용거래까지 이뤄졌다는 것은 장보고 무역시스템이 상당히 체계화되었으며, 또한 긴밀한 네트워크가 구축돼 교역에 필요한 정보들이 교역당사자들 간에 신속하게 상호 교환되고 유기적인 협력관계도 형성됐을 것이다.

장보고 대사의 청해진 교역체제는 신용거래 등 무역거래방식이 선진화 되었을 뿐 아니라 무역의 규모도 대량으로 이루어졌었다. 836년 신라 42대 흥덕왕(興德王)의 비문에는 "貿易之人間 · 規諫及乎 · 物品"[13]이라고 기록되어 있는데, 이는 당시 무역이 크게 성행하였다는 것을 설명해주는 좋은 자료다. 해상 교통이 원활하게 이루어지게 되면서 당시의 신라나 일본 귀족사회의 생활 상태를 변화시키게 되고 이에 따라 교역물품의 수요도 크게 증가하게 되었던 것이다. 신라와 일본 귀족사회의 고급상품에 대한 수요가 크게 증가하면서 조공무역만으로는 상품수요를 충족시켜 줄 수가 없었으며, 때마침 중앙정부의 통제권 약화와 지방 세력의 성장으로 지방분권화 움직임이 크게 일어나면서 민간무역이 활발하게 전개되기 시작하였고 무역의 규모가 크게 팽창하게 된 것이다. 일본 정부는 이로 인해 일본 국민의 재정상태가 탕진되지 않을까 경계를 하는 상태까지 된 것이다.[14] 신라도 마찬가지로 홍덕왕 834년에 수입금지에 대한 특별교서를 발표할 정도로 고급상품에 대한 수요가 크게 늘어났던 것이다.[15]

첨단 산업 육성자

장보고는 당시 신라는 물론 일본 귀족사회의 고급상품에 대한 높은 수요를 예측하고 국제교역을 확대함으로서 크게 성공을 거둔 기업인이다. 미래의 수요를 예측하고 이에 따라 기업 활동을 확대하는 통찰력이 뛰어난 최고경영자의 자질을 갖추고 있었던 것이다. 장보고 해상무역체제는 또한 단순히 중계무역에만 종사한 게 아니고 스스로 고부가가치 상품을 생산하여 수출하는 첨단산업의 육성업무까지 수행했다.

당시 중국의 월주요 도자기는 가장 인기 있는 교역상품이었는데 장보고는 월주요 장인들의 기술을 도입하여 청해진 근처인 강진과 해남에서 직접 생산하는 일까지 했다.[16] 최근 장보고 대사의 활동 근거지였던 완도의 강진지역이 신라 말부터 우리나라의 청자의 시원지로 확인되고 있는데 이것은 바로 장보고 대사가 당시에 고부가가치 상품이며 첨단산업에 속했던 도자기 산업을 도입하여 육성한 덕분이다.

또한 전남 완도와 강진, 해남, 보성 등지에 널리 분포되어 있는 인공다원과 야생녹차도 장보고가 중국 浙江省 일대와의 교역에서 들여온 것으로 밝혀지고 있다. 장보고 대사는 무역만이 아니라 당시에 가장 고가품이면서 부가가치가 높은 상품인 도자기와 차(茶)를 도입하여 신라시대의 산업을 육성시킨 첨단산업 육성자 역할도 했던 것이다.[17]

탁월한 리더십을 갖춘 글로벌 CEO

장보고는 청해진을 주요거점으로 하여 중국, 일본과의 삼국 중계무역뿐 아니라 이슬람 지역의 아랍상인들과도 교역한 최초의 민간 국제무역상이자 세계적인 경영인으로 평가할 수 있다.[18] 이미 우리는 장보고가 황해와 남중국해(또는 동지나해라고도 한다) 그리고 한반도와 일본을 연결하는 대한해협에서 배타적인 해상권을 장악하여 국제교역을 활성화 시켰음을 알고 있다. 그러나 장보고가 수행한 동북아시아 3국에서의 무역은 이 지역에만 국한 된 것이 아니라 더 나아가 동양과 서양을 연결하는 해상실크로드의 일부분을 담당하고 있었다는 점을 이해해야 한다.

동서양을 연결하는 해상실크로드는 7세기에 아라비아반도에서 일어난 이슬람교가 영토를 확장하고 무역활동을 왕성하게 하면서 인도와 중국까지 활동영역을 확대했다. 이와 발맞추어 중국도 당나라에 들어오면서 대외개방정책을 펴고 교역을 확대하면서 동서양을 연결하는 해상실크로드가 본격적인 가동기에 들어선다. 장보고가 동북아시아 주요항로에서 해상권을 장악하여 국제교역을 확대하고 있을 때가 바로 해상실크로드가 발전하기 시작할 때다.

해상실크로드에 적극 진출하여 활동하던 이슬람 상인들은 중국의 남쪽 지역항구인 양주까지만 진출하고 양주를 넘어서는 북쪽과 동쪽으로는 진출하지 않았다. 이슬람 상인들이 양주 이북 지역으로는 진출하지 않은 것은 양주 이북과 동쪽(황해지역과 한반도 및 일본 간 교역을 말한다) 지역은 장보고 대사의 해상세력이 장악하고 있었기 때문이라는 것이 최근 들어 학자들에 의해 입증되고 있다. 이와 같은 연구 결과를 종합해 볼 때 장보고의 해상세력은 단순히 동북아시아 3국간 교역만을 수행한 것이 아니고 동서양을 연결하는 해상실크로드의 동쪽 끝부분을 담당하고 있었던 것이다. 다시 말하면 장보고는 동북아시아 지역을 넘어서는 세계적인 무역왕이며 국제경영인이었던 것이다. 이렇게 볼 때 장보고 대사는 한국인으로서 우리가 세계사에서 가장 자랑스럽게 내세울 수 있는 한국 최초의 국제경영인이며 글로벌 최고경영자(CEO)였다고 말할 수 있을 것이다.[19)]

복합 경영인 장보고

군 · 산 · 상 복합체 CEO

장보고 대사에 대해 높은 관심과 해박한 지식을 가지고 '장보고 해양경영사 실증연구' 에 주도적인 역할을 하는 김성훈 교수는 2005년 연구결과를 발표한 논문 '장보고 해양활동의 미래사적 조명' 에서 장보고의 청해진 교역체제는 "오늘 날 이른바 '군 · 산 · 상(軍 · 産 · 商) 복합체적 종합상사' 의 성격이 농후하다"[20)]라고 분석하고 있다.[20] 장보고의 청해진 교역조직이 군사체제인 병부, 무역체제인 민부, 재당·재일의 신라인 집단거주지의 자치제 등 3개 조직으로 구성되었으며, 이러한 조직의 운영도 신라 중앙정부의 간섭을 받지 않고 어느 정도 독립적인 권한을 가지고 이뤄졌기 때문이다.

장보고 대사는 동북아시아를 주름 잡는 무역왕으로서 세계적으로 알려진 인물이었다. 라이샤워 교수는 장보고를 해양상업제국의 무역왕이라고 극찬하였고 중국의 문장가인 두목은 「번천문집(樊川文集)」 제6권 "장보고, 정년 전(傳)"에서 무령군 군중 소장으로서의 장보고 활약과 청해진 설치에 대한 내용을 기록하고 위인으로 칭송하였다. 일본의 승려 엔닌은 그가 당나라에 9년간 체제하면서 쓴 「입당구법순례행기」에서 장보고를 신격화하고 교토에 적산선원을 세워 적산 대명신으로 모시게 하였다. 이러한 기록들을 보면 장보고는 당시에 세계적으로 크게 인정받고 존경의 대상이 되었던 인물이었음을 알 수 있다.

장보고는 신라 신문왕의 적극적인 지원을 받아 828년 한반도 서남해안 지역 완도에 청해진을 설치하고 그 관할지역의 해상세력을 결집하여 1만 여 명에 이르는 군사력을 확보하여 황해 및 동중국해 지역에서 양민과 교역인들을 괴롭히던 해적들을 소탕하는 큰 성과를 거두었다. 이러한 해적의 퇴치는 당나라, 신라, 일본 등 중앙정부의 권력이 지방토호 세력들의 발호로 약화되면서 해적들에 대한 대처도 제대로 하지 못하던 것을 장보고 대사가 해상세력을 장악하면서 해양의 질서를 회복시켜준 셈이 된다. 그 결과 나·당·일 3국에서 장보고에 대한 신뢰와 권위가 높아졌다는 것은 쉽게 짐작할 수 있다. 이와 같이 형성된 신뢰와 권위를 바탕으로 장보고는 청해진 교역체제를 효율적으로 가동하여 황해와 동중국해의 해상권을 장악했던 것이다.

무엇보다도 장보고의 청해진 해상교역체제가 성공적으로 운영됐던 비결은 장보고 대사의 탁월한 리더십 덕분이다. 즉 장보고 대사는 재당 신라인 상인들을 긴밀한 네트워크로 규합하여 이를 원격조종 및 관리할 수 있는 교역시스템을 구축했으며, 일본의 해상교역의 요충지인 규슈지역 등에도 우호 및 협력세력을 구축하여 체계적으로 관리해 나갔다. 장보고 대사는 청해진 본영을 중심으로 당나라와 일본에 효율적인 해외 교역망을 확고하게 구축하여 나 · 당 · 일 3국을 연결하는 하나의 해양물류네트워크를 구축하였기 때문에 해상왕으로서의 확고한 위치를 확보한 것이며 또한 놀랄만한 성과와 업적을 남길 수 있었던 것이다.[21)]

장보고는 9세기 초 글로벌 마인드를 갖고 해외신라인 출신 무역상을 하나로 묶어 네트워크를 구축하고 무역업무, 여객 운송, 선박 건조, 수리, 종교 문화, 학술 지원 등 다양한 해운, 해사, 문화사업을 전개한 복합경영인이었다.

동북아 통상협력모델의 선구자이며 글로벌 전략가

김성훈 교수는 또한 "장보고 대사는 우리가 세계사에 내놓을 수 있는 거의 유일한 세계인이며, 오늘날 세계화 추세의 국가 간 또는 민간수준의 교류협력에 있어 '정경분리 원칙'에 입각한 동양 3국의 국제협력 모델의 선구자"라고 높이 평가하고 있다.[22)] 이것은 나당일 간 정치관계가 불편하거나 또는 조공무역 방식의 공무역이 종종 형평성이 결여되어 어느 한 국가가 불평을 하여 매끄럽지 못하게 될 때 장보고의 무역활동이 더욱 활성화되고 빛을 발휘했기 때문이다.

나 · 당 · 일 3국간 관계가 정치적 문제 등으로 순조롭게 진행되지 못할 때 장보고 해상무역팀은 견당매물사와 대당매물사, 그리고 일본 회역사라는 반관반민의 무역조직을 이용하여 경제적 필요성을 충족시켰던 것이다. 이렇게 정치와 경제를 분리하여 민간 주도로 3국간의 무역을 활성화시켜 나 · 당 · 일 3국의 경제적 이익에 공히 기여했던 것이다.

장보고 대사에 대한 연구를 많이 한 조태현씨도 그가 쓴 논문 「장보고 해상 무역활동의 재평가와 글로벌 경영의 미래 비전(2006)」에서 장보고는 국제화 개방화 사상과 비즈니스 마인드를 갖춘 경영자로서 기업의 자율성을 중시하는 민간주도 기업활동 모형을 만든 국제통상협력 모델의 선구자, 구가 발전전략가, 신항로의 개척자이며 우리나라 역사상 보기 드문 글로벌경영자(CEO)였다고 평가 하고 있다.[23]

김호성 서울교육대학교 총장은 2005년 6월 글로벌 전략가 장보고 심포지엄에서 장보고를 비즈니스맨으로 평가하면서 다음과 같이 말하였다. "청해진은 무역과 관련된 종합적이고 복합적인 서비스를 제공하는 신 비즈니스 모델이었다. 청해진은 민간무역뿐만 아니라 정부의 무역대행, 한 · 중 · 일 3국 정부 공식사절 안내, 여객운송, 선박건조와 수리, 통역 및 선원제공, 종교문화 지원 등의 기능을 보유했다. 즉, 청해진은 민 · 군 · 산 복합체를 망라한 토털 솔루션(total solution)을 제공하여 독보적인 자기 가치의 창출 효과를 얻을 수 있었다."라고 높게 평가하고 있다.

김성훈 교수는 또한 장보고의 청해진 교역체제가 "오늘날의 다국적 초국경기업(MNC 또는 TNC)의 효시라고 말할 수 있다"라고 평가하고 있다.[24] 왜냐하면 청해진 체제가 신라 중앙정부로부터 일정한 독립적인 행정 및 경영체제를 유지하고 있는데다, 다른 한편 재당 신라방 및 신라소 경영은 당나라 중앙정부로부터 상당한 자치권을 부여받고 국경을 초월하여 무역활동을 했기 때문이다. 장보고 대사의 청해진 교역체제는 오늘날 다국적기업(Multi- National Corporation) 또는 초국경기업(Trans- National Corporation)들이 국가와 국경을 초월하여 투자를 행하고 현지법인을 설립하여 세계시장을 지배하고 수익을 극대화하는 현대적 기업경영체제와 유사했기 때문이다.

비전을 제시한 창조적 리더

그동안 장보고에 대해서는 문헌사적으로만 연구되어오다가 1989년 11월 김성훈, 손보기, 김문경 교수 등이 주축이 되어 "장보고 해양경영사 연구회"가 창립되어 한 · 중 · 일 3국의 역사현장 탐사와 발굴이 적극적으로 이뤄졌다. 그 연구결과를 모아 1992년 11월 세계 최초로 전라남도 완도에서 장보고 해양경영사 실증연구에 대한 대규모 국제회의가 열렸었다. 그리고 그 후 국내외에서 장보고 관련 실증사학적 연구결과가 많이 발표되었다.[25] 그동안의 연구결과를 종합해 보면 장보고 대사의 청해진 무역체제는 단순히 한 · 중 · 일 3국을 연결하는 중계무역에 그치지 않고, 중국 내의 북쪽의 주요 교역항과 남쪽의 주요 교역항을 연결하는 중국내 남북간 중계무역에 장보고 해상세력들이 활발하게 참여했으며, 나아가서 강소성, 절강성, 복건성, 광동성 일대에 진출해 있던 아라비아와 페르시아 상인과 동남아시아 상인들과도 적극적인 교역활동을 했던 것으로 입증되고 있다.[26] 이러한 연구결과는 또한 장보고 해상세력의 국제통상 지식과 교역과 물류체제에 대한 정보력이 당시에 어느 누구도 따라갈 수 없을 정도로 우수했던 것으로 분석된다. 장보고 해상세력의 이러한 우수성은 장보고가 미래를 내다보는 뛰어난 통찰력과 많은 사람들에게 신뢰를 받을 만한 리더십을 가지고 있었기 때문에 발휘될 수 있었다. 이런 면에서도 장보고는 탁월한 능력과 통찰력을 바탕으로 구성원들에게 비전을 제시하고 실천함으로서 커다란 성과를 거둔 뛰어난 창조적 리더이며 국제적인 최고 경영자라고 아니할 수 없다.

또한 장보고의 위대함은 무역경영인으로서만이 아니다. 장보고는 민간교역 활동뿐만 아니라 정부간 공무역의 대행과 중국과 신라, 일본 등 3국간 정부의 공식사절 안내, 여객 운송 등 서비스 업무와 선박건조와 수리 등 산업생산 활동도 활발하게 전개했다. 그리고 한 · 중 · 일 통역 및 선원제공, 종교 · 문화지원 등 종교, 문화, 학술진흥사업에도 많은 후원활동을 벌인 것으로 확인되고 있다.[27] 이러한 의미에서 장보고 대사는 국제무역인이며, 당시의 첨단산업인 도자기와 차 산업을 도입하여 육성시킨 산업 육성자였으며, 종교, 문화 및 학술진흥에도 크게 기여한 세계적인 복합경영인이었다.

천혜의 요새 청해진에 세운 통합물류체제

최초의 물류 클러스터 청해진

일찍이 장보고는 중국 당나라의 군인으로 있으면서부터 국제 정세를 내다보고 있었다. 중국에서 무역거래를 시작하면서 그는 조공무역의 시대가 퇴조하고 민간무역의 시대가 올 것이라고 생각하였다. 재당신라인의 거점들을 파악하고 신라와 무역을 시작할 즈음 일본에도 시찰을 다녀오며 최적 물류거점의 위치를 찾고 있었다. 청해진대사로 임명된 직 후 동북아해상을 지배하면서 신라, 당 · 일 항로의 최적 요충지인 완도를 중심으로 대규모 무역, 물류 인프라를 구축하였다. 청해진은 무역 뿐 아니라 물류를 위한 선박, 항만, 조선, 항해 전문가 등이 결집된 이른바 물류클러스터(logistics cluster)였으며 허브포트(hub-port)였다. 완도는 오늘날과 비교하면 대양을 항해하는 초대형 선박을 건조하며 최신식 하역시설로 이루어진 신항이었으며 뛰어난 도선사들과 항해사들이 머무는 무역이 이루어질 수 있는 모든 기반시설을 갖춘 곳이었다. 이러한 기능들이 여러 곳에 분산되어 있는 것이 아니라 하나의 섬에 집중되어 존재하게 됨으로써 물류를 위한 최고의 시너지 효과를 창출하였던 것이다.

장보고가 완도에 설치한 청해진은 장보고 물류네트워크의 본영이면서 대양해상 교역과 해상권을 장악하기 위한 대양해군의 전초기지로서의 역할을 했다. 설립 당시부터 청해진은 신라 내에 있는 다른 군사제도나 행정기구와는 다른 독특한 성격을 가진 조직이었다. 신라나 당나라에도 당시 진(鎭)이라는 이름을 가진 군사조직이 여러 곳에 있었다. 청해진 북부인 아산만의 남양반도에 당성진이 있었다. 이 진은 신라의 관제와 병제에 의하여 설치된 진으로 신라 중앙정부로부터 관리가 파견되어 수비업무를 맡았던 곳이다. 그러나 당성진은 당나라와 신라의 교역상 안전과 보호를 목적으로 설치된 것이지 청해진과 같이 동북아 해상항로상의 교역을 촉진하기 위한 것이 아니었다.[28]

그러나 장보고가 설치한 청해진은 명칭은 같은 진이지만 단순한 연안의 관리와 방어만이 목적이 아니라 황해와 동중국해로 적극 진출하여 해상교역로를 배타적으로 관리함으로서 동북아시아의 해상무역의 주도권을 장악하기 위한 원대한 꿈을 실현시키기 위한 것이며 장보고의 뛰어난 리더십과 통찰력 등을 바탕으로 성공을 거둔 것이다.

해외 거점과 글로벌 물류 네트워크

청해진은 동북아 해상을 지배하는 거점으로서 당과 일본은 물론 이슬람 상인들과도 교류하였다. 물류거점인 청해진은 신라 조정으로부터 독립적인 경영체제를 인정받았고 해외 물류거점 역할을 하는 신라방과 신라소 또한 당나라 조정으로부터 자치권을 부여받았다. 이렇듯 청해진을 중심으로 재당 · 재일 신라인을 연결하는 커다란 동북아 인적 네트워크를 형성하였다.

이러한 인적 네트워크를 기반으로 각 지역에 거점을 형성하여 정보를 수집하고 선단을 조직화하여 동북아 해상과 중국의 대운하, 연안에 펼쳐진 거대한 물류 그물망을 형성하게 됨에 따라 교역을 통한 시너지효과를 극대화 할 수 있었다.

장보고는 신라, 당, 일본의 삼각무역에서 청해진을 중심항(Pivot Port, or Hub Port)으로 하고 당나라의 유산포(乳山浦), 양주(楊州), 명주(明州)와 일본의 하카다(博多)를 피더항(Feeder Port)으로 하는 체계적인 중심과 지선형(Hub and Spoke)물류네트워크를 갖추고 있었다.

장보고가 청해진에 무역본부를 설치하고 황해와 동중국해로 해상세력을 펼쳐 나갈 때 당나라 산동반도 지역의 연안일대와 주요 내륙수로의 요충지에는 재당 신라상인들이 집단적으로 거주하고 있었다. 특히 황해 횡단항로의 입출항으로서 중요한 역할을 했던 산동반도의 적산에는 신라 관련 사무를 전담하여 처리하는 신라소(新羅所)가 있었고, 등주에는 신라인을 위한 국영호텔 격인 신라관이 있었다.

그리고 적산에는 장보고가 건립한 법화원이 신라인들을 결집시키는 중심 역할을 수행하고 있었다. 중국에서 교역의 핵심 도시 중의 하나인 초주와 연수현에는 신라방이 있었으며, 당나라 시대에 대외교역의 중심도시였던 명주(지금의 영파)와 양주 지역과 산동반도에 이르는 연안지역 일대에는 신라인의 공동거주지가 많이 산재해 있었다.

일본의 황해 해상무역의 중심지였던 북규슈지역의 하카다 대재부(지금의 후쿠오카(福岡市))에도 신라 교역인들이 집단 거주하여 상업에 종사하고 있었다. 일본에 집단 거주한 신라상인들은 다른 나라 상인들보다 특권을 가지고 상업에 종사했으며 어느 정도 독점적인 상권을 행사했던 것으로 보인다. 이렇게 당나라와 일본에 형성된 신라상인들의 집단거주지가 청해진이 설치되면서 장보고 해상무역체제의 중요한 해외거점 역할을 하게 된 것이다. 즉 장보고 대사는

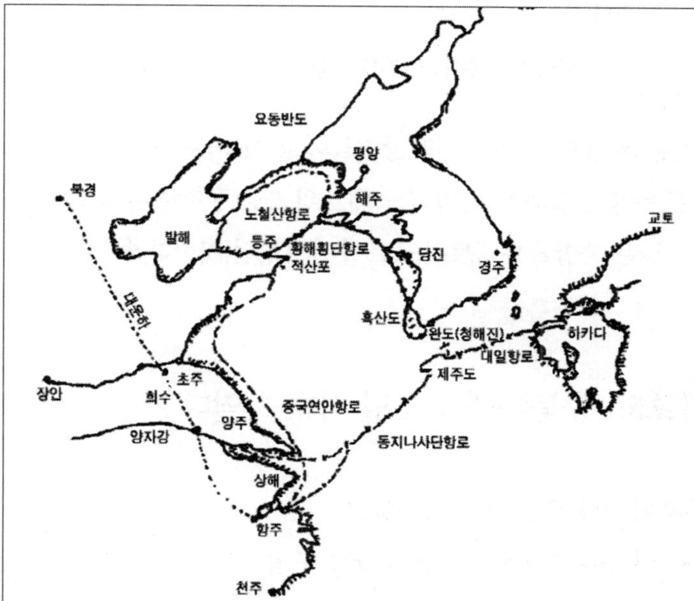

동북아 해상 네트워크와 물류 거점

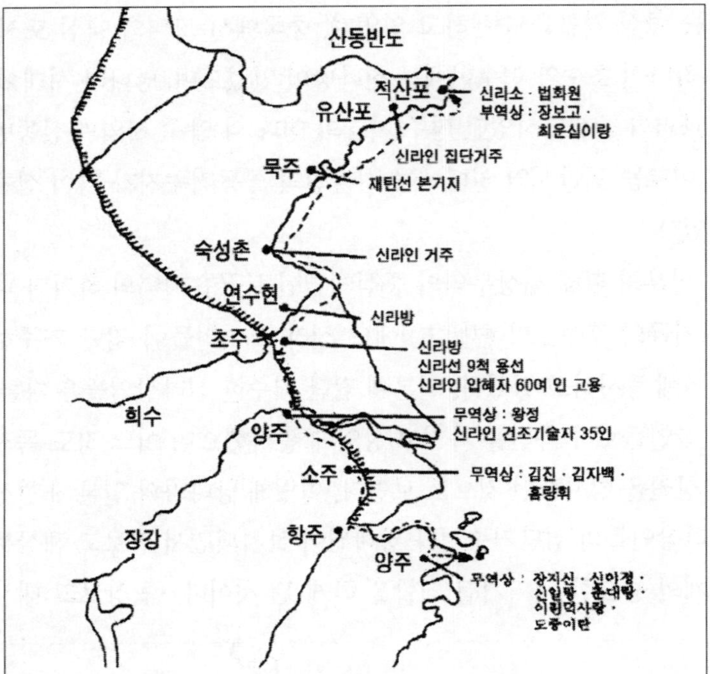

재당 신라인 주요 거주지를 이용한 연안 물류 네트워크

청해진을 본영으로 하고 신라상인들이 많이 거주하고 있는 해외지역을 본부와 긴밀하게 연결되는 네트워크로 구축하여 강력하고 효율성이 높은 종합물류네트워크로 발전시켰던 것이다.[29]

장보고, 동북아에 글로벌 시대를 열다

동북아시아 주요 해상네트워크

동북아시아 주요 해상네트워크를 구성하는 주요 해상항로는 크게 3가지 또는 4가지로 구분 할 수 있다. 첫째, 산동반도와 대련지역의 연안에서 한반도의 신의주와 당은포 등으로 연결되는 연안항로인 노철산 항로가 있다. 둘째, 산동반도에서 황해를 횡단하는 황해횡단항로가 있다. 황해횡단 항로는 한반도 서해안에서 서해를 건너 중국 산동성 북부의 등주, 래주, 밀주 등을 연결하는 황해북부 항로

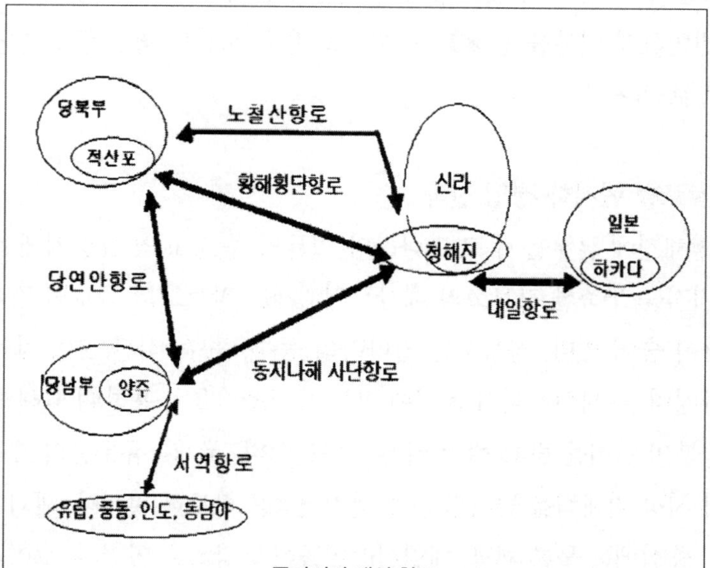

동아시아 해상 항로

와 서해안에서 중국의 초주, 연수, 해주와 회하지역으로 연결되는 황해중부 항로가 있다. 셋째, 한반도의 완도, 흑산도 등 서남해안에서 당나라 남부의 명주, 양주까지 가로지르는 남중국해(동지나해 또는 남중국해라고도 한다) 사단(斜斷)항로가 있었다.[30)]

청해진에 거점을 둔 장보고 해상세력과 재당신라인사회, 일본 하카다 대재부에 자리 잡은 재일신라인사회를 연계함으로써 동북아를 포괄하는 해상무역네트워크를 구축할 수 있었다. 신라, 당, 일 3국의 주요 교통 및 무역 요충지에 중개무역의 교두보를 확보하고

있었고 서방의 해상실크로드 무역세력을 동북아 3국에 중계하는 물류네트워크의 중심역할을 하고 있었다.[31)]

청해진이라는 물류중계지가 있었기 때문에 당나라와 서방세계에서 온 상품들을 청해진에 쌓아두고 주문량에 따라 바로 일본으로 가져올 수 있었고 이 때문에 당과 직접 일본이 왕래하는 것 보다 훨씬 빈번하게 일본을 왕래할 수 있었고 운송 시간도 훨씬 빨랐을 것으로 보인다.[32)]

글로벌 현지화 경영 전략

청해진에 본부를 두고 당나라와 일본의 주요 교역 요충지에 해외 거점을 구축한 장보고의 해상무역체제는 장보고의 글로벌 경영 전략이 숨어 있다. 장보고는 당나라의 등주, 초주, 적산, 연수지역, 회하지역 등 해외지역의 특성에 맞는 요구조건을 수용하여 당해 중앙정부의 인허를 받아 현지 거점을 만들었다. 국제물류운송의 효율성과 시장 지배력을 높이기 위해 현지거점을 확보한 것이다. 해외거점의 중심에는 물론 재당, 재일신라인들이 담당하고 있었다. 그러나 현지의 특성에 맞게 신라방, 신라소 등의 형태로 구성하였으며 현지에 거주하고 있는 사람들도 적극 참여시켜 현지화 경영에 나섰다. 이렇게 현지화 경영을 통해 해외네트워크의 경쟁력을 높이는데 성공하였으며 글로벌 물류기업으로서 기반을 확고하게 갖출 수 있었던 것이다.

장보고가 한반도 서남해안 지역인 완도에 본부를 설치하고 중국과 일본의 교역 요충지에 해외 거점을 구축하여 본부와 신속하고 긴밀하게 무역업무를 수행 할 수 있게 만든 체제는, 오늘날 다국적기업들이나 종합무역상사들이 세계를 대상으로 주요 해외 거점에 현지법인을 설립하여 본부와 일사분란하게 영업을 전개하는 시스템과 유사한 것이다. 우리가 잘 알고 있듯이 오늘날 종합무역상사나 다국적 기업들은 세계의 주요 거점을 대상으로 영업을 확대하고 있다. 세계 전 국가를 대상으로 가장 저렴하게 생산 할 수 있는 국가나 지역, 판매를 극대화 시킬 수 있는 국가나 지역, 원료를 가장 효율적으로 확보할 수 있는 국가나 지역 등을 전략적으로 선별하여 최대의 수익을 올리고 국제경쟁력을 높이기 위해서다. 이를 위해 주요 해외 거점에 현지법인을 설립하여 본부와 긴밀하게 연결된 영업을 추진하고 있는 것이다. 장보고 대사의 청해진 체제는 1200여 년 전에 이미 오늘날의 종합상사나 다국적 기업과 같은 해외 네트워크 시스템을 구축하였으며 이러한 해외 현지화 전략이 모두 장보고 대사의 뛰어난 경영능력의 결과다. 장보고 대사는 당나라와 일본 등에 주요 해외 거점을 구축하여 청해진의 무역체제가 당시 주요 국제항로의 지배력을 높이고 해상무역을 장악하여 이익극대화를 도모하였던 것이다. 장보고 대사의 앞을 내다보는 뛰어난 경영능력에 다시 한 번 감탄하지 않을 수 없다.

제2장

해양 강국으로 가는 길목에 서다

시대를 읽는 독법

신라, 당, 일본의 동북아의 무역은 8세기 중반부터 각국의 중앙집권체제가 약화되기 시작하면서 민간무역의 형태로 급증하기 시작하였다.[33] 각국의 중앙정부가 약해지면서 지방 세력이 두드러지기 시작하고 황해를 중심으로 해적활동이 횡행하였고 국가의 통제가 어려웠다. 이에 당 무녕군의 군관으로 활약하고 있던 신라인 장보고는 지금의 완도인 신라의 청해에 청해진을 설치하고 흥덕왕으로부터 1만 명의 군사를 징집할 수 있는 권한을 얻어 해적 소탕에 주력하게 되었다. 해적이 근절된 후 장보고는 황해에 대한 지배권을 장악하게 되며 중국 동해와 황해, 일본 열도에 이르는 동북아 무역의 기반을 잡게 되었다. 장보고 대사가 활동하던 당시의 시대적 환경을 동북아시아 정세, 동북아 교역체제, 신라와 당나라, 일본, 그리고 이슬람 지역과의 교역실태로 나누어 살펴보고자 한다.

당시 동북아시아 정세

8-9세기에 중국대륙과 한반도, 그리고 일본 등 동북아시아는 중앙집권적인 통치체제가 무너지고 지방의 호족들이 자신들의 세력을 넓혀 나가고 있었다. 그동안 강력한 힘을 발휘했던 중앙집권 체제가 귀족들의 도전과 절도사들의 대규모 반란 등으로 혼란에 빠지기 시작했다. 이틈에 지방 호족들은 독자적인 세력을 형성해 지방분권적인 체제로 변화해 나갔던 것이다.

당나라는 7세기 초 중국대륙을 통일한 이래 법령을 정비하고 제도화하여 중앙집권적인 통치체제를 확립했다. 그러나 755년 발생한 안록산의 대란이 763년까지 오랫동안 계속되면서 당나라의 기존 통치체제가 무너지기 시작했다. 당나라 초기에는 통치체제를 정비하여 중국대륙뿐만 아니라 주변의 여러 나라들을 포함하여 동아시아 세계를 명실상부하게 주도해 나갔으며 개방적인 정책을 통해 크게 발전했었다. 그러나 안록산의 난을 계기로 각종 사회적 불만이 쏟아지기 시작해 중앙집권체제가 붕괴되고 각 지방의 절도사 세력이 독자적인 세력을 형성하여 국가와 사회를 주도하게 됐다. 이러한 절도사 세력을 번진체제라 부르며 이들 번진세력들은 8-9세기 당나라 정국을 주도하며 급기야는 중앙정부와 대립하는 상황에 이르렀다.[34]

7세기 중엽 한반도에서 삼국을 통일한 신라는 당나라 법령체제를 받아드려 강력한 중앙집권체제를 이루는데 성공했다. 통일 이후 신라는 100여 년 간 적극적인 외교활동을 벌이고 선진제도와 문물을 받아들여 사회 각 분야에서 눈부신 발전을 이룩하였다. 그러나 8세기 말에 이르러 신라는 귀족들이 연합하여 왕권에 도전하면서 정국이 혼란하게 됐다. 신라의 전통적인 귀족계급인 진골들은 정국을 주도하면서 왕위계승을 둘러싸고 서로 싸우는 바람에 중앙정부는 정국의 주도권을 상실하고 말았던 것이다. 중앙정부가 이렇게 혼란에 빠지자 지방의 토호들은 그들의 세력을 키워나가기 시작했다. 9세기에 이르러 신라에서도 중앙정부가 통제력을 상실하고 지방 토호세력들이 독자적인 세력을 구축하여 지방분권적인 현상이 나타나기 시작한 것이다.[35]

일본은 7세기 후반에 태화정권이 등장하여 종래의 씨족국가를 통합하여 중앙집권적인 고대국가로 발전해 나갔다. 그러나 일본에서도 9세기에 들어와서는 중앙에서는 귀족계급들의 세력이 커져 국가권력의 상징인 천황의 권위가 추락하였다. 한편 지방에서는 토호들이 세력을 확대하여 각지에서 할거하더니 결국에는 승평, 천경의 난이 일어났다. 935년에서 941년까지 계속된 승평, 천국의 난으로 일본의 정치체제는 큰 변화를 겪게 됐다. 이 난을 통하여 지방 토호들은 "무사" 계급으로 성장하여 기존의 일본 정치체제를 붕괴시켰다.[36]

당시의 동북아시아 교역체제

고대 동북아시아 국가의 교역형태는 공무역(조공무역) 위주로 이뤄졌다. 당나라 전기까지도 정부가 통제하고 운영하는 공무역이 국가간 교역의 중요한 역할을 했으며 민간인에 의한 사무역은 원칙적으로 엄격하게 규제돼왔다. 조공무역은 진한시대에 시작해 위진남북조시대에 제도화되고, 수 · 당나라시대에 더욱 발전한 공무역으로 중화사상에 기반을 둔 것이다. 조공무역은 중국과 주변국 간의 공식적인 대외교역으로 공헌과 회사의 형식으로 물물교환을 통해 경제적 이익을 얻는 것은 물론 평화체제 구축을 위한 외교적 수단이기도 했다.

특히 주변국들은 조공을 통한 선진문물의 도입과 그들 지배층의 지위에 대한 정치적 보장이라는 목적이 있기 때문에 조공무역에 큰 관심을 가지지 않을 수 없었다. 이처럼 조공무역의 가시적인 이익이 컸기 때문에 주변국들은 더 많은 조공사신을 파견하려 노력했고 중국도 조공국 확대에 힘을 쏟아 당나라 중기에는 인도와 멀리 중동의 서역까지 확대되었 던 것으로 보인다.[37]

한반도와 중국간의 공무역은 삼국시대에 들어와 고구려, 백제, 신라가 당에 조공사를 파견하면서 시작됐다. 삼국통일 전쟁과정에서 나 · 당 · 일간에 긴장관계가 조성돼 일시 단절되기도 했지만, 698년 발해가 건국되면서 나 · 당 간의 공조체제가 강화되고 730년 국교 정상화가 이뤄져 양국간 공무역 체제가 성립됐다. 한편 발해는 외교적 고립을 타개하기 위해 일본에 접근하여 발해, 일본 간 교역체제를 구축하여 당나라, 신라 간 교역체제에 대응했다.

신라와 당나라간 공무역은 견당사라고 불리는 사정단에 의해 이뤄졌으며, 각종 교역과 관련하여 이용했던 배를 견당선이라고 했다.[38] 그러나 조공무역은 중앙집권체제가 점차 약화되면서 쇠퇴하기 시작했다. 중앙정부의 집권체제가 몰락하면서 일반 민간인에 대한 통제력이 약화되었고, 이렇게 되자 민간인이 경제활동에 적극 참여하기 시작했기 때문이다. 특히 8-9세기에 신라인들에 의해 주도되는 민간 국제교역의 발전은 동아시아 세계의 새로운 모습이었다.

중앙정부의 통제력 약화와 이에 따른 공무역 체제의 이완은 중국, 한반도, 일본 등 동아시아 3국에서 공통으로 나타났다. 공무역을 통해 물품수요에 대한 욕구가 증대하면서 사치품에 대한 수요까지 늘어나고 이렇게 증가된 물품수요에 대응하기 위하여서는 민간무역이 발달할 수밖에 없었던 것이 당시의 상황이었을 것이다.[39]

신라에서는 828년 장보고가 청해진을 설치하기 직전 이미 공무역보다 민간무역이 성행하고 있었다. 그러나 9세기 들어와 장보고가 청해진을 설치하여 해상세력을 키우면서 민간무역은 더욱 발달하는 계기가 마련되었다. 흥덕왕 9년(834년)에 외래 사치품의 범람으로 인해 예절과 풍속이 무너져 당시 이러한 상황을 엄중 경계하고 그 폐단을 방지하기 위해 사치를 금하는 교서를 내렸다는 것이 삼국사기에 나오는 것을 봐도 민간무역이 얼마나 크게 성장했는지 알 수 있다.

여기에서 우리가 특별히 관심을 가져야 할 것은 당시 동북아시아에서 성행한 민간무역의 발달은 동북아시아 사회구조를 크게 바꾸어 놓았다는 사실이며, 이와 같은 파장을 불러온 민간무역의 주요 담당자들이 다름 아닌 재당신라인사회와 청해진 및 재일신라인사회의 신라상인들이었다는 점이다.

이 시기는 또한 세계 교역사에서도 중세의 세계교역이 형성되기 시작한 때였다. 당시에는 육상실크로드가 경색되어 있었던 반면 바다를 통한 해상실크로드를 통해 동서 문물교류가 활성화 되던 때였다. 장보고가 청해진을 중심으로 중국과 일본 등에 흩어져 있는 신라인들을 유기적으로 연결하는 네트워크를 구축하여 동아시아 국가들은 물론 동남아 및 아라비아, 페르시아 상인들과의 교역도 활성화시켰다. 장보고 대사는 동북아 3국간 무역에만 종사한 것이 아니라 해상실크로드에 의해 수행되던 세계무역의 한축을 담당하고 있었던 것이다.

신라, 당나라, 일본 그리고 이슬람권과의 교역실태

신라와 당나라의 교역 ‖ 신라는 통일 이후 산업이 급속하게 발달하고 교역도 크게 늘어나 경제생활에도 커다란 변화가 일어났다. 통일 전에는 주요 수출품이 토산품인데 반하여 통일 이후에는 고급직물과 금은세공품의 수출이 크게 증가했다. 문무왕 때 자석, 은, 동, 침, 우황, 금, 포목 등을 당나라에 조공하였고, 성덕왕 때는 어아유, 조하유, 두발, 우황, 인삼, 고급직물, 해표가죽, 금, 은 등 주로 고급기술품을 보냈다. 당나라는 그 답례품으로 고급비단과 견사 등을 보내왔다.

신라 특히 혜공왕과 경덕왕 때는 당나라와 신라 교역품의 양과 질에 있어서 현저한 변화가 있었다. 신라 수출품의 양과 질적인 변화에 대해서는 성덕왕과 경덕왕 때 공예품 생산과 관련된 관리들이 20여명이나 되었던 것으로도 알 수 있다. (삼국사기 권 8, 신라본기 8, 성덕왕 22년, 23년) 이는 고급물품의 생산을 위한 관영공장의 고급기술이 널리 보급되고 다시 민간의 가내공장 설립으로 발전하여 고급공예품이 많이 생산되게 한 것으로 분석되고 있다. 일본의 승려 엔닌의 「입당구법순례행기」에 유신언이 엔닌에게 고급 신라도자를 선물로 준 것이 나오는데 이는 중국에서도 신라도자가 민간교역품으로 널리 이용되고 있었다는 좋은 증거가 된다. 이밖에 삼국사기(권 33)에 언급된 자단, 심향, 공작모, 금금, 비취모 등의 남해박래품은 신라무역의 범위가 크게 변화하고 있음을 보여주는 것이라고 할 수 있다.[40]

신라와 일본과의 교역 ‖ 신라는 통일 이후 일본과도 활발하게 교역을 하였다. 문무왕 8년(668년)부터 혜공왕 15년(779년)까지 공식적으로 신라는 일본에 45회, 일본은 25회의 사신을 파견하여 긴밀한 관계를 맺었다. 그러나 8세기에 들어와 신라와 일본과의 외교관계가 악화되기 시작해 선덕왕 원년(780년)에 양국의 국교가 끊어졌다.

물론 애장왕 4년(803년)에 양국의 교류가 다시 시작되었지만 이후 양국 간 관계는 국가 간 공식적인 교류보다 신라상인들이 빈번하게 일본을 왕래하는 형식으로 이뤄졌다. 일본은 당나라와의 직접적인 교류가 이뤄지지 않았기 때문에 당나라와의 교역상의 정보 등을 신라의 상인들을 통해 얻었으며 이러한 이유로 일본과 신라상인들과의 민간교역은 계속 유지됐다.

일본서기 등에 의하면 일본은 신라로부터 금, 은, 철, 칼, 비단, 견사, 포, 가죽, 호피, 약물류, 병풍, 금속공예품, 견직물, 불상 등을 수입하였다. 신라에서 일본으로 수출된 품목으로는 신라와 동남아시아, 인도, 아랍, 페르시아 등과의 교역물품이 다시 일본으로 전해졌음도 확인할 수 있다. 즉 악기, 기물, 향료, 약재, 낙타 등 인도, 아라비아, 페르시아 산 물품들이 신라를 통해 일본으로 건너간 것으로 보인다.

당시 일본정부는 민간인들의 일본 내 입경은 국정염탐이라는 구실로 엄격하게 금했지만 상인들의 거래행위는 허용한 것으로 속일본후기에 나타난 있다. 이 사실을 통해서도 당시 일본에서 신라상인들의 교역활동이 활발했음을 알 수 있다. 한편 일본은 황금과 명주 등 주로 원료 상품을 신라에 수출한 것으로 나타나고 있다.[41]

신라와 이슬람세계와의 교역 ‖ 신라교역에서 특별히 관심을 가져야 할 부문은 아라비아, 페르시아 등 이슬람권 상인들과의 교역이다. 삼국사기에 의하면 서역에서 온 많은 외국상품들의 이름이 기록되어있는데 이것은 신라상인들이 아라비아, 페르시아 상인들과 교류하여 신라에 수입된 것으로 확인되고 있다. 아랍권 문헌에도 아랍, 무슬림 상인들이 신라와의 교류, 신라로부터 수입한 상품에 대한 기록들이 있다. 신라에서 이슬람세계로 수출된 물품들은 비단, 황금, 도기, 인삼 등으로 기록돼 있다. 이슬람 상인들이 신라로 들여온 물품들은 장식용으로 쓰이는 공작새 털, 보석, 각종 유리기구 등 사치성 물품과 향료와 약제 등이었다.

8세기 초에 아라비아, 페르시아 상인들은 남중국 무역의 중심지인 광주로 진출하고 다시 복주, 항주, 명주로 북상하여 운하를 따라 소주, 양주에까지 그들의 시장을 확대해 갔다. 중국의 기록과 엔닌의 일기에 의하면 당시 양주 등 중국에는 많은 아라비아, 페르시아 상인들이 거주하고 있었다. 이렇게 많이 중국에 왕래하던 아라비아, 페르시아 상인들은 자연스럽게 중국을 왕래하던 신라의 무역상인들과도 교역을 하게 되고, 그 결과 서방의 고급 사치품과 남방의 물품들이 신라에 수입되었을 것이다.[42]

통일신라시대의 항로들

통일신라시대에 신라인들은 동해북부를 제외한 동북아 주요 해역에서 활발하게 해상활동을 했다. 그러나 당시 당나라가 동북아시아의 통일국가로서의 위상이 높았기 때문에 자연적으로 황해에 비중을 높이 뒀다. 황해는 내해(inland sea)이며 유럽의 지중해(Mediterranean sea) 성격을 갖고 있다. 중국과 한반도로 둘러싸여 육지와의 거리가 짧으며 대부분 근해항해지역에 해당한다고 할 수 있다.[43] 황해는 또한 일반적으로 파도가 대양보다는 약하고 리아스식 해안이 발달 돼 선박들이 대피할 곳이 많아 항해가 비교적 용이하다고 말 할 수 있다.

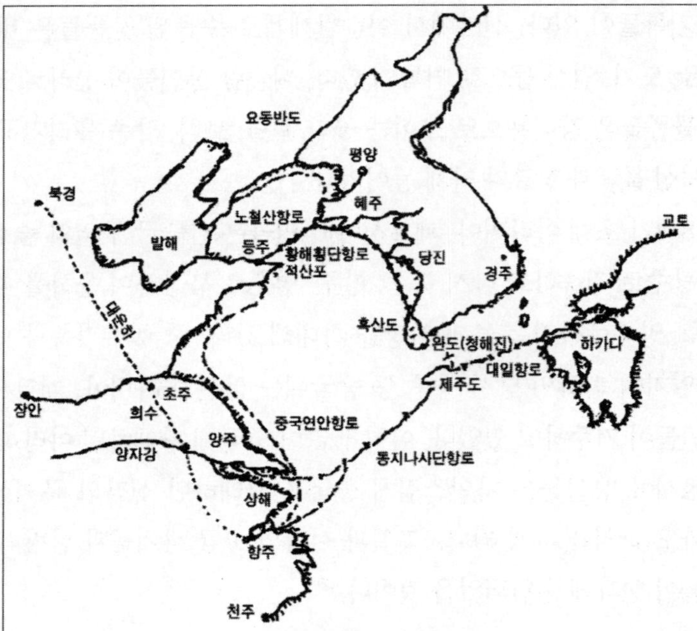

나 · 당 · 일 주요 교역항로

장보고는 동북아 해상의 요충지인 청해진을 중심으로 828년부터 846년까지 18년간 해상 무역을 발전시켰다. 동북아시아의 해상항로의 교차점에 위치한 청해진은 삼국의 무역에 있어서 가장 중요한 위치였다.

노철산 항로는 중국의 산동반도 등주를 출발하여 발해만의 노철산 하구, 대련만, 압록강 하구 등을 경유, 한반도의 서해안을 따라 남하하여 웅진만과 강화도, 덕적도를 거쳐 남양만에 이르는 항로이다. 552년부터 신라가 멸망할 때까지 중단 없이 사용되었으며 이 항로를 따라 조공무역이 본격적으로 행해졌다. 황해횡단항로는 산동반도에서 바로 황해를 가로질러 예성강, 당은포에 이르는 최단거리 항로로서 통일신라시대에 항해기술이 발달하면서 점점 많이 이용하게 되었다. 황해횡단항로는 황해북부 횡단항로와 황해중부 횡단항로 등 2개로 나누어 분류할 수 있다. 동지나해 사단항로(동중국해 또는 남중국해라고도 불린다)는 흑산도 부근에서 남중국으로 가는 직항로로서 845년 동남해상에 표류한 일본선원 50여명을 신라선원들이 광주에서 일본으로 데리고 갈 때 이용한 항로이다.[44] 통일신라시대 장보고 대사와 신라상인들이 자주 이용하던 주요 항로를 좀 더 자세하게 살펴보고자 한다.

노철산 연안항로

한반도에서 중국의 요령 연안을 거쳐 산동반도에 이르는 노철산 항로는 섬과 육지가 가시범위 내에 있는 연안항로다. 육지에 인접한 연안항로이기 때문에 선박의 성능이나 항해기술이 상대적으로 낮아도 항행할 수 있으므로 춘추전국시대부터 중국과 한반도, 일본을

노철산항로

연결하는 주요 항로로 이용해 왔다.

노철산 항로는 황해의 연근해 항로 중 가장 의미가 있으며 대표적인 항로다. 넓게 보면 황해연근해 항로는 중국의 남쪽인 절강성 해안을 출발점으로 하여 산동반도를 거쳐 요동반도로 북상한 다음 동으로 방향을 바꾸어 압록강 유역인 서안만에 진입한다. 이어 대동강 하구와 경기만을 지나 계속 남쪽으로 항해를 한다. 그리고 서남해안과 남해안의 일부를 지나 대마도와 규슈북부로 이어지는 긴 항로다.

황해 연근해 항로에 위치하는 주요 항구를 보면 중국연안에는 절강성의 항주와 단산군도, 영파항, 양자강 하구와 회하지역의 초주, 산동반도에는 등주(봉래), 적산(영성), 요동반도에는 여순(대련시 포함)항이 있다. 일본열도에는 대마도, 규슈북부의 하까다, 우시지역 등이 황해연근해 항로에 위치하고 있다.

황해 연근해 항로는 항해거리가 대단히 멀고, 중간 중간에 정치 및 경제적 이익을 달리하는 해양집단들이 항해를 방해하고 심지어는 약탈행위까지 있는 항로이지만 항해 자체로는 위험성이 비교적 낮은 항로다. 따라서 항해술이 발달하기 전부터 널리 이용된 비교적 안전한 항로였다.[45]

황해연근해 항로 중 노철산 항로는 산동반도의 동북단인 등주(봉래)에서 요동반도의 여순, 그리고 한반도 서해안 지역까지를 특별히 노철산 항로라고 하는데 다른 연근해 항로와는 구별되며 중복되지 않는 특성이 있다. 수심이 얕고 섬들 간의 거리가 매우 짧아 초보적인 항해술과 조선능력만 갖춰도 항해가 가능했던 항로다.

황해 횡단항로

노철산항로는 항로가 길고 시간이 오래 걸리는 결점이 있다. 항해기술과 선박제조기술이 점차 발달해 가면서 노철산 항로의 결점을 보완하기 위해 황해횡단항로가 개척됐다. 이 항로는 한반도 서해안에서 서해를 건너 중국 산동성 북부의 의 등주, 래주, 밀주 등 산동반도 연안의 항구에 이르는 해로다. 당시 중국 북부 해안에서 가장 대표적인 항구가 등주항구다. 황해횡단항로는 백제가 서해를 건너 중국과 직접 왕래하는데 자주 이용되던 항로였는데, 7세기 중엽 신라가 삼국을 통일한 후 특히 장보고가 신라와 당나라의 교역을 주도하던 시기에 그 이용도가 높아지면서 중요성이 커진 항로다.[46]

황해횡단항로는 5-6세기경인 남북조시대에 개발됐다. 당시 한반도는 삼국간에 복잡하게 얽힌 정치, 군사관계와 고구려, 일본 간의 적대관계로 중국과 한반도, 그리고 한반도를 매개로 하는 일본과의 전통적인 항로인 노철산 항로의 이용이 곤란했다. 이와 동시에 백제는 475년 고구려의 침공을 받아 수도를 웅진으로 옮긴 후 황해를 건너 직접 중국과 연결하는 항로를 발전시켰다. 이러한 우여곡절을 겪으면서 황해북부 항로는 한반도와 중국을 연결하는 중요한 항로가 됐다. 황해 북부항로의 중국측 주요 항구로는 등주, 유산포, 적산포, 래주, 밀주 등이다. 당시 등주는 중국과 신라간의 해상왕래에서 중요한 법정 해출구가 있었다. 적산포는 산동성의 주요 항구로 한반도 서해안 강화도에서 불과 100해리밖에 떨어져 있지 않으므로 순풍을 이용하면 빠르고 편리한 해출구였다. 장보고 등 신라의 해상상인들이 중국을 왕래할 때 중간기지로 자주 이용됐으며 신라인들이 공동거주지를 형성한 곳이기도 하다.[47]

황해횡단항로는 2개 또는 3개로 다시 분류할 수 있다. 첫째는 북부항로인데 한반도의 서해안 황해도에서 출발하여 산동반도의 동단 혹은 북단에 있는 등주, 래주, 밀주 등에 도달하는 항로다. 이철

황해북부 횡단항로

영, 정문수 교수도 이 항로를 황해북부 횡단항로로 분류하고 있다. 윤명철 교수는 이 항로를 황해중부 북단항로로 분류하고 있다.[48)]

둘째는 중부항로다. 중부항로는 한반도 중부지역의 경기만의 하단지역인 남양만이나 그 남쪽 항구에서 출발하여 직접 황해를 건너 산동반도 동남부인 적산포와 유산포에 도달하는 항로다.

셋째는 남부항로다. 남부항로는 한반도 서남해안에서 출발하여 당나라 남부지역의 연운항과 양주항으로 항해하는 항로다. 황해남부 횡단항로는 한반도에서는 영광, 영산강 하구의 회진, 완도의 청해진, 해남, 강진 등의 항구가 많이 이용됐다. 윤명철 교수는 이 항로를 황해 남부횡단항로로 분류하고 있다.

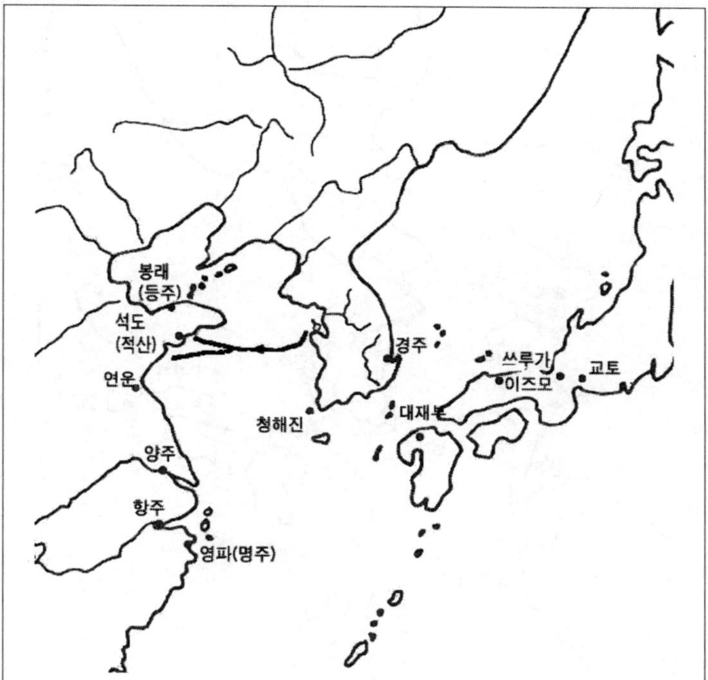

황해중부 횡단항로

황해횡단 항로의 한반도 측 항구와 중국 측 항구에 대한 세부적인 분류는 학자마다 다소의 차이가 있다. 윤명철 교수는 적산포에 도달하는 항로를 황해 중부항로로 분류하고 있다. 그러나 이철영, 정문수 교수는 초주, 연수현, 해주에 도달하는 항로를 황해중부항로로 분류하고 있다. 이철영, 정문수 교수의 분류에 의하면 경기만 일대의 중부지방 항구에서 서해를 횡단하여 중국의 해주(지금의 강소성 연운항 부근의 항구), 초주, 연수에 도달하는 항로를 황해중부횡단 항로로 분류하고 있다.[49] 당시 해주는 신라로 가는 선박의 다수가 여기서 방향을 동쪽으로 바꾸어 항해했던 곳이었다. 초주는 지금의 강소성 회안시에 있고, 연수는 강소성 연수시에 위치한 곳이었는데

황해남부 횡단항로

이 두 곳 모두 당대에는 회하의 교통 요충지였다. 동쪽으로 항해하면 회하의 입구에 이르고, 남쪽으로는 회남운하를 통해 양자강 하구의 당대 유명한 항구인 양주항에 이를 수 있다.

황해북부 횡단항로, 황해중부 횡단항로, 황해남부 횡단항로 그리고 윤명철 교수는 황해남부 횡단항로에 중국 남부의 해상교통 요충지였던 양주항은 물론 절강성의 항주, 명주(지금의 영파), 단산군도 등까지 포함시키고 있다. 그러나 대부분의 학자들은 지금의 영파항인 명주항은 황해횡단항로로 분류하지 않고 동지나해(또는 동중국해, 남중국해) 항로로 분류하고 있다. 여기서도 명주항은 동지나해 항로로 분류했다.

동지나해 사단항로

한반도 전라도 등의 여러 해안에서 출발하여 동지나해(동중국해 또는 남중국해로 불리기도 한다)를 사단으로 항해한 다음 절강성과 절강성 이남 지역의 항구에 도달하는 항로가 동지나해 사단항로다.[50] 한반도에서는 영광, 영산강 하구, 청해진, 해남, 강진 등이 항구로서 이용됐다. 중국의 항구로는 절강성의 명주(영파)와 그 외곽인 주산군도, 그리고 항주 등이 많이 이용됐다. 명주와 주산군도는 이 항로의 주요한 출발항구 역할을 했다. 절강지역은 항주만과 단산군도, 양자강 하구를 끼고 있다. 그리고 중국 연안의 남과 북을 연결해주는 항해상의 길목이기도 하다. 내륙운송을 담당하는 운하의 종

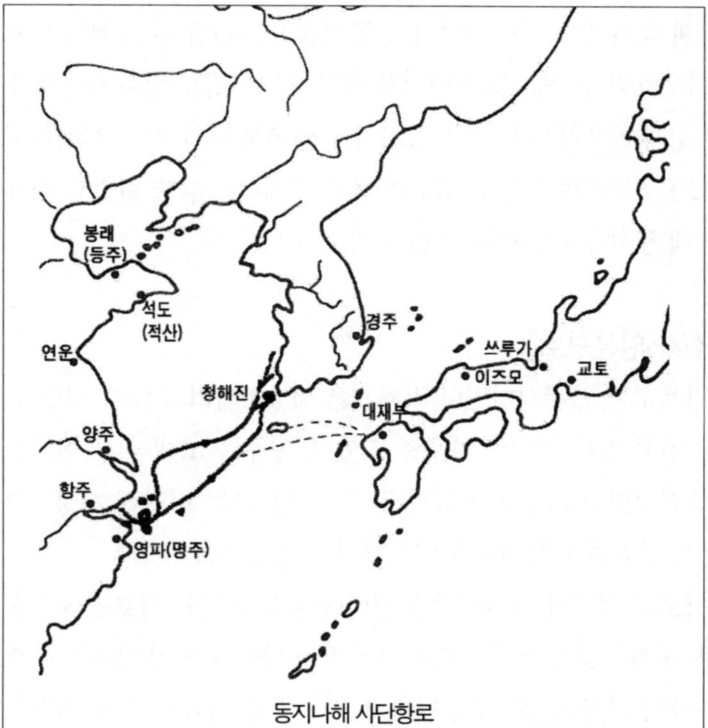

동지나해 사단항로

점이고 시발점이기 때문에 남방과 북방으로 상호교환 되는 물자들이 이 지역항구에서 만났다. 주산군도는 중국 최대의 군도였으며 항주만 입구에 위치하고 있었다.

동지나해 사단항로의 일부는 남중국과 일본의 교류에도 이용된 항로였다.[51] 일본의 견당사선들이 사용한 남로항로가 바로 이 항로다. 항주만 항구들을 출발하여 사단으로 북상하다가 흑산도 등을 경유하여 전라남도의 청해진, 해남, 영광, 부안 등의 서남해안 지역항구에 도달한다. 즉 이 항로를 이용하는 배들은 명주(지금의 영파)를 출발하여 보타도에서 바람을 기다렸다가 북상하여 상해만 바깥바다까지 온 다음에 거의 사선으로 항해하여 흑산도로 왔다. 그 다음에 고군산도 등을 거쳐 예성강 하구에 도착하기도 했다. 이 항로를 이용하여 항해할 때는 늦봄에 남풍계열의 바람을 타고 해류의 흐름을 이용하여 항주만 혹은 양자강 하구에서 한반도 남부지역까지 자연스럽게 항해가 가능하다. 양자강 유역에서 군산까지 435해리이고 각도가 55도이며 해류를 이용해 바람만 제대로 불면 한반도 서해안 지역에 용이하게 도달할 수 있는 항로다.

신라-일본항로

장보고의 활동기지였던 청해진은 약 100해리의 대한 해협을 사이에 두고 일본 구주를 마주하고 있다. 구주는 고대 일본 해외무역의 중심지였던 대재부가 있던 곳으로 장보고는 이러한 지정학적인 위치를 활용하여 청해진과 일본과의 교역을 발전시켰다.

장보고 선대가 대한해협을 건너 일본으로 가는 항로는 3개가 있었다. 첫째는 완도에서 출발하여 한반도 남안을 거쳐 서에서 동으로 항해하여 거제, 진해, 부산일대에 도달한 후 남동으로 항해하여 대마도에 이른다. 대마도에서 계속 항해하여 북구주를 지나 대재부로 가는 항로다. 둘째는 완도에서 출발하여 거제, 부산 일대를 거쳐 남쪽으로 항해하여 대마도에 이른 후 대마해협을 건너, 일지도 또는 송포를 경유하여 대재부에 도달하는 항로다. 둘째 항로는 첫째 항로보다 거리와 시간을 단축할 수 있는 장점이 있다.

셋째는 추측항로인데 완도에서 출발해 제주도에 도착한 후 다시 동쪽으로 항해하여 일본의 대재부에 도달하는 항로다. 제주도를 거쳐서 간다는 점이 특히 다른 점이며 이 항로가 일본에 이르는 직선거리로 가장 짧아 항해시간이 가장 빠르기 때문에 황해를 횡단한 경험이 있는 당시 사람들이 무난히 이용했을 것으로 추측되는 항로다.

동해남부 횡단항로 ‖ 동해남부 횡단항로는 경주의 외항인 울산, 감포, 포항 등 동해남부의 해안을 출발하여 일본열도의 혼슈남부 해안지역에 도착하는 항로다. 이 항로는 신라초기부터 사용됐는데, 울산 등 동해남부 지역 항구에서 출발해 동해남부를 횡단한 후 일본열도의 혼슈 남부지역인 산음지방의 돗도리현, 시네마현, 야마구치현 등의 항구에 도착한다. 그리고 목표지역에 따라 연안 혹은 근해항해를 이용해 북으로는 후꾸이현의 쓰루가 지역으로 또는 남으로는 규슈지역으로 가는 항로다.

당시 울산항은 경주의 외항으로 중요한 역할을 하는 항구였다. 당나라 양주나 명주와 연결되는 국제항구로서 신라의 수도 경주의 관문항 역할을 수행했다. 따라서 동해남부 항로뿐만이 아니라 경주와 이어지는 모든 항로의 출발점이면서 도착점이 되는 항구 역할을 했다.

이 항로의 일본 도착항구인 이즈모 지역항은 울산이나 포항지역

동해남부 횡단항로

과 위도 상으로 거의 비슷한 위치에 있으며 양 지역 사이에는 2개의 항로가 있었다. 제 1항로는 동해남부 또는 남해로부터 리만한류를 타고 북위 30도 부근에서 대한난류를 횡단하여 이즈모 서안에 도달하는 직항로다.

제 2항로는 한반도 동해안에서 출발하여 오끼에 도착하고 다시 일본해안으로 항해하는 항로다. 동해남부나 중부에서 출발해 계절풍과 해류를 잘 이용하면 항해는 쉽게 성공할 수 있다. 반대로 이즈모 항구에서 출발하면 규슈북안까지 대마해류의 역류를 타고 연안을 올라간 후 규슈 북서부에서 이끼 쓰시마를 경유하여 대마본류를 타고 한반도의 동남부 또는 동부 연안에 도달한다.

일본 측 항구로 주목해야 할 항구가 또 하나 있는데 이 항구가 바로 쓰루가항이다. 쓰루가항이 있는 일본의 와카사만은 동해쪽에 면한 아주 큰 만의 하나인데, 해안선이 전형적인 리아스식 해안으로 복잡하고 작은 만들이 많이 있다. 쓰루가는 머리에 뿔이 난 사람들이 왔다는 뜻을 의미하는 쯔누가라는 말에서 유래된 것인데 이것은 투구를 쓰고 일본에 상륙했던 가야인을 뜻한다. 그 후 신라와 관계가 높아져 지금도 신라계 지명과 신사가 여러 곳 남아있다. 가장 큰 만인 와카사만에는 40여 호 남짓한 조그만 마을에 신라를 나타내는 시라기 마을과 시라기 신사가 있다.

쓰루가에는 이 곳 말고도 신라를 의미하는 시라기인, 신라신사들이 많이 있다. 쓰루가에는 신라인들, 가야인들, 고구려인들이 왕래하던 항구로 많이 이용됐으며 이들이 쓰루가에 도착하면 이곳을 거점으로 몇 개월씩 머물면서 장사를 했다고 한다.[52]

남해 항로

남해항로는 한반도 남해지역의 항구를 출발하여 대마도를 경유하여 규슈북부에 도착하는 항로다. 이 항로의 출발지역은 낙동강 하구지역이 많이 이용됐다. 대마도와 거리가 가장 가깝고 가시거리에 있으므로 항해 중에도 물표의 확인이 가능하고 심리적으로 편안하고 안정감을 주는 항로였기 때문이다. 고대에는 가야 세력들이 많이 이용했으나 통일신라시대에 와서 신라에서 일본으로 가는 항로로 많이 사용됐다.

이 항로는 비교적 안정된 항로이지만 대한해엽이 좁아 조류가 해류의 방향에 큰 영향을 줘 문제가 발생하기도 하는 항로다. 부산이나 동쪽 해안에서 출발하여 대마도로 갈 때 해조류의 흐름에 따라

역행하므로 항해가 실패할 확률이 매우 높은 경우가 많다. 오히려 남해 동부해안인 거제도에서 출발하는 것이 성공할 확률이 많다.

일본측 도착항구는 규슈 북서부에 있는 요부코나 가라쓰만 이지만 최종 도착지는 하카다만이다. 하카다에는 西京이 있었고 대외교섭과 무역을 관장하는 대재부가 있었기 때문이다. 신라상인들은 물론 장보고 대사가 파견한 회역사들이 도착해서 교역활동을 펼치던 곳이 바로 하카다 지역이다.

한편 서남해안 또는 남해 서부 해안에서 출발하여 규슈 서북부로 직항하는 항로가 있는데 이 항로는 4세기 이후 백제가 본격적으로 활용했던 항로다. 장보고 대사의 청해진 해상세력도 바로 이 항

로를 활발하게 사용했을 것이다. 장보고 해상 세력들은 영산강 하구, 해남, 강진 등 한반도 서남해안이나 사천 등 섬진강 하구와 중간에 있는 큰 섬들에서 출발하여 하카다로 항해했을 것이다.

장보고 사후에 군소 해상세력들이 등장하는 과정을 보면 이 남해안 일대에서 해양활동이 활발하게 이뤄졌음을 알 수 있다. 장보고 해상세력들은 남해안을 따라 연안항해를 하거나 근해항해를 하였을 것이다. 대마도를 가시거리로 두고 항해하거나 또는 직접 경유한 후에 규슈북부에 도착했을 것이다. 또는 제주도를 바른쪽으로 바라보면서 해류와 바람을 이용하여 규슈의 서북쪽으로 항해하면 고또열도 등을 만나고 북동쪽으로 계속 항해하면 규슈북부의 가라쓰 등의 항구에 도달하며 다시 대재부가 있는 하까다까지 연안항해를 한다.[53]

조선기술, 항해술로 완벽한 실력을 갖추다

조선기술

신라시대 해사에 대한 기록은 가끔 있지만 당시 배 모양이나 구조, 형태등 조선기술에 대한 기록은 없다. 단지 후대의 "고려도경", "고려사", "고려사절요"등에 선박의 규모나 형체에 대한 기록이 있어 중국이나 일본의 문헌과 함께 비교하여 당시의 배 모양을 추측할 따름이다.[54]

장보고가 처음 해상세력집단을 구성하였을 때에는 기존선박을 이용하였을 것으로 보이며 초기에는 중국선을 사용했을 것으로 추정한다.[55] 그 후 장보고는 신라, 당, 일본과의 무역으로 막대한 부를 이루어 내면서 선박의 개량을 통해 조선경험을 쌓고 결국 효율적인 교역을 위한 교역선을 만들었을 것으로 추정된다.

장보고의 무역선은 중국선을 모방한 평저구조선으로 분석되고 있다. 김재근(金在瑾)교수의 연구에 의하면 장보고가 해상교역에 사용했던 교역선은 갑판상 선실을 구비한 누선형 선박이며, 평저구조선이며, 돛대를 두개 이상 가진 범선으로 추정하고 있다.[56] 중국의 전형적인 선형인 사선은 평저형 선박으로 주로 대운하를 통한 조운 등에 쓰였다. 당나라 선박은 그 구조방식이나 크기, 포장, 및 키 등에서 같은 시대의 서양선박보다 훨씬 기술이 앞섰던 것으로 보아 백제, 신라선박의 조선기술도 상당히 높은 수준이었을 것으로 조사되고 있다.

신라 문무왕 18년(678년)에 선부라는 선박건조를 담당하는 독립된 관사가 설립되었던 기록도 있다. 일본서기 등에 나오는 기록들을 보면 신라가 조선기술자를 일본에 보내어 조선기술을 가르쳐 주었고, 840년 대마도 관리가 신라배의 우수성을 인정하고 대재부가 소유하고 있는 신라배 6척 중 1척을 나누어 달라고 요청한 사실 등을 보면 신라 선박의 우수성이 주변국가에 널리 알려졌던 것으로 나타난다.[57]

항해술

당나라와 일본과의 오랜 교역경험을 통하여 원양항해에 대한 지식을 풍부하게 습득한 장보고시대의 항해술은 상당한 수준으로 발전했을 것으로 추정된다. 우리나라의 남해안, 서해안은 간만의 차가 심하여 밀물과 썰물의 현상에 대하여 잘 알아야 해역을 항해할 수 있으며 많은 경험이 있지 않으면 위험하게 된다. 또한 계절에 따라 북풍에서 남풍으로 바뀌는 시기가 있으며 이러한 계절풍도 잘 이용하였을 것으로 추측된다.[58]

당시 당나라와의 뱃길은 청해진에서 서해연안을 거슬러 당진에서 서해를 횡단하는 방법을 많이 활용한 것으로 보인다. 이 루트는 우리나라의 서해연안과 중국으로 쉽게 오갈 수 있도록 조류가 흐르는 루트로서 당시 무동력범선으로도 다닐 수 있는 최적의 경로였다.[59)]

일본과의 뱃길은 남해와 제주도 사이의 연근해에 흐르는 대마난류(쓰시마 해류)를 잘 이용한다면 이 또한 어렵지 않게 다닐 수 있는 길이 된다.

남해안 청해진 부근의 복잡한 섬들 사이의 뱃길도 조류의 변화를 잘 이용하면 잘 돌아 다닐 수 있는 길이었다. 이러한 청해진 앞바다 200여개의 섬, 암초, 밀물과 썰물의 변화, 흑조(黑潮), 계절에 따라 변화무쌍한 해류와 해풍을 잘 이용한 장보고 선단의 항해술을 미국 펜실바니아 어시누스 대학의 클라크교수는 '천재적' 이라 표현하였다.[60)]

이러한 조류의 흐름을 이용한 항해술로 볼 때 청해진은 삼국 간 물류의 길목이 될 수 있었고 이곳은 바로 동북아 물류의 거점으로 활용될 수 있었던 것이다. 청해진이 국가 무역의 길목이고 이곳을 통과하기 위해서는 복잡한 조류와 해안선에 대한 정보를 많이 알고 있어야 한다. 이는 많은 경험에 의해 얻어지는 것으로 당나라와 일본에서 왕래할 때 경험이 많은 신라인 항해사가 도움을 주었던 것으로 보인다. 이는 오늘날의 도선사와 비슷한 역할을 수행했다고 볼 수 있다.

통일신라시대의 항해술이 상당한 수준에 도달했던 것으로 보이는 이유는 신라인들이 지문항법이나 천문항법, 수문항법 등의 당시 고도기술이 필요한 항법을 사용한 것으로 보이기 때문이다. 우선 원양항해에 있어서는 일본이나 중국과의 오랜 경험을 통해 저명한 육상의 목표물이나 섬의 모양 전체를 보고 위치를 확인하는 지문항법이 이용됐던 것으로 보인다. 또한 해와 별자리 등 천체를 이용하여 방향을 정하는 천문항법, 수심이나 수색을 관찰하여 선박의 위치를 결정하는 수문항법 등도 사용하였다.

우리나라 서해안과 남해안은 간만의 차가 심하다. 조류도나 해류도가 없었던 시절, 범선들이 밀물과 썰물의 현상을 잘 알아야 험한 해역을 항해할 수 있다. 당시 선박을 운항하는 신라인들은 오랜 경험으로 서해와 남해의 조류, 바람, 해류 등에 관한 지식이 풍부했음이 분명하다. 또한 타와 파수판, 돛을 적절히 이용하여 바람을 거슬러 올라가는 항해술 등도 이미 체득하고 있었다. 태평람을 이용하여 선박이 파곡에 가로 놓이는 것을 방지하고 전복을 막는 기술도 가지고 있었다.

서해에서 여름철은 봄철과 비슷하게 서남풍이 불고, 겨울에는 북서 및 북풍이 분다. 가을철은 남풍이 다시 북서풍으로 바뀐다. 그러므로 신라에서 당나라로 출발할 때는 가을철을 이용하고, 당나라에서 신라로 돌아올 때는 늦은 봄과 여름철이 좋다. 신라인들은 이러한 계절풍도 잘 이용하였다.

그러나 9세기 이후 항해술이 더욱 발달하여 역풍을 이용한 항해도 많아졌다. 839년 일본 조공사 일행을 태운 신라선 9척이 여름철인 7월에 산동반도 적산포에서 신라연해안으로 직항했던 사실이 있는데 이러한 것을 보면 계절풍까지 거슬러 항해할 수 있는 기술을 갖추고 있었음이 분명하다. 통일신라 사람들이 순풍은 물론 횡풍, 역풍에도 능히 항해할 수 있는 능력을 가지고 있었으며 돛도 단돛배뿐만 아니라 다돛배까지 있었음이 확실하다.[61)]

복합체적 종합상사, 청해진의 설치와 해상무역

장보고 해상무역활동의 기반

청해진 설치 후 장보고는 신라조정의 허가를 얻어 신라연해의 해적퇴치에 주력하였다. 이로 인해 해상무역의 독점권을 신라로부터 인정받게 되었고 해상활동의 기반이 확고해졌다. 신라조정은 장보고에게 청해진대사로의 칭호를 부여하였고 후에 감의군사 칭호도 부여하였다. 이러한 일들로 인하여 신라 국내의 기반이 다져질 수 있었다.

장보고 대사는 신라뿐 아니라 당나라와 일본에서도 무역활동을 위한 기반을 갖추고 있었다.[62] 장보고는 산동반도 적산(赤山)에 법화원(法花院)이라는 사찰을 건립하여 신라인들의 집회소 역할과 청해진과의 연락기관 역할을 하도록 하였다. 일본과의 교역을 원활하게 하기 위하여 일본의 대륙교역을 관장하는 북구주(北九州)의 대재부에 사자를 파견하였고 일본 측은 "人臣無外交"라 하여 장보고와의 정부 간 수준의 교섭을 거부하고, 장보고와의 교역은 승인 또는 묵인하였다.[63]

장보고의 무역활동의 기반을 좀 더 깊이 있게 이해하기 위해서는 장보고가 재당시절에 쌓아놓은 경험에 대해 살펴볼 필요가 있다. 재당시절 장보고는 무령군 소장이라는 관직에 올랐다. 소장직에 오른 것은 당시 당나라 조정에 반기를 든 평로치청의 번수 이사도가 이끄는 평로군을 소탕하는데 큰 전공을 세웠기 때문이다.

이 참전의 경험이야말로 장보고가 군사전략가로 성장하여 해적을 소탕하는데 큰 도움이 되었을 것이다. 장보고는 평로군의 소탕과정에서 평로군의 관할지역인 등주, 내주 일대에서 해적이라는 불법적인 해양세력들이 신라의 양민을 납치하여 노비로 파는 일들이 벌어지는 등 피해가 극심하다는 것을 알게 된다.

실제 9세기 당시 당나라는 번진세력의 발호로 당의 지방통제가 약화되면서 해적이 민간인들을 납치하여 인신매매를 하는 등 약탈행위가 극심하여 사회적인 문제가 될 정도였다. 특히 민간무역에 종사하던 재당 신라인들에 대한 해적의 약탈행위는 더욱 심했을 것이다. 재당신라인들은 해적들의 약탈에 무방비 상태로 노출되어 생업에 심대한 위협을 느끼고 있을 정도로 심각했다.

이러한 상황에서 장보고가 나타나 해적을 소탕했기 때문에 동족출신인 이정기 일가의 정권이 무너지면서 구심력을 상실하여 심리적 허탈감에 빠져 있었던 재당 신라인들에게 믿음과 신뢰성을 얻게 된 것이다. 재당 신라인들의 신뢰와 존경을 받게 되면서 장보고는 자연스럽게 신라인들의 새로운 지도자로 떠오를 수 있었던 것이며, 이것이 장보고가 국제해상 무역가로 성장하는데 기본적인 밑거름이 되었다.

재당 신라인들의 신뢰를 받고 이들의 지도자로 부상한 장보고는 자신의 군 소장의 경력과 해적퇴치에 수완을 발휘한 개인적인 능력을 바탕으로 재당신라인 사회의 지도자로 부상하면서 재당 신라상인들이 그동안 형성해 놓은 상업망과 무역거점이 그대로 장보고의 무역활동의 귀중한 기반이 되었다. 일본의 승려 엔닌이 당나라 체제동안 쓴 당나라여행기에 의하면 재당 신라인들은 산동반도 남안일대와 회하하류를 연결하는 그 연안 선상에 많이 거주하면서 활발한 무역활동을 했다.

특히 재당 신라인들의 활동이 활발했던 지역은 산동반도의 등주와 초주 지역 이었는데 등주와 초주의 지정학적인 위치도 장보고가 황해해상권을 지배하는데 큰 의미를 가지고 있다. 등주는 오랜 옛날부터 중국대륙과 한반도를 연결하는 항로의 출발점이었고, 또한 중국과 일본을 연결하는 항로의 출발점이기도 했기 때문이다. 한반도와 일본항로의 출발점이었다는 것은 황해해상 교역의 요충지였다는 것을 의미하며 이러한 요충지에 재당신라인의 해상교역 거점을 마련하고 있었다는 것은 또한 신라상인들에 의해 황해해상권이 지배되고 있었다는 것을 의미한다.

초주의 지정학적인 위치도 중요했다. 초주는 대운하와 회하를 연결하는 지점이며 내륙수로에서 바다로 나가는 출구로서 신라와 일본 등 외국으로 가는 배가 양주에서 운하를 이용해 오는 작은 선박과 만날 수 있고, 남쪽으로 양자강의 수로를 이용해 회하 상류로 나가면 서쪽에 있는 당나라 수도 장안과 낙양지역으로 연결되는 중요한 지점이다. 이렇게 중요한 초주에는 신라인들이 집단거주하고 어느 정도의 자치권이 인정되는 신라방을 가지고 있었기 때문에 더욱 중요한 의미가 있는 곳이다.

산동반도 남안의 신라인들의 또 하나의 거점인 적산포도 황해를 가로질러 한반도에 도달하는 항구로 많이 이용되었다. 이렇게 한반도와 일본의 교역을 위해 요충지였던 중국의 산동반도와 북부, 그리고 남부연안의 중요항구에서 재당 신라인들이 해상거점을 형성하여 해상권을 지배하고 있었던 것은 장보고가 황해의 해상권을 장악하고 더 나아가 청해진을 중국과 한반도, 일본의 동아시아 3국의 국제해상교역의 중심센터로 육성하는데 크게 기여하는 기반 역할을 했다.[64]

청해진의 설치와 국제해상 무역기지화

독자적 권한을 가진 청해진의 설치 ∥ 재당 시절 이미 장보고는 무령군 소장의 경력을 소유하고 있어 군사전략가적 소양을 갖추고 있었으며 이러한 능력을 바탕으로 해적퇴치에 뛰어난 수완을 발휘했다. 여기에 통찰력과 인격적인 덕망을 겸비하고 있어 재당 신라인 사회에서 신뢰와 대중적인 인기를 함께 얻을 수 있었다. 이러한 신뢰와 인기를 통해 장보고는 재당 신라사회에서 강력한 리더십을 쌓았을 것이다. 그 결과 장보고는 이미 재당시절부터 최고의 국제해상 무역가로 성장해 있었다.

당나라 무령군 소장의 경력과 이미 재당 신라사회에서 강력한 리더십을 구축한 장보고는 828년 신라에 귀국하여 홍덕왕에게 건의하여 완도에 청해진을 설치하고 군사력을 바탕으로 국제해상 무역기지를 건설하였다. 장보고의 신라 귀국은 갑자기 이뤄진 것이 아니라 당나라에 머물면서 중국과 한반도 그리고 일본을 연결하는 국제해상무역의 네트워크 밑그림을 그려놓고 이를 실행시키기 위해서 귀국을 결행한 것이다. 장보고는 이미 동북아시아 3국의 국제무역 중심지로 신라 서남해안 지방에 위치한 완도를 점찍어 두고 이의 건설을 위한 준비를 미리부터 진행해 나갔을 것이다. 한반도 서남해안 지역이 동북아시아 3국을 연결하는 바다의 중심에 위치하고 있어 지정학적인 요충지라는 것을 이미 간파했으며 여기에 완도 지역이 그의 고향이라는 점이 그의 관심을 더 끌게 만들었을 것이다.

홍덕왕은 장보고가 해적퇴치의 필요성을 강조한 것에 대해 공감을 했을 것이다. 당시 신라의 정치적 안정이 흔들려 국가의 지방 통제력이 크게 위축되고 있는데다 국가 재정도 큰 어려움에 봉착해 있었다. 장보고가 3국간 교역을 촉진하여 큰 이익을 거둘 때 신라조정의 경제적 후원자가 될 것으로 생각해 장보고의 청해진 설치를 적극 후원해 준 것이다. 더욱이 1만 명의 군사까지 주면서 청해진 설치를 승인해준 것은 국왕이 장보고에게 경제적 후원 뿐만 아니라 정치적인 후원까지 기대했기 때문이다.

당시 신라는 진골귀족의 세력 형성으로 국왕의 위치가 불안하고 잦은 왕위 쟁탈전으로 신분까지 위태로운 사태가 자주 일어나고 있었기 때문이다. 국왕이 주었다는 1만 명의 군사력도 당시 신라 조정의 사정 상 1만 명이나 되는 많은 군인을 즉시 마련한다는 것은 불가능했을 것이다. 많은 연구결과가 설명해주고 있듯이 장보고가 완도의 주변 민간인 1만 명을 징발하여 민군 또는 사병으로 조직할 수 있는 권한을 주었을 것으로 보는 것이 옳을 것이다. 또는 장보고가 이미 서남해안 지방의 해양세력을 규합하여 구축해 놓은 군사적 기반을 국왕으로부터 추인을 받은 것으로 이해할 수 있을 것이다.

청해진 터는 장좌리 장도와 그 주변의 장좌리, 죽청리, 대야리 일대로 추정되고 있다. 장도에서는 최근까지 발굴조사에서 토석 혼축의 성터와 우물 등이 확인됐고, 장도 주변의 바닷가에서는 방어망 구축의 흔적들이 확인됐다. 완도에 설치된 청해진은 단순히 완도뿐만 아니라 서남해안 지방과 그에 부속된 섬들을 포함하고 있었을 것으로 보인다. 강진군 대구면과 해남군 화원면 등에서 장보고에 의해 조성된 것으로 보이는 대규모 도자기 생산단지의 집단 요지들이 발견된 것을 봐도 청해진의 관할 범위는 완도는 물론 강진군과 해남군을 포함하는 서남해안 지방 일대까지 포함된다고 해야 할 것이다.

완도의 원래 이름이 청해가 아니라 조암도였으며, 청해란 이름은 장보고가 완도에 해상무역중심지를 설치하면서 바다를 깨끗하게 한다는 그의 포부를 밝힌 것으로 분석되고 있다. 이런 점을 고려해 봐도 청해진의 관할범위는 완도뿐만이 아니라 서남해 바다와 도서, 연안지역을 포함하는 것으로 보는 것이 옳을 것이다. 장보고 대사라는 직명을 국가로부터 받은 것은 많은 연구자들이 밝히고 있듯이 청해진이 당나라 번진과 같이 독자적인 세력집단이라는 것을 인정한 것으로 보인다.

청해진의 기능과 역할 ‖ 장보고가 설치한 청해진은 황해의 해양지배력을 극대화하기 위한 장보고 해상세력의 전진기지였다. 청해진은 단순한 대당 교역의 확대와 연안의 관리, 방어만이 목적이 아니라 적극적으로 황해로 진출하여 황해의 해상교통로를 배타적으로 관할하겠다는 원대한 목적을 가지고 설치된 것이다. 오늘 날의 개념으로 보면 해양지배력의 확충 또는 시 파워(Sea Power)의 확보를 목적으로 하는 해양해군의 전진기지로서의 역할을 목표로 운영되었던 것이다.[65] 이것은 비슷한 시기 유럽 지중해의 시 파워를 장악했던 이탈리아의 해양도시국가와 비슷한 성격을 갖고 있다는 데 큰 의미가 있다. 장보고가 황해의 해양지배력을 배타적으로 가지고 있었다는 것은 청해진 설치 이후 황해에 자주 나타나 신라의 양민을 납치하고 상인들에게도 크나큰 피해를 주던 해적들이 완전히 소탕되었던 사실로도 알 수 있다.

청해진의 국제해상무역 센터화 ‖ 장보고는 이미 재당 시절에 재당 신라인 사회를 연결시키는 네트워크를 형성했고, 신라 서남해안지방의 해상세력도 규합했으며, 그리고 일본 규슈지방의 우호세력도 교역을 통해 서로 연결시키는 것을 주도하여 당대 최고의 국제해상무역가로 부상했다. 그러다가 828년 서남해안지역에 청해진을 설치하면서 무역의 중심기지가 신라의 서남해안으로 옮겨진 것이며 이 것은 그가 재당시절 이룩해낸 국제해상 무역 사업을 한 단계 도약시키려는 야심찬 계획을 실행시키는 것이라 할 수 있다.

우선 장보고는 청해진과 그 관할지역의 해상세력을 결집시켜 1만 명에 이르는 군사력을 확보하고 서해지역에 준동하던 해적들을 소탕했다. 이는 8세기 후반부터 중앙집권체제가 흔들려 해적들의 잦은 노략질을 제대로 단속하지 못하고 있었던 신라, 당나라, 일본의 3국을 대신하여 장보고가 해양의 질서를 회복시킨 것을 의미하는 것으로 아주 중요한 일이다. 이 결과 장보고는 3국 해상에서 최고의 실력자로서의 위상을 더욱 높이게 됐다. 이와 같은 위상을 바탕으로 잠시 경색 돼있던 동북아시아 해상 물류체제를 다시 가동시키고 이미 무력화된 8세기의 공무역체제를 대신하여 새로운 민간무역체제를 건설하여 주도적으로 운영해 나갔다. 이러한 의미에서 장보고의 활동상을 군산복합체제의 종합상사로 규정한 것은 매우 적절한 표현이라고 할 수 있다.[66]

장보고의 해상무역활동 전개

매물사와 회역사의 파견 ‖ 장보고는 해적을 소탕한 후 당으로 견당매물사(遣唐買物使)라는 사절단을 보냈고 당 정부의 승인아래 사무역(私貿易)을 크게 활성화시키게 되었다. 마찬가지로 무역사절단으로서 일본에 회역사(廻易使)를 파견하고 일본 정부의 허가 하에 私貿易을 실시하였다.

당과의 무역은 매물사(賣物使)가 이끄는 교관선(交關船)을 수시로 파견하여 전개하였다. 이 선단은 적산포에 도착하면 법화원에 들러 관계자들을 만난 후 등주(登州)와 초주(楚州)를 거점으로 신라방을 방문하면서 해상 네트워크를 점검하고 무역활동을 전개한 것으로 보인다.[67] 장보고는 당나라와 무역을 행하면서 그 당시 최고의 무역품이던 중국 도자기에 관심을 가지게 되었고 한반도 서남해 지방에서 도자기를 직접 제조하여 공급하기에 이르렀다.

일본과의 무역은 회역사를 통하여 전개하였다. 장보고의 회역사가 수출한 물건들은 일본에서 커다란 인기가 있었으며 가격 폭등, 품귀 현상을 초래하곤 하였다. 이러한 무역활동들은 일본 사회에 큰 변화를 가져와 과다 구매 경쟁으로 인해 가산을 탕진하는 사례가 발행하고 사치 풍조가 만연하게 되었다.

이슬람지역의 무역활동에 대한 내용은 이슬람쪽의 문헌인 슈라이만(Sulaiman)의 『중국과 인도소식』(851), 알 마소디(Al-Masoudi)의 『황금초원과 보석광』(10세기 중엽) 등에서 아랍상인들이 신라 견문에 대한 기록과 수입상품에 대한 기록이 실려 있는 것을 보면 알 수 있다.[68] 무역 거점인 "번방"을 구축하며 무역권을 확대해가던 이슬람상인들이 장보고 무역세력과 상거래를 하였을 것이며 신라 귀족들이 애용하던 이국 상품들은 장보고 선단을 비롯한 신라 상인들이 전달하였을 것이다.[69]

장보고의 해상 무역활동의 내용을 보면 단순한 물자의 매매 뿐만 아니라 다양한 해상활동서비스도 제공하였다는 것을 알 수가 있다.[70] 당으로 가는 일본인에게 배편을 제공하고 항해에 필요한 목수와 통역도 제공하였고 나아가 상거래도 주선하여 주었다. 그뿐만 아니라 신라, 당, 일본 정부의 일도 대리하여 정부 간의 교류를 돕기도 하였다.

배타적인 해양지배력 구축 ‖ 장보고는 청해진을 근거로 구축한 해상세력을 바탕으로 하여 중국과 한반도는 물론 일본을 연결하는 황해상의 주요 교역항로를 배타적으로 관리할 수 있는 해상지배력 또는 시 파워(Sea Power)를 확보했다. 이러한 사실은 엔닌 일기를 연구하여 저술한 라이샤워 교수의 저술을 잘 살펴보면 알 수 있다. 라이샤워 교수의 저술에 의하면 당시 이슬람 상인들이 대거 당나라에 진출해 무역활동을 활발하게 전개했는데 이들의 진출 한계선이 양주까지고, 양주 북쪽으로는 진출하지 못했다. 국내 학자들이 연구한 바에 의하면 이것은 그 당시 장보고가 양주 이북의 연안과 황해의 해상교역에 대해 독점적인 지배권을 가지고 있었기 때문에 다른 해상세력이 여기에 도전할 수 없었던 것으로 분석하고 있다.[71)]

장보고의 해상세력이 황해의 해양지배력을 행사하고 있었다는 것은 다른 사료들에 의해서도 확인될 수 있다. 일본도 한반도의 삼국과 같이 견당사를 여러 차례 파견하여 중국의 문물을 수입해가고 있었다. 그러나 점점 견당사의 파견이 줄어들면서 소극적으로 바뀐다. 이렇게 바뀐 이유는 일본의 조선기술과 항해술이 미숙한 탓도 있었지만 이용 가능한 안전한 항로가 확보되지 못한 것이 중요한 이유로 지적되고 있다. 황해를 이용한 안전한 항로를 장보고의 해상세력이 지배하고 있어 이 항로를 이용하기 어려웠고 다른 항로는 위험하여 이용하지 못한 것으로 보고 있다.[72)]

해적의 소탕 ‖ 장보고의 청해진 해상세력이 황해의 해양지배력을 배타적으로 가지고 있었던 사실은 황해에서 자주 나타나던 해적이 사라진 것에서도 확인될 수 있을 것이다. 통일신라 정부가 청해진 설치를 승인해준 기본적인 동기는 황해에서 해적들이 창궐하여 신라인들을 납치해 노예로 파는 것을 방지하기 위한 것이었는데, 청해진 설치 이후 해적이 사라졌다는 것은 황해에서 장보고 해상세력이 배타적인 해양지배력을 행사하고 있었다는 것을 의미한다고 할 것이다.

장보고가 직접 소유하고 운영하는 선단의 규모도 대선단 이었을 것이다. 관련된 사료들을 보면 장보고가 일본에 공물을 바치겠다고 회역선을 보내왔을 때, 그 선박들이 장보고가 직접 소유하고 있는 상인선주(Merchant Carrier)였다는 것을 알 수 있다.[73] 장보고가 황해 해상 교역전체를 독점하는 국제해상 상인이라면 아마도 당시 수준으로는 세계적인 대 해상상인이었다고 할 것이다. 중국의 해상 교통의 요충지 등주와 적산포, 초주와 연수지역, 그리고 한반도와 일본을 커버하는 폭 넓은 국제 교역망을 유지하기 위해서는 수백 척의 선박은 물론 고급항해술을 가진 해기사들도 1천명 이상 보유하고 있었을 것이다.

해상실크로드의 동북아시아 지역 담당 ‖ 장보고의 해양네트워크는 황해를 중심으로 하는 나당일 3국간의 국제교역과 중국의 산동반도에서 명주에 이르는 해안지방과 운하와 강의 교역거점을 연결하는 무역을 담당했다. 그러나 더욱 중요한 것은 장보고 해양세력이 수행한 이러한 황해지역의 교역활동은 단순히 이 지역에서만 국한된 것이 아니고 더 크게 동양과 서양을 연결하는 해상실크로드의 동아시아 지역을 연결하는 역할을 담당하고 있었다는 사실이다.

당나라 말기에 동서양을 연결하는 해상실크로드가 본격적인 가동기에 들어선다. 그런데 이 시기가 바로 장보고가 활동하던 시기와 같다. 서양과 동양을 연결하는 실크로드에서 중국과 중동지역을 연결하는 간선지역의 해상활동은 이슬람 상인들이 맡았지만 황해권

즉 실크로드의 동쪽 끝 지역인 동북아시아는 장보고의 신라해상세력이 맡았다는 것이다. 이것은 실크로드의 서쪽 끝인 지중해 지역이 이태리 해양 도시국가들이 담당하고 있었다는 것과 같이 중요한 것이다. 장보고의 청해진 해상활동은 이렇게 세계 무역사적인 관점에서 보아야 진정한 의미가 있다고 할 것이다.[74)]

장보고 청해진 해상체제의 특징

장보고는 한반도 서남해안인 완도에 청해진을 설치하여 황해와 동지나해에서 자주 나타나 양민을 괴롭히고 신라무역상들에게 큰 피해를 주던 해적을 소탕하고 해양질서를 회복시켰다. 황해의 해양질서를 회복시키면서 나당일 3국으로부터 높은 신뢰를 얻게 되고 그 결과 황해의 해상권을 장악하게 되었으며 해상왕이라는 명성까지 누리게 됐다.

장보고 대사가 황해의 해상권을 장악하고 해상왕이라는 명성까지 얻게 된 것은 그가 미래를 내다보는 뛰어난 통찰력을 가지고 효율성이 높은 해상물류네트워크를 구축하여 청해진 해상무역체제를 당시 동북아시아에서 가장 경쟁력 있는 복합경영조직으로 이끌어 나갔기 때문이다. 장보고는 청해진 무역체제에 종사하는 직원들에게는 비전을 제시하는 뛰어난 최고경영자였다.

국가 경제적으로 보면 국제무역을 활성화시켜 국가적 이익을 극대화 했으며, 나당일 3국의 해상무역 네트워크를 구축하여 동북아시아 경제협력 모델을 최초로 실행한 선구자 역할을 했다. 도자기와 차(茶)를 중국으로부터 신라에 도입하여 산업을 육성시켰으며, 종교, 문화, 학술진흥에도 크게 기여했다. 또한 동서양을 연결하는 해상실크로드의 동북아지역을 담당하여 동서교역을 증진시키고 또한 영향력을 행사한 국제적인 인물이었다. 이와 같이 위대한 업적을 쌓고 세계에 널리 그 이름을 드높인 장보고 대사가 완도에 설립한 청해진 해상무역체제가 어떠한 특징을 가지고 있었는지 살펴보고자 한다.

첫째, 중국과 한반도, 그리고 일본의 동북아시아 3국의 해상교통 요충지인 청해진에 국제무역항을 건설하였다는 점을 특징으로 지적할 수 있다. 지금의 완도 일대인 청해진은 중국 일본 그리고 신라의 수도 경주로 가는 해상교통의 요충지였다. 그리고 당시 중국과 한반도, 그리고 일본이 있는 동북아시아는 동서양을 연결하는 해상실크로드의 동쪽 끝에 위치하고 있었다. 따라서 나 · 당 · 일 3국의 해상 요충지에 있는 청해진(완도)은 동서양을 연결하는 해상실크로드의 동쪽 끝의 요충지가 되었다는 것을 의미한다.

청해진이 당시 국제무역항으로 번창했던 것은 일본과 신라에서 동서교역로를 통해 수입된 고급물품에 대한 귀족들의 수요가 급증했기 때문이다. 일본의 귀족들이 신라에 요구한 구매신청서를 보면 인삼, 황단, 향료, 실크, 침향보석함, 노리개, 바둑알, 자기, 필기구, 약재 등 당시 일본에서는 자체적으로 생산하지 못한 상품들이었다.

당시 신라귀족들의 고가 사치품에 대한 수요도 크게 증가했던 시기다. 834년 신라 정부가 백성들이 앞 다투어 사치와 호화를 일삼고 있다고 하면서 이로 인해 미풍양속이 파괴되니 법령을 만들어 외래품 사용을 금지까지 했었다. 이와 같은 사실들은 당시 일본이나 신라나 귀족들의 고급물품에 대한 수요가 컸다는 것을 알려주고 있다.

장보고의 청해진 체제는 이렇게 귀족들의 고급물품에 대한 수요가 많을 때 해상권을 장악하여 동북아 3국은 물론 동서간 교역을 활성화 시켰다. 또한 국가권력으로부터도 예속되지 않고 배타적인 해상지배권을 행사하는 독립적인 조직으로 운영됐다.

둘째, 장보고 해상무역체제는 단순히 중계무역에만 그친 게 아니라 자체의 생산시설을 갖추고 고부가가치 상품을 직접 생산하여 수출을 도모했다는 점에서도 특징이 있다. 당시 한중일 교역품 중 중국 월주요 도자기가 가장 인기 있는 상품의 하나였다. 그런데 최근 연구성과에 의하면 일본의 하카다 대재부의 홍려관, 한국의 서남해 지역에서도 중국 월주요의 도자기가 발굴될 뿐만 아니라, 중국의 양주시 일대, 일본의 홍려관에서 신라도자기가 발굴 되었는데, 이는 청해진 근처의 강진과 해남에서 생산된 신라 도자기임이 밝혀졌다.

이렇게 보면 장보고는 해상무역망을 통해 단순히 중계무역만 한 게 아니라 부가가치가 높은 상품의 생산도 했던 것으로 해석된다. 중국 월주요 기술자들의 기술을 이용하여 신라자기의 생산을 도모하였으며 이것이 축적되어 고려청자의 생산으로 이어졌다는 것이 학계의 연구결과 얻어낸 것들이다.

셋째, 장보고 해상무역체제는 인력, 정보, 운반시스템, 금융시스템을 종합적으로 활용했던 현대판 종합상사의 역할을 수행하였다는 점이다. 당나라에서 신라인들의 주요 거점지역은 산동반도, 강회지구, 동남연해지구였는데 이 지역은 중국 내에서 대운하와 회수, 장강이 만나는 교통의 요충지였으며, 신라와 일본으로 항해하는 출발점 역할을 수행했다. 그리고 이들 지역에 신라방, 신라서등의 신라인 집단 거주지가 있었다.

그리고 신라나 당나라에서 수입된 상품을 일본 국내로 유통시키는 교역 네트워크가 내해 요지들로 연결되어 있었으며, 일본 해상교통의 중심지였던 규슈지방에는 당나라의 신라방과 유사한 신라상인의 집단거주지가 있었던 것으로 보인다. 장보고는 이러한 인적 네트워크를 적극 활용하여 정보를 수집하고 해상무역의 발전을 도모하였던 것이다.

또한 장보고 선단은 당나라에서 구입한 물품들을 일본에 파는 단순한 거래관계 만을 한 것인 아니라 대금을 먼저 주거나 받고, 후에 상품을 인수 또는 인계하는 방식의 일종의 신용거래 방식의 무역도 이뤄졌다는 것을 알 수 있다.

글로벌 네트워크를 지휘하다

네트워크 체제의 구축

장보고가 해상무역을 독점적으로 지배하게 할 수 있었던 기반에는 앞서 말한 것처럼 동북아를 포괄하는 네트워크의 역할이 컸다고 할 수 있다. 해상 무역활동의 수행을 위해서는 물적 네트워크뿐만 아니라 인적 네트워크도 상당히 중요했다. 청해진은 재당, 재일신라인을 통하여 정보를 입수하였고 이를 국제물류에 적극적으로 활용하였다.

백제와 고구려의 멸망 이후 한반도에서 도망쳐 나와 동북아 곳곳을 떠도는 유민들은 후에 통일 신라에서 건너온 무역상인, 유학생, 승려, 선원 등과 함께 신라인의 생활공간을 만들었다. 장보고는 이 유민들을 통합하여 하나로 묶는 거대한 국제 네트워크체제를 구축한 것이다. 더욱이 이들은 생활기반을 주로 상업에 의존하고 있었기 때문에 더 활발하고 기동성 있는 효율적인 네트워크를 구축할 수 있었다.[75] 신라인들은 신라, 당, 일본의 주요 교통과 상업 요지에 교두보를 확보하고 있었을 뿐 아니라 이슬람 서방 무역세력과 연계하는 역할도 하였다.

장보고의 재당 신라인사회에 대한 원격조종은 그의 대리인격인 등주의 장영과 초주의 유신언 등을 통하여 이루어졌고, 적산 법화원은 신라인사회를 결집하는 구심점이 되고 있었다. 일본 규슈지방은 장보고가 직접 방문하여 축전(筑前)태수를 위시로 하여 많은 우호세력을 확보하고 계속적인 관리를 해나갔다.

장보고는 동북아시아 3국을 연결하는 해양네트워크를 효율적으로 운영하기 위해 당나라에는 교관선과 매물사를 정기적으로 파견하고, 일본에는 회역사를 수시로 파견하였다. 장보고가 설치한 청해진의 해상무역기지가 성공적으로 운영될 수 있었던 비결은 장보고가 군사전략가로서의 능력을 발휘하여 양민과 해상 무역상들을 괴롭히던 해적을 소탕시킨 결과 신라인들에게 명성과 신뢰를 얻었기 때문이다. 그리고 신라, 당나라, 일본을 체계적으로 연결시키는 해양무역네트워크를 인적 또는 물적으로 긴밀하고 강력하게 구축했기 때문이다. 즉 첫째, 장보고는 자신의 뛰어난 통찰력과 리더십을 바탕으로 재당 신라인사회를 더욱 강력한 네트워크로 결성하고 이를 원격조종, 관리 할 수 있는 시스템을 구축했다.

둘째, 일본 규슈지방의 우호세력을 더욱 체계적으로 관리하고 확대시키는 시스템을 형성했으며, 셋째, 이를 바탕으로 신라의 청해진을 중심으로 신라, 당나라, 일본을 연결하는 하나의 통합된 해양네트워크를 구축했기 때문에 청해진 국제무역체제가 크게 발전할 수 있었던 것이다.

종교를 통한 단결과 문화 교류

장보고는 글로벌 네트워크의 정신적 구심으로 종교를 활용하였다. 824년 산동반도 문등현 적산촌에 적산 법화원(赤山 法花院)을 설립하여 재당신라인들의 친목과 단결을 도모하는 정신적인 구심점이 되었고 청해진에도 같은 이름의 사찰을 지어 신라인의 정신적 위안처로 만들었다.

상인들 뿐 아니라 일본의 중앙, 지방 관료들 중에도 신앙이 깊은 사람들이 있어 그들의 교류와 무역을 보장하는 중요한 수단이 되었었다. 즉 불교적 교류는 국가와 언어를 초월하여 동북아를 연결하는 네트워크 고리 역할을 하였었던 것이다.[76] 물론 상인과 종교의 관계는 경제적 이윤으로 환원되는 것이 아니었으나 국제 상인과 불교는 깊은 곳에서 연결되어 동북아의 문화 교류에 큰 역할을 하였다.

네트워크체제와 전략기지의 역할

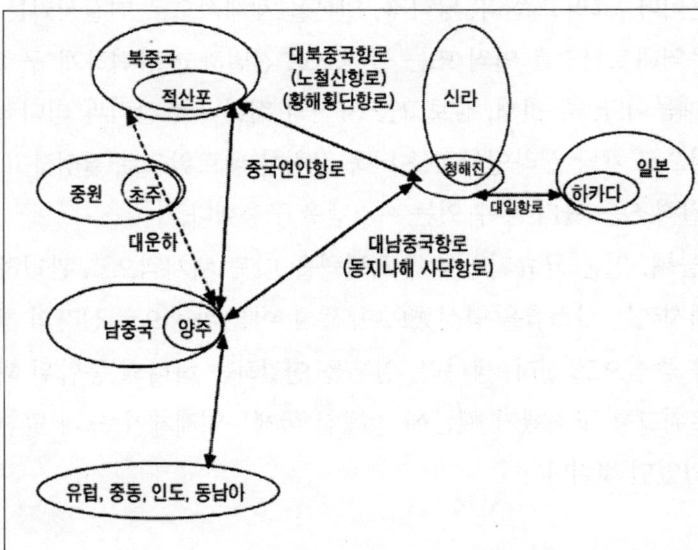

장보고의 해상교역 네트워크체제는 청해진을 본부로 하고, 해외 네트워크로는 중국의 등주, 적산포, 초주, 양주, 그리고 일본의 하카

장보고의 네트워크 체제

기 지	역 할
청해진	• 장보고의 동아시아 해상무역체제의 본부 • 동아시아 무역 중계기지 • 신라의 대외무역 관문 • 신라 남서해안의 치안유지 및 방어망 센터(해적소탕)
적산포	• 북중국 무역관문(북경과 장안 연결) • 재당 신라인 지휘소(법화원) • 정보수집 기지
초주	• 대운하운송의 거점 • 당나라 수도 장안의 연결관문 • 북중국 상권과 남중국 상군의 연결 중심지
양주	• 남중국 무역관문(연안운송, 대운하운송) • 동아시아 상품과 동남아, 인도, 중동, 유럽 상품의 교환기지
하카다	• 일본 무역의 관문(장보고 무역사무소)

다 대재부로 구성되어 있다. 3국에 분포되어 있는 주요 전략기지의 주요 역할은 다음과 같이 정리할 수 있다.[77)]

청해진은 장보고의 네트워크체제에서 본부 역할을 하였다. 총괄 지휘본부였으며 주요 전략지시사항을 통보하고 각 지역에서 수집한 정보를 모으기도 하였다. 적산포는 청해진 못지않은 역할을 담당하며 재당 신라인들을 단결시키는 지휘센터였다. 중국이라는 거대한 시장의 동향과 정세에 관한 정보가 집결되는 정보 집중센터였다.

양주는 동남아, 인도, 중동의 상품과 문물을 전달하는 이슬람 상인과의 접촉 기지였고 서방세계의 정보를 전달하는 접점이었다. 초주는 중국 대운하의 중간을 장강과 연결하는 운송의 요충지로서 수도인 장안으로 연결되는 교두보였다. 서방상품들과 문물들은 여기에 집결된 후 낙양과 장안 등으로 수송되었다.

하카다 대재부는 일본 무역의 관문으로서 일본의 정치, 경제, 사회에 관한 정보와 문명의 교류 창구였다.

이미 앞에서도 살펴봤지만 장보고는 재당시절부터 재당신라인 사회를 결집하여 이를 하나의 인적, 물적 네트워크로 연결시켰으며, 이를 바탕으로 한반도의 완도를 중심으로 하는 서남해안지방의 해상세력을 규합했다. 그리고 일본 규슈지방에도 우호세력을 구축했다. 이렇게 하여 동북아 3국을 연결하는 국제해상 네트워크를 구축하여 주도적으로 관리해나갔다.

장보고가 국제해상왕으로 성공하게 된 비결은 확고한 해상네트워크를 구축했기 때문이다. 장보고의 해상네트워크는 청해진을 중심(hub)으로 재당신라인이 활동하고 있는 황해의 중국연안항구들이 중요한 지선(spoke)이 되고, 장보고의 우호세력들이 있는 일본의 규슈지역이 또 하나의 중요한 지선(spoke)이 되는 네트워크워크 체제다.

먼저 장보고가 재당신라인 사회를 하나의 네트워크로 연결했던 것을 살펴보자. 엔닌이 기록한 적산 법화원에 관한 기록을 보면, 엔닌은 839년 6월 9일 문등현청녕향 적산촌의 적산에 위치한 법화원에 도착하여 이듬해 2월 중순까지 머물면서 이 절에 대한 견문을 자세히 남겨놓았다. 이 기록에 의하면 적산 법화원을 처음 세운 사람은 장보고였다.

그리고 법화원은 연간 500섬의 알곡식을 생산하는 규모가 방대한 장전을 가지고 있었다. 산동반도의 신라인사회는 적산 법화원을 중심으로 긴밀하게 결집되었다. 장보고가 청해진으로 본부를 옮긴 이후에도 재당 신라인 사회의 네트워크는 장보고의 대리인 격인 장영과 임대사 왕훈에 의해 본부와 긴밀하게 관리되고 있었음을 알 수 있다.

839년 엔닌이 본 바에 의하면 적산 법화원은 크게 번성하고 있었으며, 또한 장보고의 본영이 있는 청해진과 긴밀한 네트워크 속에서 정보가 공유되고 있음을 알 수 있다. 즉 엔닌의 기록에 의하면 839년 6월 27일, 장보고 대사의 교관선 2척이 적산포에 도착되고, 6월 28일에는 장보고가 매물사로 파견한 청해진병마사 최훈이 법화사로 찾아와 위문했다.

840년 2월 17일에는 이전에 양주로 떠났던 병마사 최훈이 가까운 유산포에 와서 머물러 있다는 소식을 듣고, 엔닌은 최훈과 장보고에게 전달한 편지를 써서 전달해줄 것을 요청했던 것으로 기록돼 있다. 이러한 일련의 사실들로 미루어 볼 때, 839년 당시 청해진과 법화원과는 매우 긴밀하게 연결된 관계였음을 알 수 있다. 청해진의 장보고 대사는 현지에 있는 장영, 임대사, 왕훈과 청해진에서 매물사로 파견된 최훈 등을 통해서 적산 법화원을 청해진본영의 지점과 같이 조종, 관리하였을 것이다.

유신언이 총관의 지위에 있었던 초주도 청해진의 본영과 긴밀한 네트워크로 연결되어 있었다. 초주는 대운하변의 교통 중심 요지에 위치하며 신라인의 집단 거주지역인 신라방이 있었다. 엔닌의 일기에 의하면 유신언은 나이가 많아 은퇴한 전 총관 설전의 뒤를 이어 초주의 신라인들을 결집시켜 관리하고 있었으며, 엔닌의 중국 여행에도 각종 편의를 제공하며 도움을 많이 준 인물이다.

엔닌의 기록에 의하면 적산 법화원을 관장했다는 장영과 임대사, 왕훈, 그리고 초주의 유신언 등은 중국 연안과 운하와 회하 부근에 사는 신라인들을 연결하여 엔닌과 같은 여행객들에게 모든 여행의 편의를 제공해줄 수 있을 정도로 체계적인 운송네트워크가 가동되고 있었던 것이다. 이중 특히 장영은 등주에서 유신언은 초주에서 장보고의 교역네트워크의 중요한 축을 형성하고 있었던 것이다.

이러한 재당 신라인의 네트워크는 장보고가 재당 시절에 이미 가동되고 있었을 것이며, 장보고가 귀국하여 청해진 대사로 자리를 잡은 이후 더 긴밀하고 확고한 네트워크로 발전하였을 것이다.

장영과 유신언을 중심축으로 하는 재당 신라인 사회의 운송네트워크와 정보네트워크는 엔닌이 귀국하는 과정에도 유감없이 발휘되었다는 것이 엔닌의 기록에 의해 확인되고 있다.

또한 장보고는 일본 규슈지방에도 자신의 세력 근거지를 마련하여 긴밀한 관계가 구축되고 청해진과 긴밀한 네트워크로 연결됐을 것이다.

이처럼 장보고는 재당 시절부터 재당신라인 사회를 결집하여 인적, 물적 네트워크로 연결시켰으며, 이를 바탕으로 한반도 서남해안 지방의 해상세력을 규합하여 황해의 해양지배력을 넓혀 나갔다. 그리고 일본 규슈지방에도 우호세력을 구축하여 중국과 한반도, 그리고 일본을 연결하는 국제해상네트워크를 구축하고 정보네트워크까지 구축하여 3국간 국제교역을 주도적으로 관리하고 이끌어 나갔던 것이다.

장보고의 교역네트워크는 서신 등 그 당시 교역의 수행에 필요한 여러 가지 정보가 신속하게 교환되었다는 점에서 오늘날 말하고 있는 정보네트워크가 효율적으로 가동되고 있었다. 이미 언급했지만 엔닌은 당나라에 체제하는 동안 여러 차례 장보고 네트워크에 연결되어 있는 관계자로부터 각종 서신을 주고받았다. 엔닌이 일본으로부터 체재비를 송금 받을 때, 귀국하는 선편을 구하지 못해 고생하고 있을 때, 산동반도 부근에서 귀국선편을 타는 과정 등에서 필요한 모든 정보를 제공해준 것은 장보고의 교역네트워크를 통해서 이뤄졌다. 통신네트워크가 잘 발달된 오늘 날에도 정보네트워크가 잘 정비되지 않으면 불가능했던 엔닌의 여행관련 정보가 장보고가 구축해 논 신라상인들의 네트워크에 의해 효율적으로 처리되었다.

정보뿐만이 아니라 장보고의 교역망에서 일하고 있는 신라상인들은 마치 같은 종합상사의 종업원 같이 무역 업무에 종사하고 정보를 교환했다. 일본 사정단을 안내했던 신라 통역관 김정남은 통역과 수로 안내뿐만 아니라 양주에서도 대단히 활발하게 활동했으며 귀국선을 마련하기 위해 초주지역에 왔을 때도 귀국선 9척의 용선과 신라인 선원의 고용 등을 신속하게 처리하여 장보고의 교역네트워크가 원활하게 작동하고 있음을 보여줬다.

장보고가 군사들을 동원하여 김우징을 신무왕으로 옹립한 사건의 전개과정에 대한 정보가 전달된 체계를 살펴봐도 재당 신라인사회와 청해진과는 신속한 정보네트워크가 가동되고 있었다는 것을 설명해주는 것이다. 신무왕이 즉위한 것은 839년 정월의 일인데 같은 해 6월 28일자 일기에서 엔닌은 당나라에서 파견한 신왕즉위 축하사절을 만난 기사를 적고 있는데, 당시 교통사정으로 볼 때 신속한 정보전달 체제가 없었다면 불가능했을 것이다. 이것 역시 중국과 신라 간에 아주 신속한 정보전달체계가 가동되고 있었다는 것을 말해주는 것이다.

현대적인 통신시설이나 우편제도가 정비되어 있지 않았던 당시에 정보전달이 신속하게 이뤄졌다는 것은 신라상인들이 긴밀한 정보네트워크를 만들어 가동하고 있었던 것이다. 즉 항구도시나 포구에서 항해중인 선박으로부터 입수한 정보를 종합하여 다른 곳으로 출항하는 선박 편에 정확하게 전달하는 동시에 오는 선박으로부터 상대지역의 정보를 입수하도록 제도적 장치가 되어 있었던 것이다.

일본의 교역거점들과의 정보교환도 네트워크로 구축되어 있었던 것으로 확인된다. 엔닌은 일본에서 중국으로 출항하면서 일본의 축전대수가 장보고에게 보내는 편지를 휴대했었다. 이는 장보고의 선단이 신라와 당나라 사이를 매우 빈번히 왕래하고 있었고, 이러한 사실을 잘 알고 있는 일본 무역거점의 축전대수가 엔닌에게 보내도 장보고에게 틀림없이 전달될 수 있었음을 믿었던 것이다.

축전대수가 장보고에게 편지를 쓴 것도 장보고와 축전대수가 긴밀하게 연락을 하고 있는 사이라는 것을 의미한다. 이런 것들로 미루어 볼 때 장보고의 청해진과 일본 교역의 중심지인 대재부와는 무역상 매우 밀접한 연계관계를 가지고 있었던 것으로 보인다.[78]

장대한 스케일로 인재를 거느리다

장보고 대사가 한반도 서남해안인 완도에 나 · 당 · 일간 해상무역체제의 본부를 설치하여 동북아해역의 해상권을 장악한 후 국제무역활동을 활발하게 전개한 것은 현대적인 무역학 개념으로 표현한다면 일종의 중계무역경영이라 할 수 있다. 그리고 장보고 해상무역의 중심지 역할을 했던 청해진 지역은 국제중계무역을 관리하는 자유항의 효시라 할 수 있을 것이다.[79] 장보고 대사의 청해진은 오늘날 국제무역이나 자유무역지대와 비교하면 우리나라 역사상 처음으로 나타난 하나의 독립적인 경제 및 무역지역이며 중앙정부의 간섭 없이 독자적으로 그리고 자유롭게 무역 및 물류활동에 종사했던 것을 고려하면 현대적 의미의 자유무역지역이며 또한 자유항의 역할을 담당해 왔다고 할 수 있을 것이다.[80]

청해진의 주요 구성원들 중에는 매물사(賣物使)와 회역사(廻易使)가 있다. 이들은 당나라, 일본과의 무역을 위한 교역선(교관선)을 대표한 사람들로서 신라산물의 수출과 서방의 진귀한 물건을 매입하는 역할을 담당하였다.

장보고가 청해진을 설치한 목적은 국제 해상 무역의 중심지로 삼기 위함이었으나 당시 해적의 약탈이 심하여 해적을 퇴치하기 위한 군사력이 필요하였다. 신라 흥덕왕의 허락을 받아 1만여 군대를 조직할 수 있었던 것도 해적을 퇴치하기 위해서였다. 그렇기 때문에 청해진의 중요한 구성원은 바로 군인들이었다. 청해진의 1만여 군사는 평상시에는 무역물동량을 처리하기 위한 인부로서 활용되었고 전업군인은 아니었다.

장보고가 완도에 구축한 청해진은 군사, 선단, 항만, 조선 및 항해 전문가, 통역관, 종교시설 등이 결집된 복합적 성격의 군진으로 평가된다. 청해진 체제는 군사조직인 병부, 해상 무역 담당인 민부, 재당 및 재일신라인 자치집단인 해외교민으로 총 3개 주요 하부조직으로 구성되어 있었다.[81] 청해진은 이른바 "군(軍) · 산(産) · 상(商) 복합체적 종합상사" 의 성격이 강했던 것이다.[82]

청해진의 인사체제는 개인의 능력을 충분히 발휘 할 수 있도록 하기 위해 능력 있는 개인들을 막하(幕下)에 과감히 받아들이고 일을 맡기는 합리적인 조직 경영을 하였던 것으로 보인다.[83]

청해진의 물류경영과 조직체계 및 인적 네트워크

장보고는 대사는 청해진을 중심으로 하여 일본에는 대일교관선을, 그리고 당에는 대당매물사라는 무역사절단을 각각 파견하여 나·당·일의 3국 사이에서 청해진을 중심으로 중계무역을 활발하게 전개했다. 장보고 대사의 청해진 물류조직체제와 경영방식은 오늘날의 다국적 기업 조직 및 경영방식과 유사하다고 볼 수 있다. 이것은 장보고 대사의 조직통솔과 경영기술이 당시로서는 대단히 뛰어났었다는 것을 의미한다. 그리고 장보고 대사는 신라정부에도 간섭받지 않는 독점적인 권한을 가진데다 가장 효율성이 높은 기업마인드를 가지고 민간무역 활동을 활발하게 전개했기 때문에 동북아 지역의 해상권을 장악하고 해상왕으로 서의 위상을 크게 높일 수 있었다.[84)]

청해진의 물류경영과 조직 ‖ 장보고의 견당매물사에 의한 해상무역활동은 재당 신라방(소)을 자신의 명령 계통 아래 상호 유기적으로 연결시켜 나갔다. 더욱이 장보고 대사는 당나라에 오랫동안 체류하면서 쌓은 귀중한 경험을 바탕으로 당나라 현지 사정도 잘 알고 해상무역에 대한 식견도 높았으며 정보능력도 뛰어나 당시로는 사업을 추진하는 탁월한 능력과 추진력을 갖추고 있었던 것이다. 또한 신라국왕의 권위에 의해서 청해진의 배타적 지배권을 장악하고 있었으므로 재당 신라인 사회를 하나의 통합된 네트워크 안에 구축하기가 어렵지는 않았을 것이다.

그리고 장보고 대사는 이러한 네트워크가 최대한의 효과를 나타내기 위한 견고한 조직체제도 갖추었다. 장보고 대사의 개인적인 능력과 풍부한 경험, 그리고 신라국왕의 적극적인 지원으로 교역을 촉진시키고 최고의 효과를 가져 올 수 있는 조직과 물류시스템을 구축하고 필요한 인력을 확충하는데 있어서 상당히 유리한 입장에 있었다고 생각된다.

또한 장보고 대사는 재당 신라상인들이나 재일 신라상인들이 신라 국왕의 신하로서가 아니라 장보고 대사의 지시와 명령에 따라 움직이는 사적인 부하로 의식하고 행동하도록 영향력을 행사했을 것이다. 장보고 대사의 중국 내 교역활동의 거점인 산둥반도의 등주, 적산포 등은 장보고 대사가 당나라 체류시 현지 상황을 아주 자세히 알고 있었으며 상당히 밀접한 관계를 형성해 놓고 있었기 때문에 무역 및 물류활동의 효율성과 수익성을 높이는데 필요한 네트워크 구축에도 해외교민들의 적극적인 지지를 받았을 것이다.

장보고 대사는 등주와 적산포 등을 거점으로 하여 초주, 연수현, 양주 등지에 분산되어 있던 신라방 무역상인들을 하나의 교역망과 물류네트워크 체제에 편입시켜 재당 신라상인들을 실질적으로 지배하거나 또는 그의 영향력 하에 두었을 것이다.[85]

신라는 지리적으로 나 · 당 · 일의 삼각 중계무역을 하는데 유리한 입장에 있었을 뿐만 아니라 조선술과 항해술에 있어서 당시 일본을 능가하고 있었기 때문에 당나라와 일본 간 중계무역을 활발하게 전개할 수 있었다. 그리고 신라와 일본 간 양국의 교역은 9세기에 들어와 한층 더 활기를 띠었다. 신라 상인들의 일본에 대한 활동은 대마도, 일지도, 평호도, 장문(하관), 박다(하카다) 등의 곳을 주요 교역지(무역소)로 삼아 이뤄졌다.

특히, 청해진을 설치한 후 장보고 대사의 대일 교역활동은 더욱 본격화되었다. 장보고는 청해진 대사 자격으로 당시의 국가외교, 국가교역(공무역)의 원칙을 무시하고 신라 왕조와는 독립적인 입장에서 자기의 사신을 파견하여 일본 대재부와 교역을 수행했다. 또한 장보고 대사는 일본의 규슈지역 교역의 중심지인 하카다에 교역 및 물류지점을 설치하여 현지 일본 관리를 상대로 직접 교역을 추진하기도 했다. 이 역시 장보고가 신라 중앙정부의 간섭을 받지 않고 자유로이 대일 교관선 같은 무역선박을 파견할 수 있었기 때문이다. 또한 장보고 대사의 나당일 국제교역은 국가와 국가 간의 공적인 성격에 가까울 만큼 대규모적이었고 독립적이었다. 따라서 장보고는 자유로운 국제 해상무역을 전개하여 거대한 상업자본을 형성하였고 이에 따라 상당한 독자적인 권한을 갖는 국제상업제국을 건설해 나갔던 것이다.[86)]

그리고 지금까지 언급한 장보고의 청해진 설치와 국제해상무역의 전개에 있어서 더욱 우리의 관심을 끄는 것은 국가의 조직 속에는 편성되지 않고 장보고 개인에 예속되어 있는 조직과 시스템의 성격이다. 청해진 무역체제는 일종의 다국적 기업형태를 띤 경영조직이지만 이 조직에 종사하는 모든 사람들은 장보고 대사를 정점으로 일종의 사병조직처럼 운영되었다.

이미 앞에서도 언급했지만 청해진 체제에 동원된 인력은 현지 청해진 지역의 주민이거나 서남해안 등지에서 교역에 종사하던 사람들 일 것이다. 이들은 전문적 군인이라기보다는 비전문적인 '사병' 이었다. 장보고 대사의 청해진 조직체계에 대하여 〈삼국사기〉, 〈행기〉 및 〈속일본후기〉 등에 단편적으로 나타나 있는데 이러한 자료들을 토대로 조직체계를 정리해보면 아래 그림들과 같다.[87)]

장보고 대사의 청해진 조직체제는 병부인 군사조직과 민부인 무역조직으로 구성됐다. 병부는 부장, 병마사, 육효장으로 편성되었고, 민부는 대당매물사와 대일교관선으로 구성되어 대당 및 대일 무역활동을 각각 주관하였던 것이다. 그리고 장보고 대사의 청해진 체제의 특이한 점은 무엇보다도 먼저 장보고의 직명이 '대사' 라는 것이다. 〈삼국사기〉에 나타나 있는 장보고의 공식직함은 '청해진 대사' 로서, 당시 신라사상 무관 또는 외관명칭에 '대사' 라는 직명은 본래 없는 독특한 것이다. 따라서 대사는 당시 신라사회의 골품제도 및 관등제도의 규정에 구애받지 않는 일종의 예외적인 관직으로서 어쩌면 중앙정부의 행정적 통제의 대상에서 벗어난 외곽에서 다분히 정치적으로 특수한 자격으로 보인다.

민부(무역체제)인 대당매물사 및 대일교관선의 활동이 당시의 엄격한 국제간 외교 무역원칙을 무시하고서 독자적으로 대외무역을 실시하였는데 이는 장보고 대사의 청해진 무역체제가 그만큼 강력한 독립성과 공적인 권한을 가지고 있었기 때문에 가능했던 것으로 보인다. 또한 병 · 민부의 이원체제이긴 하지만 이 체제하에서는 겸직도 가능하였기 때문에 대당매물사이면서 장보고의 교관선(무역선)을 이끌었던 최훈은 병마사라는 군사직명을 띠고 민간무역활동을 하였다. 이것은 바로 장보고 대사의 무역체제에 한편으로는 공신력을 높이기 위해 공조직의 성격을 갖게 하고, 또 다른 한편 민간조직으로서의 신속성과 효율성을 발휘하기 위해 반관반민의 성격을 띤 조직을 만들었던 것으로 생각된다.

청해진의 교역 및 물류체제는 상당한 규모의 상업자본을 축적했던 것으로 생각된다. 이와 같이 축적된 자본을 바탕으로 장보고 대사는 청해진의 조직을 더욱 확고하게 다져나갔으며 국제적인 해상무역도 활발하게 전개해 동북아시아에서는 배타적인 권한과 신뢰를 가진 무역제국을 건설했던 것이다.

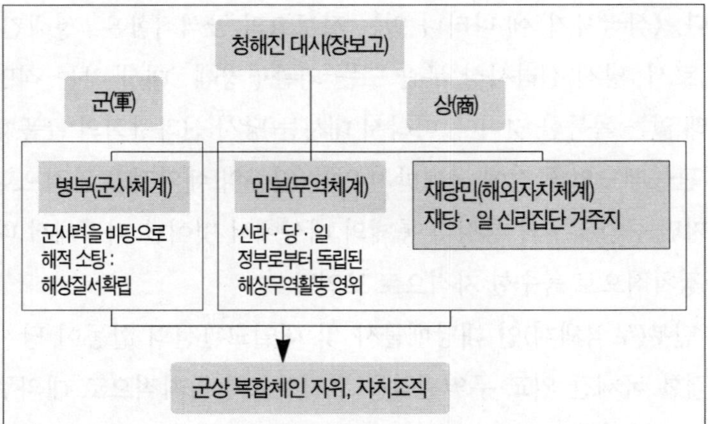

청해진의 조직체계도

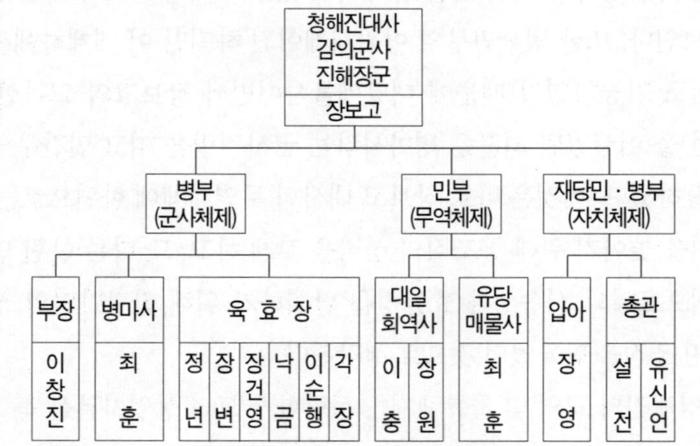

청해진 물류조직 편제

장보고 물류조직의 인적 네트워크 ‖ 장보고 대사는 재당신라인 사회를 청해진 본부와 긴밀하게 연결되는 물적 및 인적네트워크를 구축하여 나 · 당 · 일 국제무역에서 크게 성공했다. 그렇기 때문에 장보고 대사의 국제무역에서의 성공의 기반은 바로 당나라에서 활발하게 무역, 운송, 상업 등 물류산업에 종사하던 재당신라인들이라고 할 수 있다. 그리고 실제로 재당신라인들은 장보고 대사의 무역체제와 물류네트워크의 중요한 구성원으로 참여했다. 당나라에 거주하여 운송과 무역, 상업 등 물류산업에 종사하던 재당신라인들은 각 분야에서 상당한 능력을 발휘하고 있었다. 장보고 대사는 이러한 재당신라인들을 하나의 통합된 네트워크로 긴밀하게 연결시키는 강력한 조직과 시스템을 구축하여 국제무역에서 성공할 수 있었던 것이다.

재당신라인들 중 특히 신라인 집단거주지의 촌장, 총관 또는 압어로 호칭되던 유력자 혹은 지도자급 인물들이 장보고 대사 물류네트워크의 책임자 등 중요한 위치에 활용됐다. 재당신라인사회의 대표자들을 살펴보면 등주 문등현 관내에서 신라인들을 총괄하는 장영과 함께 적산 법화원 장전을 관리한 임대사와 왕훈, 초주의 신라방 총관이었던 설전과 유신언 등이었다. 이들은 장보고 물류네트워크를 구성하는 해외거점의 최고책임자 등 중요한 위치에서 장보고 대사의 통솔 하에 국제무역과 물류사업에 종사했다. 장보고 대사는 이러한 해외 인물들을 거미줄처럼 구축하여 해상무역의 효율성을 높이는 것은 물론 당나라, 신라, 일본의 정세에 대해서도 빠르고 정확한 정보를 입수하여 필요한 조치를 취해나갔을 것이다. 장보고 대사의 물류조직과 인적네트워크에서 중요한 역할을 했던 인물들을 좀더 구체적으로 살펴보면 다음과 같다. 재당 신라상인이나 물류사업에 종사하는 사람들 중 장보고 해외조직의 구성원인지 아닌지 분간하기가 어려운 인물도 있다. 그러나 여기에서는 재당신라상인들 중 당시에 유력인 이거나 활발하게 활동한 사람들은 장보고 조직의 구성원일 가능성이 높아 모두 포함하여 살펴보고자 한다.

■ 청해진 본부

최 훈

청해진에서 병부의 복합적인 군사체제인 병마사로 활동하면서 재당시에는 대당매물사로서 무역선을 이끌고 적산포와 유산포를 거쳐 양주에 이르는 연해안 및 운하를 왕래하면서 무역활동에 따른 운송업과 여행업 및 출입국 사무수속 등의 업무에도 종사했다. 나당일 삼국간의 원양운송은 물론 적산포에서 양주에 이르는 연해안 및 운하운송에도 활발히 활동하였다. 신라 문성왕 3년 (841년) 염장에 의하여 장보고가 살해된 후 당나라 연수현에 있는 신라방으로 망명했다. 장보고의 국제해상무역활동에 있어서의 청해진은 물론 재당 해상무역조직과 서로 연계된 장보고 물류조직의 핵심 인물이었다.

■ 재당 신라 무역상인들[88)]

장 영

장보고 휘하의 재당 신라 무역상인으로서 산동성 문등현에 소재하고 있는 신라소의 책임자다. '신라통사', '압아' (지방수비관), '대사' 등의 경력을 가지고 있으면서 당으로부터 공식적으로는 '평로군절도동십장 겸 등주제군사압어' 라는 관직까지 제수 받았다.

그는 문등현에 거주하고 있는 신라인에 대한 관리를 총괄하는 한편 임대사, 왕훈 등과 같이 장보고가 세운 적산 법화원을 관리하면서 일본 승려 엔닌이 초주에서 적산으로 오는 과정은 물론 해상식량도 마련하는 등 당나라 생활에 있어서 초주 책임자 유신언과 함께 엔닌에게 지대한 도움을 준 재당신라 무역인이다.

엔닌의 기록에 의하면 장영은 초주 신라방 총관 유신언과 함께 가장 많이 거론이 되고 있는 재당 신라인이다. 등주의 장영과 초주의 유신언을 비교하여 볼 때 장영의 무역활동은 최훈과 함께 나·당·일 삼국 간 국제해상무역을 주도하는 해양무역 중심의 성격을 띠고 있다. 반면 초주의 첫 번째 최고책임자 설전과 후임자 유신언의 무역활동은 연안 및 당나라 수도를 연결하는 운하를 중심으로 무역활동을 전개한 것으로 보인다.

설전

초주의 신라방 총관을 맡았으며 장보고 물류조직의 초주지역 첫 번째 최고책임자를 지냈다. 일본 귀국길에 오른 승려 엔닌 일행을 통역관 유신언과 함께 산양현에 들어가 엔닌 일행의 공문서를 제출하는 등 엔닌 일해의 일본 귀국 수속에 따른 제반 편의를 제공하기도 했다.

유신언

처음에는 직함이 '신라역어(통역인)' 또는 '초주 신라역어' 였던 그는 책임자 설전의 후임으로 초주의 최고책임자가 된 사람이다. 엔닌의 당나라여행기에 의하면 유신언은 초주 신라방 총관이었던 설전에 이어 '초주 신라방 총관' 으로 등장하는 등 엔닌의 여행기에 가장 많이 거론되고 있는 인물이다. 초주 신라방의 통역관과 총관(신라거류민의 행정사무 등을 총괄하는 총책임자) 등을 지낸 재당 신라무역상인으로 장보고 해외조직의 중요한 인물이다.

유신언은 당시 초주신라방서 통역과 총관으로서 신라거류민에 대한 행정사무 등을 총괄하는 한편 당나라 수도 장안과 항주만을 연결하는 운하지역의 물품을 수송하는 업무, 물품보관업, 숙박업, 여행업, 통역업, 출입국 사무수속 등 종합적인 업무를 총괄했다. 또한 유신언은 초주에서 등주에 걸쳐 산재되어 있는 신라방의 재당 신라 무역상인들과도 서로 밀접하게 연락시스템을 구축함으로써 초주와 등주 등 지역에 걸쳐서 나 · 당 · 일 간에 발생할 수 있는 무역에 관한 정보도 수집 및 교환하는 일도 했다. 특히, 엔닌의 일본 귀국선과 식량까지 수배하여 주는 등 재당 초주 신라방 사회의 무역인물 중 가장 핵심적인 인물이다.

김정남

일본의 견당선 선박에 통역인으로 승선하여 나 · 당간의 항로안내 및 정보제공은 물론 당에서 선박의 매입과 수리 및 원양선원 고용, 관공서와의 교섭, 재당 신라인들과의 연계, 수련승들의 순례와 귀국 등 출입국사무소 같은 당시로선 비교적 어려운 업무를 담당 관리하였다. 근대 이전까지만 하더라고 아직 무역업과 해운업은 미분화된 상태였기 때문에 오늘날의 현대무역학적관점에서 보면 그는 통역, 정보, 알선, 교섭, 출입국업무 등 무역물품의 형태가 무형인 일종의 무형무역업자이면서 동시에 원양항해 및 원양선박과 관련된 원양해운업무도 같이 겸하였던 것 같다. 초주의 중간책임자 역할을 한 것으로 추정된다.

김 진

엔닌의 당나라여행기에 의하면 김진은 소주와 초주 등지에서는 운하 및 하천 운송을 하고 유산포와 적산포 등지에서는 연안운송을 겸하면서 다시 적산포에서는 신라 서해 연안을 거쳐 일본에 이르는 원양항해 활동을 한 것으로 기록돼 있다. 한마디로 재당 신라인 김진은 김자백, 흠량휘 등과 함께 중국과 일본을 종횡무진으로 연결하여 당·일간의 하천과 운하, 연안, 원양항해 등을 일관한 복합운송 체계를 갖춘 종합운송 겸 중계무역업자였다. 김진은 장보고 물류조직의 소주지역 중간책임자 역할을 한 것으로 보인다.

고산

등주의 장영대사의 비서로서 주로 초주의 통역관인 유신언과 설전대사와의 사이에서 서신, 경론, 문서, 공적장과 의복 등의 전달을 주로 담당한 인물이다. 장보고 해외거점인 등주의 중간책임자 역할을 했을 것으로 추정된다. 따라서 무역과 관련된 업무도 동시에 겸행했으리라 보인다.

박정장

838년 6월 22일 신라 무역상인 김정남과 같이 일본의 하카다 항에서 견당선이 출항할 때 제 2호 선박의 신라통역 자격으로 승선하여 당나라로 항해중, 제1호 선박에 승선한 김정남과 연락을 취하면서 견당선단의 안전항로를 안내한 인물이다.

통역을 통하여 견당사에 공식적인 조공활동을 하는 한편 동시에 부대적으로는 공무역과 관련하여 민간무역에 관련된 무역정보 등을 수집하여 신라방에 산재하고 있는 재당 신라무역상인들과도 네트워크를 형성하는 역할을 수행했다. 김정남과 같이 일종의 서비스 무역 중심의 무형무역도 함께 경영하는 초주지역 재당신라 무역상인이었다.

왕청

일본어에 능통한 재당신라무역상으로 양주지역에서 활동했다. 그는 양주에서 엔닌을 만났는데 엔닌의 기록에 의하면 왕청은 819년 당나라 무역상인 장갑제와 함께 여러 가지 물품교역을 위하여 바다를 항해하다가 폭풍을 만나 3개월간 표류한 끝에 일본의 출주에 표류한 뒤, 장문을 거쳐 당나라 양주로 귀환한 것으로 돼있다. 왕청은 양주에 거주하고 있는 재당 신라 국제무역 상인으로서 교역품의 운송영역은 연해안이 아닌 해양무역 전문업자로 추정되며 당시 당 상인인 장갑제 형제와 같이 합작으로 대일본관련 무역활동을 주로 하였을 가능성이 많다.

왕량

엔닌의 기록에는 왕량은 초주지역 숙성촌의 촌로 또는 촌장으로 등장하고 있다. 왕량은 일본견당사에서 이탈하여 숙성촌까지 밀항하여 온 엔닌의 일행이 신라인으로 가장하여 자신과 대화 도중 신라말이 아님을 알아차린 사람이다. 숙성촌 촌장으로서 왕량은 엔닌 일행이 객관임을 이미 알고 그들로 하여금 사실대로 지방수비관의 조사를 받게 하는 등 주변 정보에 대한 신속성과 함께 장악력도 함께 가진 재당 신라인이다. 장보고 물류조직의 초주지역 조직원으로 활동한 것으로 보인다.

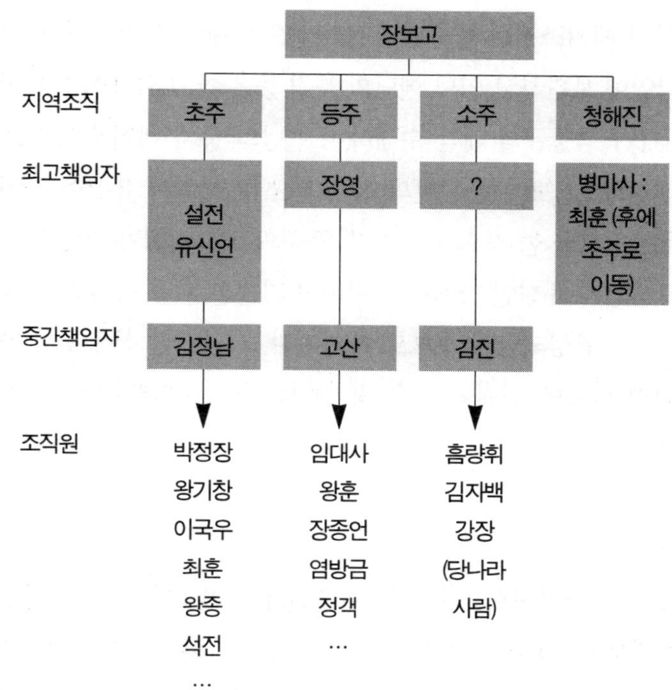

장보고 조직의 인적네트워크

도현

838년 6월 22일 일본의 견당선이 일본의 하카다항을 출항할 때 신라 통역자격으로 제4호 선박에 승선하였으며 통역 외에도 나·당 간의 사신 파견 정보와 엔닌 일행이 당나라에 머무는 과정에 있어서 김정남과 함께 편의를 제공한 것으로 보인다. 이는 재당 신라인들은 물론 현지 관원들과도 긴밀한 관계가 형성되었기 때문에 가능하였다고 본다.

염방금

장보고 해외조직의 등주지역 조직원으로 활동한 인물이다. 초주의 유신언이 보관하고 있던 엔닌의 불경 등을 찾기 위하여 문등현의 장영대사가 염방금의 배를 수배하여 엔닌의 종자 데이유만을 초주에 보낸 것으로 보아 문등현의 장영과 초주 지역의 유신언 사이를 연결하는 역할을 한 것으로 보인다. 등주의 최고책임자 장영과 초주의 최고책임자 유신언 간에는 강력하고 긴밀한 운송 시스템 및 무역 네트워크가 형성되었던 것으로 추정된다. 염방금은 선주로서 장영과 유신언 사이에 연계된 운송 및 연안해운 겸 무역활동을 전개한 것 같다.

왕종

초주지역 조직원으로 활동한 재당신라 무역상이다. 일본 정부가 파견한 '엔닌수색대'의 한사람인 쇼카이 법사의 서신도 일본 무역에서 돌아온 재당 신라무역상인인 왕종을 통하여 엔닌에 접수되었고 다시 왕종이 양주로 갈 때에는 그의 서신을 왕종에게 위탁하였는데 그가 초주 선편으로 양주에 간 것 등으로 보아 대외적으로 일본과는 해양 관련 운송 네트워크가 형성되었고, 대내적으로는 양주와 초주의 설전 총관 등 사이에서 그와 관련된 복합적인 연락망을 가지고 상호간의 정보교환은 물론 무역 관련 우편운송과 종합적인 물류 교류 분야에도 활동한 인물로 보인다.

진충

엔닌 일행이 847년 윤 3월 10일에 밀주까지 정객의 수레를 수배한 후 이틀 후인 12일에 길을 떠나 5일 후인 17일에 밀주의 재성현 관내 대주산 교마포에 도착, 그곳에서 다시 숯을 싣고 초주로 가는 신라사람 진충의 목탄 수송선을 비단 5필을 배 삯 운임으로 정하여 이동하는 것으로 보아 당시 진충은 대주산 일대에서 많이 생산되는 목탄 상품을 당의 동부 연해안 지역은 물론 장안과 서안의 시장에 이르기까지 연안 해상운송 겸 무역업 활동을 한 인물로 보인다.

김자백

김자백은 흠량휘, 김진과 같은 재당 신라 무역상인으로서 그들과 함께 강의 연해안 무역은 물론 당·일간의 원양해양 운송 무역업에도 종사하였다. 장보고 무역체제의 소주지역 조직원으로 활동한 것으로 추정된다.

왕가창

왕가창은 재당 신라 선주로서 초주 총관 유신언의 조직에 소속되어 있으면서 하천과 운하 및 연안 운송을 전담하는 해운업자겸 무역업자로 활동하였을 것으로 보인다.

흠량휘와 왕초

흠량휘는 소주지역 김진의 조직원으로 활동한 재당신라무역상으로 보인다. 왕초도 물론 대당 신라 무역상인으로 추정된다. 일본 승려 엔닌은 당나라로 출항 할 때, 하카다항에 입항한 흠량휘와 왕초의 교관선이 일본 내 교역이 끝나기까지 1년이나 기다렸다가 출항했다. 이것으로 보아 흠량휘와 왕초는 매우 실력있는 당·일간의 원양해운 겸 무역업자로 보인다.

■ 재일 신라 무역상인들

일본에 소장되어 있는 문건들에 의하면 신라물품 무역에 관한 기록이 있다. 여기에는 일본귀족들이 신라로부터의 수입되는 물품을 구입하기 위한 일종의 구입허가 신청서가 있다. 이 신청서에는 향료, 약물류, 안료, 염료, 기물, 세간기물, 서적 등 매우 다양한 물품명이 기록되어 있다. 이 구입허가 신청서를 제출한 날짜를 보면 천평승왕 4년 6월(신라 경덕왕 11년, 752)이다. 이 때 신라왕자 김태겸 등이 사절단으로 일본에 왔는데 이 일행 가운데는 일본에서의 무역을 목적으로 온 신라상인들이 많았다.[89)]

신라와 일본 간의 국교는 혜공왕 15년(779) 두절되었다가 애장왕 4년(803)에 다시 정상화 되었으나 809년에 다시 단절되고 만다. 왜냐하면 신라는 외교형식에 얽매이는 사신 파견을 중단하고 그 대신 신라상인들을 통한 민간무역을 선호하게 되었기 때문이다. 반면 일본도 신라와의 공식적인 관계유지가 어려웠고 더군다나 사신 접대와 의례에 많은 비용을 부담해야 하는 공무역 대신 신라 상인들의 왕래에 의한 민간 사무역을 선호하게 되었다고 할 수 있다. 따라서 공적교류가 두절된 뒤에도 신라 무역상들의 왕래는 여전히 빈번하였으며 일본은 당과의 교통이나 무역상의 정보를 이들 신라 국제 무역상인들에게 의존할 수밖에 없었다.[90)]

9세기에 들어와 신라 상인들은 당과 일본을 중계하는 무역을 담당할 정도로 성장하였는데 그 상인들은 재당 신라인들이 주체가 되었을 것으로 생각된다. 또한 재당신라인들은 신라방과 함께 상인 조직을 이루어 일본에 견당사나 당나라에 입국하는 승려들이 당으로 출입할 때에 동행하여 무역을 하면서 나 · 당 · 일간 교역을 활성화시키고 이를 통해 자본을 축적했다.

신라 무역상인들이 일본과 민간 사무역을 본격적으로 전개한 시기는 아무래도 장보고가 청해진을 설치한 이후 인 것으로 추정된다. '속일본후기' 에 의하면 장보고가 파견한 회역사는 일본정부의 묵인 하에서 교역활동을 했던 것이 분명하다. 그리고 일본의 교역중심지 규슈지역의 다재부가 중앙정부에 올린 글 가운데 "번외의 신라국 신하인 장보고가 사신을 보내어 방물을 올렸다"라고 하는 내용이 있는데 이는 장보고가 당시 국가간의 무역만이 허용되던 국제간의 관행을 무시하고 신라 정부와는 관계없이 독자적으로 자기 무역선을 보내어 교역을 하고 있었던 것을 보여주고 있는 것이다.

일본 승려 엔닌의 기록에 의하면 초주의 무역상인들은 일본 조공사들의 당나라 왕래는 물론 청익승, 유학승, 상인들의 자국 왕래에서 성지순례에 이르기까지 선박의 용선에서부터 매매 및 수리, 알선, 산재된 신라방과의 연계, 서신의 교환, 체류경비에 전달, 귀국품의 보관 등 이루 헤아릴 수 없는 여러 가지 일들을 돕고 있었다고 한다.

특히 일본 천태 유학승 엔자이를 비롯하여 닌코, 순쇼 닌사이 에카쿠 등 이들의 당나라 왕래에는 재당 신라무역상인인 유신언, 김자백, 김진, 흠량휘, 도중(십이랑), 이인덕, 장우신 등이 운송을 도맡았는데 이는 신라상인들이 무역업에 종사하면서 수송과 여행안내 등 종합적인 물류사업에도 종사했다는 것을 설명해주는 것이다.[91]

■ 기타 무역관련 신라인들

이상에서 살펴본 재당 무역상인 및 대일 신라 무역상들은 그 활동의 대부분이 통역에서 운송, 보관 등 다양하게 무역과 관련된 업무에 종사하였다고 하겠다. 그러나 엔닌의 '당나라여행기' 등 자료에서 등장하는 신라인 중에는 무역과는 직접적인 관련은 갖고 있지 않지만 어느 정도 신라 무역상인들과 서로 밀접하면서 잠정적으로 연관이 있어 보이는 인물들이 있다. 이들도 장보고 대사의 청해진 조직과 직간접적으로 연계돼 있는 것으로 보여 살펴봤다.

왕훈

왕훈은 등주지역의 소촌마을 일을 돌보는 촌장이자 등주의 최고 책임자 장영과 같이 장보고가 건립한 적산법회원을 관리하는 한 사람이다. 당시 법화원이 신라사람들의 불교 신앙의 본원처로써 뿐만 아니라 장보고의 대당매물사 선박과 일본의 회역사의 교관선 출입과 관련하여 장보고의 국제 무역사무소 역할도 겸하였던 것으로 보인다. 따라서 적산 법화원의 관리인 왕훈 역시 이와 관련된 업무에 당연히 종사하였을 것으로 보인다.

임대사

임대사 역시 적산 법화원의 관리자 중 한 사람으로 그의 호칭에서 보는 바와 같이 왕훈, 장영과 함께 장보고 휘하에서 잠정적으로 무역관련 업무에도 일부 종사하였을 것으로 보인다.

왕현

산동반도 지역의 유촌에 거주하던 신라인으로 불심이 깊은 사람이다.

이원좌

당나라 조정에서 '좌군중위' 의 비서격인 '좌신책군압어' 라는 관직을 가지고 있는 신라출신의 고위관료다. 당나라 수도 장안 경조부에서 일하면서 일본 승려 엔닌이 장안에 머무는 3년여 동안 여러 가지 편의를 봐주었다.

이신혜

신라 환속승이면서 일본어에 능통한 인물이다. 이신혜는 홍인 을미년(815)에 일본 대재부에 가서 8년간 체재했다. 천장 원년(824)에 그의 능통한 일본어 실력이 알려지면서 일본에 내항한 바 있는 장보고에 의하여 스카웃되었다. 일본과 많은 무역이 이루어지고 있는 재당 신라인 거주지역에서 통역일을 보는 한편 적산 법화원의 상주승으로 지냈다. 일본 대재부와 재당신라인의 집단거주지 적산포간의 무역에 관한 정보네트워크 구축에도 참여하였을 가능성이 크다.

물류네트워크의 주요 해외거점

재당 신라인의 주요 거점 ‖ 8-9세기 경 당나라에 머물고 있던 신라인들은 우리가 일반적으로 생각하고 있는 것보다 훨씬 많았다는 것이 학자들의 연구결과다. 재당 신라인들은 산동반도와 그 북쪽 그리고 남쪽의 연안지역에 많이 모여 살았다. 그들은 주로 해운업과 무역업, 상업, 조선업 등에 종사했다. 재당 신라인들의 주요 활동영역을 살펴보면 귀주, 서주, 사주, 해주, 등주, 밀주, 청주, 래주, 금주, 강주, 대주, 초주, 양주 등 19개 주가 넘는 것으로 알려지고 있다.[92]

신라인들은 서해를 건너 북방 연해 각지와 운하 양안 지역에 분포되어 있었는데 특히 산동반도의 연안, 강회운하의 양안, 동남 연안 일대에 집단거주 했다. 재당신라인들은 해안지방에 정착하여 상업, 운수업, 무역업 등에 종사하면서 그들의 경제적 및 사회적 기반을 다져 나갔다. 재당 신라인들이 많이 거주한 지역과 그 지역이 무역과 사업상 어떠한 기능을 하였는지 살펴볼 필요가 있다.

■ 산동반도

신라인들이 가장 많이 정착했던 곳이 산동반도다. 이 지역은 한반도와 가장 가까운 위치에 있으며 황해를 건너면 곧바로 도달할 수 있는 해상교통의 요충지이기 때문이다. 산동반도는 해상무역을 수행하기에 편리한 지정학적인 조건을 갖추고 있어 나당일 3국간 무역이 이 지역을 중심으로 이뤄졌다. 당나라 후반기에는 이곳이 황해 해상무역을 독점적으로 수행할 수 있도록 정부로부터 허가를 받은 법정항구 역할까지 했다. 이것만 봐도 산동반도가 동북아 3국의 중요한 해상교역지역이었다는 것을 알 수 있다. 당나라 시대 산동반도의 주요 교역항구는 등주의 적산포와 유산포, 래주, 밀주 등이 있었다.

등주

등주는 산동반도 동단에 위치해 있으며 신라와 바다를 사이에 두고 마주보고 있을 정도로 가까운 곳이다. 옛날부터 중국과 한반도의 해상교통의 출발지와 도착지 및 중간 기항지 역할을 했다. 엔닌의 일기에 의하면 등주의 적산포, 유산포, 유촌, 도촌, 소목포 등에는 모두 신라교민들의 집단 거주지가 있었다. 그 중 가장 규모가 큰 곳이 문등현 청녕향의 적산포이며 유산포 부근에도 비교적 큰 신라 교민촌락이 있었다. 등주는 당나라와 신라가 교역을 하는데 중요한 항구였다. 신라관방사절단이 대규모로 중국으로 들어올 때 모두 등주로부터 상륙하였으며 등주 성내에 신라관이 있었다.

등주에서 신라로 왕래하는 주요 항구로는 적산포, 단산포, 유산포 등이 있었는데 신라상인들이 가장 많이 이용한 항구는 적산포다. 적산포에서 한반도의 강화도까지는 불과 100해리밖에 되지 않으며 순풍을 이용하면 빠르고 편리한 입출항구였다. 장보고의 청해진 해상교역팀도 적산포를 중요한 중간기지로 활용했으며 신라인들은 공동 거주지를 형성해 살았다.[93]

장보고는 등주에 장영이라는 최고 책임자를 두고 해상교역 업무를 관리하게 했다. 장영 밑에는 고산이라는 사람이 중간 책임자로 있었으며 조직원으로 임대사, 왕훈, 장종언, 염방금, 정객 등이 무역 업무를 담당하고 있었다. 이와 같이 등주는 장보고 해상무역체제의 중요한 해외거점이었다.

래주

래주는 동북쪽으로 등주의 유산만과 인접해 있고, 남서쪽은 교주만이 밀주까지 연결돼 있는 연해지구다. 래주의 노산항은 신라와 일본으로 가는 해상 입출구로 이용됐다. 엔닌의 기록에 의하면 래주에도 신라교민의 촌락이 있었다. 평로절도사를 지냈으며 장보고 해상무역체제의 초주의 최고 책임자였던 설전이 다녀간 곳이기도 하다. 래주는 또한 해적들이 신라 양민을 납치하여 등주 등 여러 바닷길을 통해 노비로 팔기도 했던 곳이다.

밀주

밀주는 산동반도에서 남서쪽으로 향한 해안지역으로 남쪽으로는 강소성 해주와 해주만에 인접해 있고, 부근에 교주만, 영산만 등

선박이 정박하기 쉬운 항구들이 있어 신라와 해상교역이 이뤄지던 중요한 지역이다.

■ 강회지구

산동반도 다음으로 신라인들이 많이 정착했던 곳이 강회지구다. 강회지구는 중국경제의 대동맥을 형성하는 변하, 회하 및 대운하가 서로 만나는 지점으로 당나라 수도였던 장안(서안)으로 강남지역의 물산들을 보급하는 교통의 요충지였다. 강회지구의 주요 해상교역 센터 역할을 했던 곳은 양주, 해주, 초주 및 연수현 일대다. 재당 신라인들은 상업 및 해운업 등 물류에 종사했기 때문에 강회지역을 중심으로 세력을 형성했다. 장보고와 정년이 당나라 무령군에 재직할 때 이 지역에서 신라인 세력과 관련된 활동을 했던 곳이다.

초주

초주는 회하의 하류에 위치하고 있어 중국 대운하의 교통 중심지 역할을 했던 곳이다. 남쪽으로는 양주를 거쳐 강으로 들어갈 수 있으며 동남지구까지 연결된다. 북쪽으로는 반청을 통해 황하로 나갈 수 있고 낙양과 서안 등 두개의 중심도시로 연결이 되는 요충지다. 동쪽으로는 회수를 따라 바다로 나갈 수 있으며 한반도와 일본으로 항해할 수 있는 중요한 지역이다. 특히 한반도와 황해를 두고 이웃하여 있어 신라인들에게는 초주가 그들의 경제활동과 상업, 해상교역 등을 위해 아주 중요한 역할을 했던 곳이다.

초주에는 신라인들의 집단 거주지인 신라방이 있었으며 방내에는 신라상인, 선주, 선원과 통역인 등 각종 직업을 가진 사람들이 있었다. 장보고 대사는 초주에 설전과 유신언이라는 최고 책임자를 두고 국제교역업무에 종사토록 했다. 그만큼 초주는 장보고 해상교역 조직의 중요한 해외거점이었다. 설전이 초주지역의 첫 번째 최고 책임자였으며 그 후임자가 유신언이었다. 중간 책임자로 김정남이 있었고 그 밑에 조직원으로 박정장, 왕가창, 이국우, 최훈, 왕량, 왕종, 석전 등의 교역담당자들이 있었던 것으로 보인다.

양주

양주는 당시 광주와 함께 당나라의 2대 무역항의 하나였다. 양주는 동서무역을 연결하는 해상실크로드 간선의 종착점이기도 했다. 양주는 또한 장보고가 활동하던 시기에 가장 번성했던 국제상업도시 역할을 했다. 따라서 양주에는 이슬람지역과 동남아지역의 무역상들이 집단 거주하던 곳이기도 하다.

양주는 각 지역에서 오는 무역상품들이 중국의 수도인 장안과 또 하나의 중심도시 낙양으로 공급되는 기능을 했던 물류 중심지였다. 그리고 해외 각국에서 오는 외교사절들이 수도였던 장안으로 여행하는 첫 관문으로 이곳에서 입출국 수속을 밟던 곳이다. 양주 이북 지역의 황해해상 무역은 강회지구와 산동반도 일대에 자리 잡은 신라상인들에 의해 장악되고 있었기 때문에 양주에도 신라인들이 많이 거주하였으며 해상무역과 운수업 등 물류산업에 종사하고 있었을 것이다. 엔닌도 그의 여행기에 양주에서 제법 실력 있는 신라인들과 접촉한 사실을 기록하고 있다. 장보고 대사 해상무역팀의 초주지역 중간 책임자 김정남이 양주 일대에서 활발하게 교역활동을 벌였으며 김정남 밑에서 조직원으로 일했던 왕종 등이 각종 정보전달과 무역업무를 수행했던 것으로 보인다.

연수현

연수현은 회하의 입출구에 위치하고 있어 수운에 있어 지정학적으로 중요한 지역이었다. 연수현은 중국의 내하항로와 연해항로가 교차하는 곳에 자리 잡고 있으며 회하가 대운하와 북방연해지역과 연결되는 요충지이기도 하다. 따라서 해상교역에 종사하던 신라인들은 연수현의 중요성을 일찍부터 깨닫고 이 지역에서 활발하게 활동했다. 연수현은 유일하게 현 성내에 신라방이 설치되어 있던 곳이다. 당나라에서 신라교민이 공동 거주한 신라방은 초주와 연수현 두 개의 지역에서만 볼 수 있다. 따라서 초주와 연수현은 서로 밀접하게 연계관계가 있었다.

해주

강회지역의 주요 항구였던 해주에도 신라교민들이 집단 거주하면서 상업과 무역에 종사했다. 엔닌의 당나라 여행기에도 엔닌이 해주의 동해현 숙성촌에 있는 신라인들의 집단 거주지에 도착하여 휴식을 취했다는 기록이 나오고 있다.

■ 동남연해지구

중국 남부지역의 절강성과 그 외곽인 주산군도 지역은 양자강 하구를 끼고 있는 교통의 요충지다. 이 지역의 주요 항구로는 소주, 명주(영파), 항주, 대주가 있다. 이 지역은 중국 연안의 남과 북을 연결해주는 항해상의 중요한 길목이었으며 운하의 출발점이며 동시에 종착점이었다. 때문에 남방과 북방으로 상호 교환되는 상품들이 이 지역을 거쳐 거래가 이뤄졌다. 대주에는 신라방이 있었고, 주산군도 보타도에는 신라초, 신라서, 신라산 등 신라 관련 지명이 많았다. 송대에는 고려와의 교역이 주로 이곳에서 이뤄졌으며, 해상실크로드의 가장 북부 교역항이 명주 등에 있었을 것이며, 이 일대가 동서교역을 중계하는 황해무역의 중계지였을 가능성이 높다는 것이 학자들의 분석이다.[94)]

소주

중국 동남연해지구의 소주에도 장보고 대사의 청해진 교역체제의 해외거점이 있었던 것으로 보인다. 소주에는 장보고 무역활동을 지원하기 위해 김진이라는 중간책임자가 있었고 그 밑에 흠량휘, 김자백, 강장 등이 조직원으로 활동한 것으로 추정되고 있다.

명주

지금의 영파항으로 동서무역을 연결시키는 해상실크로도의 가장 북부지역에 있는 국제교역항이었다. 따라서 이슬람지역이나 동남아지역의 교역물품들이 명주항까지 도착하여 이곳에서 중계되어 신라와 일본으로 공급된 것으로 여겨진다. 또한 명주항은 중국의 남방과 북방의 교역물품이 이곳에 도착해 거래되는 등 상거래활동이 활발했던 지역이다.

일본 주요 거점 ॥ 규슈지역의 하카다 대재부가 당시 일본의 국제교역 중심지였다. 하카다는 신라와 일본 간의 국제교역을 위한 입출항이었다. 대재부는 8-9세기 일본의 서부지방의 국방과 외교업무를 관장하던 행정기구였다. 지리적인 여건으로 당나라와 신라와의 교역업무를 주로 대재부가 맡아 했던 것으로 보인다. 당나라와 신라와의 교역을 위해 법적으로 개항된 항구가 하카다이며 다른 항구들에 대한 기항은 금지되어 있었던 같다. 대재부의 외항이었던 하카다에 설치되었던 무역관리기구가 대재부 홍려관이었다.[95]

일본정부는 909년 당물교역사의 파견을 중단하고 무역관리와 선매권을 대재부 관리에게 위임했다. 중앙정부는 필요로 하는 물품 명세를 작성하여 대재부에 통고만 했다. 10세기 이후 대재부는 무역 관리권을 중앙으로부터 완전히 위임 받는 상태가 됐다.

일본과 당나라와의 공무역이 소강상태로 변하면서 신라인들은 대재부의 하카다항에 정주하여 교역활동을 활발하게 전개했다. 일본 사료에 의하면 오래전부터 북부규슈에는 신라인의 집단거주지가 있었다고 한다. 이들은 하카다에 정주하면서 무역활동을 했던 것으로 나타나고 있다. 엔닌의 당나라여행기는 신라상인 이신혜가 8년간 일본에 체재하면서 교역에 종사했으며 그는 장보고 해상무역체제 휘하의 사람이었다고 기록되어 있다. 장보고 대사는 하카다 대재부에 자신의 우호세력들을 구축하여 당나라와 일본 간 교역을 활발하게 중계했다.

재일신라인들은 상당수가 사회의 지도층으로 활동했었던 것으로 보인다. 그들은 일본의 대재부 등 상업도시에 거주하고 있었는데 대부분 일본정부가 필요로 하는 고급인력들이었다. 이들은 외국의 네트워크인 재당신라인과 협력하여 일본의 조공사들을 지원하고 주변의 일본인들에게 기술을 지도하기도 하였다.[96]

장보고 물류네트워크의 특징

첫째, 장보고의 청해진을 중심으로 한 해상무역조직은 환황해(環黃海) 네트워크의 구축이라는 목표를 두고 구축되었다는 점이다. 일반적으로 장보고 시대의 해양네트워크는 해상실크로드의 경우에서 알 수 있듯이 육지를 중심으로 하고 바다를 선으로 보는 육지중심적인 관점에서 형성돼 왔다. 그러나 장보고 네트워크는 동북아시아라는 지역을 바다를 중심으로 육지를 보는 바다 중심적인 관점에서 형성되었다는 점에서 특색이 있다.

이것은 청해진을 완도에 설치할 때 당나라와 신라, 그리고 일본이 위치하는 해역권을 고려하여 중심지인 완도에 위치를 선정했다는 점에서 잘 나타나 있다. 동아시아 지역경제 네트워크에 있어서 환해(環海)라는 개념이 도입된 것이 19세기 후반이라는 것을 고려하면 이미 장보고는 바다에서 육지를 보는 환해라는 개념을 고려하여 완도에 해상무역의 중심지를 마련했다는 점에서 앞서가는 혜안을 가졌다고 하겠다.

둘째, 장보고 물류네트워크는 세계적인 무역 및 물류제도에 대한 전문적인 지식을 알고 구축되었다는 점이다. 당나라는 그 시대 세계 최고의 문물중심지로서 잘 정비된 교역제도를 가지고 있었다. 장보고는 재당 시절 무령군 소장직의 경험으로 당나라 제도를 충분하게 파악하고 있었으며, 또한 무역에 종사하는 재당 신라인들과의 접촉을 통해 동아시아 교역시스템의 전모를 파악할 수 있는 기회를 가졌다.

그리고 청해진 설치 후 일본과의 교역을 통해 일본에 대한 제반 정세와 환경도 파악했을 것이다. 따라서 장보고는 이러한 지식과 경험과 자신의 열정과 전문적인 식견을 통해 동북아시아 지역의 문화와 관련제도, 그리고 경제적 수요와 수송환경을 파악하고 국제해상에 필요한 능력 있는 인재를 모집하여 환황해 해상지배권을 행사 할 수 있었던 것이다. 이러한 점에서 장보고는 나당일 3국의 문화와 교역제도를 두루 섭렵하고 교역책임자들과 인간적인 네트워크를 구축한 미래를 보는 전문가라 할 수 있을 것이다.

셋째, 신라인 중심의 네트워크라는 점도 특징 중의 하나다. 장보고 네트워크의 교역 및 물류활동의 주요 거점에서 활동하는 대부분의 사람들이 동족인 신라인이라는 사실은 오늘 날 종합무역상사가 해외로 직원을 파견하여 업무를 수행하는 것과 같이 효율성이 높았다는 것을 의미한다. 특히 산동반도 일대에 거주하는 재당 신라인들은 무역관련 노하우를 상당히 갖추고 있었기 때문에 물류네트워크의 효율성은 물론 이익극대화에 크게 기여했을 것이다.

넷째, 장보고 네트워크는 상업성과 경제성을 고려한 기업성격을 갖춘 물류네트워크라는 점도 강조돼야 한다. 당시는 그동안 성행하던 공무역인 조공무역이 중앙정부의 통제권이 약화되어 쇠퇴하면서 이를 대신하여 민간무역이 발전하기 시작했다.

이러한 정치, 경제적인 환경변화에 대해 장보고 대사는 통찰력 있게 파악한 후에 민간무역이 장차 더욱 발전할 것을 예견하고 심혈을 기울려 청해진의 무역체제 구축에 노력했다. 바다는 관리하기보다는 오히려 두려움의 대상이 된 것이 그 당시 상황인데도 적극적으로 바다경영에 뛰어든 것은 위험을 감수하고 기업을 경영하는 경영인의 자세와 같은 것이다. 그리고 교역 및 물류네트워크의 경쟁력과 효율성 여부는 그 네트워크가 얼마나 경제성과 상업성을 바탕으로 하여 운영되고 있느냐 하는 점에 달려있는데 장보고의 청해진 체제는 이러한 경제성과 상업성 기준에 맞게 운영됐다. 정부의 필요와 수요에 따라 관영무역도 하면서 상업성이 큰 민간무역을 활성화시킨 점이 바로 이를 말해준다.

다섯째, 물류네트워크는 신뢰성을 기반으로 구축돼야 성공의 확률이 높다. 그런데 장보고의 물류네트워크는 높은 신뢰성을 갖추고 있었다는 점이다. 예를 들면 당나라의 상품거래에 있어서 신라상인과 일본의 중간관리들 간에 신용거래방식이 상당히 정착돼 있었다는 것은 장보고 해상물류네트워크가 확고한 신뢰성을 가지고 있었다는 것을 보여주는 것이다. 특히, 당시의 상거래가 물물교환을 하거나 또는 현금매매가 원칙이었는데 대금을 먼저 지불하고 상품은 후에 인계하는 신용거래가 이뤄졌다는 것은 장보고 물류네트워크가 그만큼 높은 신뢰성을 가지고 있다는 것을 설명해준 것이다.

여섯째, 청해진 무역체제가 오늘날 물류네트워크의 중심(hub)과 지선(spoke)의 개념에 맞게 설치되고 운영됐다는 점이다. 장보고 물류네트워크의 본영인 청해진은 그 시대 최대 생산지이며 수요지인 신라의 수도 경주를 배후지로 두고 있으며, 동아시아해역에서 나당일 간의 항로가 가장 잘 연계되는 위치에 놓여있다. 이러한 사실은 오늘날에 있어서도 물류중심지인 중심항을 결정하는 가장 중요한 요인으로 작용한다. 청해진은 당나라 산동반도, 신라의 수도 경주, 일본 해상운송의 요충지 대재부를 연결하는 항로들을 고려할 때 중심성과 중계성를 모두 갖춘 곳이다.

청해진은 관리조직이라는 관점에서 보면 일종의 군산복합체적인 특성을 가지고 있다. 그중에서도 특히 강조돼야 할 점은 군사적인 조직인 병부 이외에 민간무역체제인 민부를 독립적으로 갖추고 있다. 그리고 이 민부 아래에 대일 회역사 및 견당매물사를 담당하는 책임자를 두고 있다. 그리고 자치단체로서 재당신라인을 위한 재당민, 병부조직을 두어 당나라 거점을 관리하는 해외지역별조직을 두었다는 점이다.

이러한 조직은 오늘날 국제물류에 있어서 로지스틱스 조직의 대표적인 모형이 로지스틱스 본부를 중심으로 국내에 사업부별, 지역별 조직을 갖고, 국외에는 국가별 로지스틱스 조직으로 구성되었다는 점과 거의 유사하다. 이는 장보고는 이미 그 당시에 현대적 의미의 로지스틱스 개념을 이해하고 물류네트워크를 국제적으로 편성하여 효율성을 높였다는 점에서 놀랄만한 일이다.

더욱이 청해진 체제는 군산복합체제로 장보고 대사를 정점으로 물류네트워크의 통합화, 일원화 원칙에 의해 운영됐었다. 이는 오늘날 물류활동이 점점 더 다양화, 다각화 추세에 있어 물류체제의 통합화, 일원화가 아주 중요한 개념이 되고 있다는 것을 고려하면, 이미 장보고는 그 시대에 통합화, 일원화된 물류조직을 운영했으니 그가 시대를 초월한 훌륭한 해상경영인이었다는 것을 다시 한번 깨닫게 해주는 것이다.

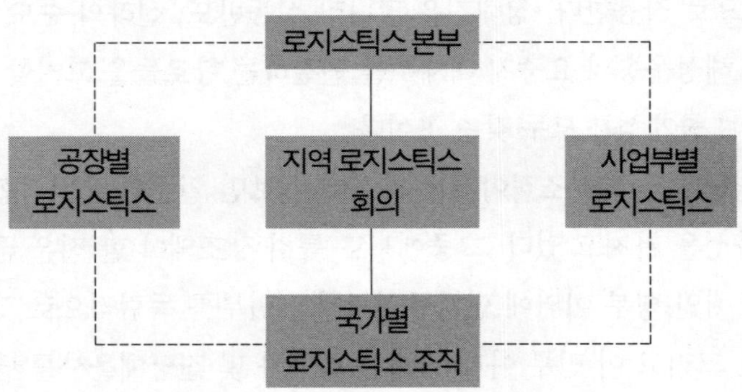

현대 국제물류 관리체계의 로지스틱스 기구

제3장

탈국가적 사고의 도전과 한계

글로벌 리더 장보고, 해상무역을 장악하다

장보고의 높은 식견과 뛰어난 CEO 자질

장보고가 청해진을 설치하고 황해의 해상왕으로 명성을 날릴 수 있는 첫째 근거는 그가 당시 해상무역에 대한 폭넓은 지식과 견식을 갖추고 있는데다 최고경영자(CEO)로서의 뛰어난 자질과 능력을 겸비하고 있었기 때문이다. 장보고는 재당 시절 이미 무령군 소령이라는 관직의 경험을 가지고 있어 군사전략가로서의 전문지식을 획득할 수 있었다. 이를 바탕으로 양민을 괴롭히던 해적 소탕에 능력을 발휘한 것은 잘 알려진 일이다. 또한 장보고는 재당 시절부터 재당 신라인 상인들과의 접촉을 통해 해상교역에 관한 전문지식을 습득할 수 있는 기회도 가졌다. 군사전략가와 해상교역에 대한 경험을 바탕으로 당시 국제정세를 정확하게 파악하고 해상교역에 대해서도 뛰어난 식견을 가지고 미래를 설계할 수 있는 탁월한 식견을 갖추고 있었던 것이다. 여기에 최고 기업경영자가 갖추어야 할 의사결정 능력과 조직과 부하직원들을 효율적이고 합리적으로 관리하는 능력까지 가지고 있었기에 청해진체제를 성공적으로 이끌어 나갔을 것이다.[97]

당나라의 시인 두목(803-852)이 그의 문집에서 장보고를 인의지심이 충만하고 지혜롭고 뛰어난 식견을 가진 인물로 평가하면서, '나라에 한 사람이 있으면 그 나라가 망하지 않는다' 라는 말을 인용하면서 장보고가 바로 그런 사람임을 극찬하고 있는 것을 보면 장보고의 자질과 능력이 얼마나 훌륭했는지 잘 알 수 있다.[98]

청해진을 3국 교역항로의 중심지로 활용한 점

장보고가 교역네트워크의 본영을 한반도 서남해안에 설치한 것은 국제무역의 성공을 위한 훌륭한 선택이었다. 당시 서남해안은 신라, 당나라, 일본 3국간을 연결하는 해상항로의 중심지였기 때문이다. 서남해안이 신라시대에 동북아 항로의 중요한 발착지였음은 택리지의 저저 이중환의 기록에도 나오고 있다. 이중환은 신라시대에 바닷길로 중국에 가는 길을 소개하고 있는데 그 항로가 영암 구림리 또는 월남촌에서 흑산도, 홍도, 소흑산도, 중국의 영파로 되어 있다.

일본 승 엔닌은 서남해 지역에서 중국의 산동반도를 통해 당나라로 들어갔다. 이는 신라시대 중국의 산동반도나 또는 산동반도 북단, 그리고 산동반도 남쪽 지역의 영파 등과 한반도를 연결하는 항로로 서남해안의 완도지역이 중요한 발착지가 되었음을 설명해주고 있는 것이다. 중국과 일본을 연결하는 안전한 항로도 한반도 서남해안을 거쳐 가는 것이다. 중국과 일본 간 항해 시 중간에 필요한 연료와 물품들을 보충하기 위해서도 한반도의 서남해안이 중요한 역할을 했던 것이다.

동북아 3국간 해상항로의 가장 중요한 중심지인 서남해안에 장보고 교역네트워크의 본부를 둠으로서 인적, 물적 교류를 활성화시키고 황해의 해상왕으로 등극하는데 큰 기여를 한 것이다. 그리고 청해진을 본부인 중심항만(hub port)으로 하고 중국 동해안 지역의 등주, 적산포, 초주, 연수, 명주 등 주요 항구와 일본의 대재부, 하카다 등 주요항구들을 피더항만(feeder port)으로 구축하여 해상교역의 효율성을 높인 것이 또 하나의 성공비결이 될 것이다. 청해진을 중심항으로 하고 중국의 연안항구와 일본 항구들을 지선항구로 이용하는 장보고의 무역네트워크는 현대의 물류네트워크 개념인 중심항과 연안항(Hub & Spoke)개념에도 맞는 전략이었다.

국제사회의 신뢰와 공인

장보고는 당시 중국과 한반도 그리고 일본 3국간의 전폭적인 신뢰와 공인을 받았다. 이것이 장보고 청해진 체제가 성공한 두 번째 비결이 될 것이다. 우선 장보고가 신라 정부의 신뢰와 인정을 받은 것은 청해진을 설치할 수 있었던 것만 가지고도 충분히 입증된다. 중앙정부와 독립적인 권한을 가지고 해상무역을 할 수 있다는 것은 당시 흥덕왕의 전폭적인 지원을 받았기 때문에 가능했던 것이다.

군사 1만 명을 지원받을 수 있었던 것도 흥덕왕으로부터 높은 신뢰와 인정을 받았기 때문에 가능했던 일이다. 중국과 한반도 그리고 일본 해상항로에서 무역에 종사하는 상인들을 괴롭히는 해적을 소탕하여 그들에게도 높은 신망을 얻었던 것은 이미 잘 아는 일이다.

당나라와 일본으로부터도 신뢰와 함께 인정을 받았다. 장보고는 당나라에는 견당사, 일본에는 매물사를 수시로 파견하여 현지의 무역상인들은 물론 관계 당국자들의 지지와 지원을 이끌어 내는데 성공했다. 또는 국제해상활동을 통해 벌어들인 수익을 과감하게 관계국가에 기부하고 환원하는 조치를 취해 당국자들의 자발적인 협조를 유도했을 것으로 보인다.[99]

적극적인 홍보활동

장보고는 자신의 교역활동에 대한 3국간 여론의 우호적인 분위기 조성에도 크게 노력했던 것으로 보인다. 일본의 천태종 스님 엔닌의 당나라 여행활동을 적극 지원했던 것은 일본의 지도층 인사에 많은 배려와 편의를 제공하여 장보고의 해상무역활동에 대한 지지와 협조를 이끌어내기 위한 것이었을 것이다. 장보고와 장보고의 교역네트워크에서 일하는 신라상인들은 엔닌과 함께 당나라 여행에 동행한 일본 유학승 엔사이나 이미 당나라에 건너와 중국 오대산 일대에서 수도생활을 하고 있던 일본 유학승 에가쿠 등에 호의를 베풀고 편의를 제공했다. 이러한 호의와 환대를 받은 일본인 수도승들이 일본으로 돌아가 장보고와 신라상인들에 대해 우호적인 여론을 조성하는데 노력했을 것이다.[100]

장보고에 대해 당시 일본 사회에서 우호적인 여론이 조성되고 있었던 것은 일본 사서에서 장보고(張保皐)를 특별한 의미를 가지고 있는 '張寶高' 로 표기하고 있는 것에서도 알 수 있다. 또한 장보고는 신라 선승들의 당나라 유학을 적극 지원하여 그들과 좋은 관계를 맺고 있었던 것으로 보인다. 신라 선승들이 대부분 장보고의 활약시기에 서남해안지방을 통해 당나라에 유학을 떠났는데 장보고가 이들의 유학을 후원했을 가능성이 크다. 장보고와 그 휘하에서 일하던 사람들은 당나라 스님들에게도 많은 지원을 했을 것으로 보인다.

교역상품의 탁월한 선택

장보고가 교역상품을 탁월하게 선정한 것도 그의 성공비결이다. 최근의 교역에서도 성공하기 위해서는 어떠한 상품을 수출할 것인가 또는 어떠한 상품을 수입할 것인가 하는 것을 결정하는 것은 매우 중요한 일이다. 충분한 수요가 있는 제품을 선정했을 때는 성공하지만 수요가 없거나 수요가 충분하지 못한 경우 수익을 내기 어렵고 이렇게 되면 계속적으로 사업을 지속하기 어렵기 때문이다.[101)]

장보고가 당나라에 보낸 매물사는 교관선을 이끌고 당나라 동해안 지역을 다니면서 당나라 화물을 수집하고, 아라비아, 페르시아 등 서방지역의 교역물품이 수입되는 양주항에 들러 이들을 구매하여 신라와 일본에 공급하는 국제무역업을 했던 것이다. 당시 양주항에서 구입하는 서방지역의 교역품들은 남해박래품이라고 불리는 고급 사치품으로 신라와 일본 귀족사회에서 그 수요가 대단했었다고 한다.

특히 장보가 중요하게 여긴 물품은 도자기였다. 장보고가 서남해안 지방인 강진군과 해남면 지역에 대규모 생산단지를 조성하고 중국 도자기 기술을 이전시켜 도자기 생산에 나섰던 것이다. 이것이 우리나라 도자기 산업의 씨를 뿌린 것이며 고려청자의 개발도 그 산물이라는 것이 학자들의 견해다.

신라인의 뛰어난 항해술과 조선술

미국의 라이샤워 교수는 일본의 천태종 승려 엔닌이 기록한 '입법구당순례행기'를 읽고 장보고가 해상왕이라고 극찬했다. 동양에 대해 탁월한 식견을 가진 라이샤워 교수가 장보고를 극찬한 이유는 장보고가 통일신라시대에 황해의 해상권을 지배하면서 위대한 업적을 남겼기 때문이다. 장보고가 황해의 해상왕으로서 그 위세를 드높일 수 있도록 성공한 비결은 우선 무엇보다도 신라인들의 항해술과 조선기술이 뛰어났기 때문에 가능했을 것이다. 당시 일본 사서에 신라배를 칭송하는 다음의 기사들을 보면 신라인들의 항해술과 조선술이 얼마나 뛰어났었는지 알 수 있다.

"대재부에 명하여 바람과 파도를 능히 감당할 수 있는 신라배를 만들도록 하였다".

" ― 전해 듣건대, 신라배는 능히 파도를 헤치고 갈 수 있다고 하니, 바라건대 신라배 6척 중에서 1척을 나누어 주십시오"라 하니, 이를 허락하였다.[102]

엔닌의 일기에도 일본 조공선의 항해는 전적으로 신라 선원의 도움을 받아 이뤄지고 있었음이 도처에 나타나고 있어 신라인들이 조선술 못지않게 항해술도 역시 뛰어났다는 것을 알 수 있다. 엔닌 일행을 태운 조공선의 통역인 역시 신라인 김정남과 임정남이 맡았는데 이들은 통역 이외에도 항로와 현재의 배의 위치를 정확히 조언해주고 여행에 관한 모든 일정을 계획하고 주선하는 안내역을 겸한 것으로 돼 있다. 이는 당시 신라인들이 항해에 대한 지식이 높은 수준에 있었다는 것을 의미한다.

장보고의 죽음과 사라지는 해상왕국

장보고 사후 청해진

갑작스러운 장보고의 죽음 후에 청해진은 이창진이 이끄는 친 장보고세력과 친 염장세력으로 양분되어 무력충돌이 발생하였다.

하지만 오래가지 못하여 이창진 세력은 염장세력에 의해 진압되고 말았다. 이창진 세력이 토벌되자 그를 따르던 사람들은 청해진을 떠나 일본과 중국으로 흩어지기 시작하였다. 염장의 편에 있던 이소정이 일본에 가서 "반란의 무리들이 포위망을 빠져나가 당신들 나라에 도착하여 백성들을 소란스럽게 할까 걱정되니, 만약 그쪽에 도착한 배 가운데 공식문서를 지참하지 않은 자가 있으면 현지에 엄히 명하여 심문하고 붙잡아 들이도록 하십시오"라는 말에서 알 수 있는 것처럼 많은 청해진 사람들이 일본으로 망명하였다.[103]

청해진을 장악하기 위한 투쟁과 갈등은 장보고 유산의 귀속문제를 둘러싼 분쟁으로도 이어졌다. 장보고가 암살되기 전에 무역선을 이끌고 일본으로 갔던 회역사가 청해진으로 돌아오니 장보고가 암살되어 있었고 이에 다시 배를 돌려 일본으로 돌아갔다. 염장은 배를 찾으려고 일본으로 사람을 보냈으나 일본정부의 거절로 물건을 찾지 못하였다.[104]

후계자 양성의 부재

장보고의 암살에 성공한 염장은 장보고의 부하들을 앞에 두고 자신을 따르기를 강요하였다. 이때 염장에게 대항하는 자가 없었다고 한다. 그로부터 2개월이 지난 후에야 장보고의 부장이었던 이창진이 염장에게 대항하기 위하여 군사를 일으켰다. 이를 보면 장보고가 죽고 난 후 청해진에는 염장에게 대항할 만한 능력이 없었다는 것을 알 수 있고 그동안 청해진이 장보고 개인의 능력에만 의존하고 있었다는 것을 알 수 있다.

뛰어난 리더라면 자신이 없더라도 조직이 운영될 수 있도록 체재를 갖추어야 하며 뒤를 이을 인재들을 양성했어야 했다. 만약 장보고의 뒤를 이을 인재들이 청해진에 더 있었다면 그렇게 쉽게 청해진이 사라지지는 않았을 것이다.

인적 관리체제의 붕괴

장보고대사는 탁월한 능력을 발휘하여 해상 무역을 독점할 수 있었으나 그의 사업은 신라의 경제기반과 연계되지도 못하였고 정부정책과도 멀리 있었기 때문에 신라사회에 뿌리를 내리지 못하였다. 단지 개인중심의 막강한 경영권과 경제력의 집중만 이루어졌을 뿐이었다.[105] 따라서 장보고 사후 대중국, 대일본 무역은 퇴조의 길로 들어서게 되었던 것이다.

이렇듯 장보고에 의해 이루어졌던 재당, 재일신라인과의 네트워크를 염장이 이끌고 나가지 못하게 되어 인적 네트워크도 붕괴되었고 마침내 장보고를 정점으로 뭉쳐있던 해상 세력은 재당신라인, 재일신라인, 그리고 청해진 중심의 서남해 해상세력 이렇게 셋으로 다시 분리되고 말았다.

문성왕에 이르러 신라 왕실이 평온을 되찾자 약하긴 하지만 여전히 군사력을 보유 하고 있던 청해진이 부담스러워지기 시작하였고 결국 장보고 사후 10년 후 851년 청해진은 폐지되었다.

조선기술의 퇴화

장보고는 자신의 능력으로만 청해진을 운영하였고 해상세력을 장악하였다. 뛰어난 리더였음에는 분명하나 결국 그의 죽음 후에 청해진에는 남는 것이 없게 되었다. 그를 잇는 후계자가 없었기 때문에 청해진의 인적 네트워크는 붕괴되었고 뛰어난 기술을 갖고 있던 인재들은 뿔뿔이 흩어져 버리게 되었다.

동북아 해상을 장악하고 독점해오던 장보고가 사라지자 그와 함께 신라의 해상세력도 사라지게 되고 군소 해상세력만 남게 되었다. 신라의 해상세력이 급격이 줄어들게 됨에 따라 선박에 대한 필요성도 감소되어 결국 조선기술이 퇴화되기에 이르렀다. 이러한 조선 기술들은 결국 이조시대에 이르러 다시 부활하게 된다.

물류체제의 붕괴

무역거점 역할의 상실 ‖ 혼란스러웠던 청해진은 점차 안정을 찾아갔으나 염장이 다스리는 청해진은 장보고가 있던 청해진과 같을 수가 없었다. 서남해안의 많은 군소 무역업자들이 통제를 벗어나 불법적인 무역을 자행하기 시작하였으나 약해진 청해진의 군사력으로는 이들을 관리 할 수 없었고 결국 동북아 무역의 거점역할도 점차 시들어 갈 수 밖에 없었다.

무역 독점의 부작용 ‖ 일반적으로 독점의 상태에서는 장기간 막대한 이윤이 발생하게 된다. 장보고는 해적을 소탕하고 해상무역을 독점함으로써 막대한 이윤을 얻을 수 있었다. 하지만 지방의 군소 해상세력은 반대로 이익을 잃게 되었다. 장보고 사후 신라의 해상권은 급격하게 줄어들게 되었다. 만약 당, 일본과의 교역이 독점이 아닌 경쟁 속에서 이루어졌다면 청해진 소멸 이후에도 신라의 해상무역은 활발하게 이루어 졌을 것이다.

청해진 무역활동의 단절 ‖ 앞에서 언급했던 것처럼 청해진 붕괴 이후 인적 네트워크가 함께 무너지고 말았다. 이로 인해 해상세력은 다시 재당신라인, 재일신라인, 서남해안 해상세력 등 셋으로 분리되고 말았다. 무역활동이란 결국 사람과 사람간의 교류가 있어야 이루어 질 수 있는 것이다. 사무역 형태로 신라의 무역은 계속되었지만 인적 네트워크가 붕괴됨으로 인해 청해진을 통한 무역활동도 결국 함께 붕괴되고 말았던 것이다.

물류클러스터의 기능 소멸 ǁ 물류란 결국 무역을 뒷받침하는 기능이다. 청해진의 역할은 해상무역이 원활하게 이루어지게 하는 물류클러스터였다. 장보고 사후 무역활동이 단절됨에 따라 청해진의 물류클러스터 역할도 점차 소멸되고 말았다.

제4장

침몰하는 해상왕국

고려초기의 해상물류 어떻게 되었나

고려초기의 교역

고려는 태생적으로 해양경영에 힘입어 일어난 나라이다. 고려를 건국한 태조 왕건은 해양호족세력 출신으로서 건국 전에는 궁예 예하의 백선장군(百船將軍)으로 현재의 해군대장이었으며, 건국 후에도 해군 총관역을 맡아 고려 건국의 기틀을 다졌다. 사실 왕건은 장보고가 쌓아올린 해양경영의 위업을 이어받아 그 해상왕국이 붕괴된 지 70년도 채 안되어 고려를 일으켜 세웠다. 그래서 해양경영이라는 측면에서 보면 고려는 장보고 해상왕국의 계승국인 셈이다. 고려의 국가적 성격을 논할 때, 흔히 '귀족적 성격', '불교적 성격' 이나 혹은 '대외적 성격' 이니 하는 말로써 표현한다. 여기서 '대외적 성격' 이란 '세계성' 과 상통하는 말이다. 고려는 해양경영을 비롯해 활발한 대외교류활동을 통해 만방에 널리 알려지게 되었을 뿐만 아니라, 국력을 상승시켜 나갔다.

이때부터 서구인들의 뇌리에는 우리나라가 '코레아(고려)' 란 이름으로 각인되게 되었다. 1224년 프랑스 루이 9세가 원나라에 파견한 사신 루브룩이 그의 여행기에서 '섬의 정부 카우레' 라고 한마디 한 것이 서구에 알려진 한국에 대한 첫 소식이자 이름이며, 그 후 페르시아의 역사가 라시둣 딘이 세계 통사격인 〈집사〉(1307~1311년)에서 고려를 '카올리' 라고 지칭함으로써 '코레아' 라는 이름이 서구에 퍼지게 되었다.

고려시대는 이전 삼국시대, 통일신라시대와는 달리 왕권 강화를 통한 중앙집권적 국가체제로 모든 정치, 경제, 사회, 문화의 중심이 수도에 집중되었다. 교역활동 역시 중앙집권적 국가체제 정비 정책에 맞추어 교역활동의 국가 간섭이라는 변화를 가져오게 되었는데 교역활동의 국가 간섭은 지방 세력의 제어와 국가 수입의 증대라는 두 가지 측면에서 파악 할 수 있다.

첫째, 지방 세력의 제어를 위한 교역활동의 제한으로 신라 하대 장보고의 무역활동 등으로 전성기를 이루었던 해상물류활동은 고려시대에 들어와서 신라와는 다른 형태의 발전 현상을 보이게 된다. 이는 신라 하대 정치적 혼란기를 지나오면서 혼란의 원인이 지방분권세력(지방군벌, 호족 등)이라고 파악하여, 중앙집권체제를 통한 사회 안정을 도모하였기 때문이다. 따라서 지방 세력 제어차원에서 사무역(私貿易)을 제한하게 되어, 무역형태가 사무역(私貿易) 중심에서 고려 초기는 공무역(公貿易) 중심의 교역이 주류를 이루게 된다. 해상세력들이 자유로이 국제교역을 활발하게 전개하는 것은 국가의 중앙집권화 정책과 방향을 달리하는 것이며 특히 지방 호족으로 정권 창출에 성공한 고려 태조 왕건으로서는 지방 세력을 견제하며 왕권을 강화하는 정책을 펼쳤다. 그리하여 고려는 국가 간 공식적인 교역관계 위주로 편성하되 민간 사무역에 대해서는 적극적으로 개입하려고 하여 민간 사무역은 국가의 허가를 전제로 가능하게 되었고, 사무역은 상인이 외국에 파견되는 사신과 동행하여 교역하는 것이 주요형태가 되었다. 그러나 국가의 감시를 피해 행해지는 밀무역(密貿易)의 형태도 있었다.

둘째, 국가 수입의 증가에 필요로 중앙집권화를 추진하기 위해서 태조 왕건은 적극적인 호족 포섭 정책을 펼쳤으며 이러한 정책을 집행하기 위해서는 막대한 자금이 필요하였다. 또한 관료중심적 정치체제를 이루기 위해서는 경제력을 국가가 장악할 필요가 있었기에 국가 수입을 증대시키기 위한 제도적 방법으로서 사무역(私貿易)을 제한하게 되었다.

고려는 중국을 비롯한 주변 국가들과 변하는 정세에 따라 능동적으로, 그리고 자주적으로 사신을 통한 공무역과 상인을 통한 사무역을 적절하게 배합하여 최대의 이익을 취하는 실리적 무역정책을 추구했다. 이웃 일본과는 김해에 설치한 동남해도부서를 매개로 접촉과 교역을 진행하였다. 997년 고려는 세 통의 서한을 일본으로 보내 통상을 요구했지만 내치에 여념이 없던 일본은 요구에 응할 수 없었다. 따라서 고려는 500여 척의 전함으로 공격을 준비하자 일본측에서는 방어진을 구축하고 버티려 했으나 결국 고려의 요구에 응할 수밖에 없었다. 그 후 일본인들이 진봉선(공물을 바치는 배)에 상품을 싣고 김해에 와서 공물을 바치려고 하자, 조정에서는 위신을 고려해 공물을 세자에게는 허용하나 왕에게는 불허하고, 비밀 누출을 우려해 해로로만 개경에 오도록 하였다.

동아시아 교역구조의 변화

고려의 이전시대는 명실 공히 사무역의 시대라고 할 수 있다. 장보고의 청해진으로 대변되는 해상세력은 상업으로 이룬 부와 사설 군사력을 바탕으로 중앙정부에서는 제어하기 힘든 세력을 이루었다. 장보고의 비극적인 죽음 이후 청해진은 해체되었으며 장보고의 해상 경영의 맥을 잇는 고려 태조는 해상과 상업을 적극적으로 권력의 기반으로 이용하되 국가에서 장악하기 위하여 노력하였다. 그러한 이유로 고려시대에 사무역은 이전의 장보고 시대에 비하여 쇠퇴하게 되었다.

사무역의 쇠퇴에도 불구하고 고려시기에 국제교역은 매우 활발하였다. 고려 정부에서도 상업을 적극 장려하였고 가장 활발한 교역국인 송(宋)측에서도 적극적인 통상정책을 취하였기 때문에 조공무역(朝貢貿易)[106] 이외의 사상(私商)의 활동도 크게 활기를 띠었다. 개경에는 송상(宋商)을 비롯한 여러 나라의 상인들이 왕래하였는데 개경에 이르는 예성강 입구에 벽란도(碧瀾渡)가 자리하고 있어 국제 교역항의 위치를 점하고 있었다. 송을 비롯한 외국과 활발한 교류를 하여 고려의 국명이 서양에 알려져 "Corea"라는 호칭을 얻기에 이르렀다. 고려시기에는 중국대륙에 여러 왕조가 성쇠를 겪어, 고려는 여러 나라와 교역하였는데 나라마다 교역하는 방법이나 물품, 그리고 거래 장소와 통로가 상이하였다.

고려와 송의 교역이 활발했던 것은 송조의 상업정책과 관련이 있다고 할 수 있는데 송은 늘어나는 재정지출을 극복하기 위해 상인들의 상업 활동을 보호 내지 장려해 주는 대가로 세금을 부담지워 세입의 부족을 보충하고자 송 태조 때부터 상세(商稅)의 규례(規例)를 정하고 서남제국(西南諸國)과도 교역을 활발히 하였다.

고려와 송의 무역은 크게 조공무역과 민간무역으로 나누어 볼 수 있다. 조공무역은 조공품(朝貢品)과 회사품(廻賜品)의 형식으로 교역이 이루어졌다. 양국 간에 교역되었던 국신물(國信物)은 그 품목이 30가지를 넘고, 물량 면에서도 막대하여 국교를 상징하는 단순한 것이 아니라 공무역의 품목이라고 할 수 있다. 실제로 송의 조정에서는 고려의 공물을 상품과 같이 취급한 예도 있었는데 고려 광종 13년(962)부터 명종 3년(1173) 사이에 고려의 사신이 송에 간 것이 약 60회이며 송의 사신이 고려에 온 것이 약 30회였다. 한편 민간무역은 공적인 조공무역보다 훨씬 활발하여 송상인의 내항횟수는 고려 현종 3년(1012)부터 충렬왕 4년(1278)까지 약 120여 회에 달하였고 내항한 송 상인의 총인원은 약 5천명에 달하였다. 송과의 민간무역은 현종 때부터 빈번하였는데 특히 문종 때 가장 활발하였다. 이러한 민간무역 역시 국가의 통제를 받았으며, 이러한 현상은 조선 임진왜란 이후까지 계속되었다. 민간무역은 공무역과는 달리 국경지역에서 주로 밀무역 형태로 이루어 졌다. 국가적인 측면에서 보면 국가의 기본 정책과는 상반된 형태의 밀무역이지만 현실적으로 자국의 필요한 물건을 조달하는 형태를 띠었기 때문에 정부의 묵인 하에 무역이 이루어 졌으며, 정부는 민간무역에 종사하는 상인을 관리 · 감독하는 것으로 민간무역을 조절하였다. 이러한 형태는 조선까지 유지되었다.

민간 무역을 통하여 송나라에서 들어오는 상품은 비단, 금은공예품, 자기, 약재 등이며, 특히 불경과 유학서, 의학서 등 서적이 많았다. 고려에서 수출하는 상품은 나전칠기, 도자기, 옷감, 붓, 부채, 무기, 마구류 따위가 중심이었다. 송나라 수도 개봉에서는 고려의 비단과 도자기, 종이, 먹, 부채가 명물로 인기가 높았다. 송나라는 고려의 사신이나 상인을 위해 고려관을 따로 지어 편의를 보아주며 항상 융숭하게 접대했다. 이에 소식(蘇軾)같은 문인은 접대 부담과 기밀 누설, 진서의 유출 등의 다섯 가지 이유를 들어 고려와의 교역에서는 송나라는 '조그마한 이익도 없는데 고려는 큰 이익을 얻는다.' 고 나무라기도 했다. 사실 고려는 대송 무역에서 여러 가지 특전을 누리고 있었는데, 그 대표적인 예로 송나라가 일반 외국인(상인)에게는 상품가격의 15분의 1을 관세로 징수하나, 고려 상인들에게는 그보다 싼 19분의 1을 받았다. 이는 고려 상인에 대한 송나라의 의존도를 알아 볼 수 있는 사실이며, 두 나라의 교역 관계에서 고려 상인이 주도적인 위치를 가지고 있음을 증명하고 있다.

고려와 송의 빈번한 무역관계에도 불구하고 무역권역이 장보고가 활약하던 신라 하대보다 감소한 이유는 송나라의 적극적인 상업정책이 그 원인이라 할 수 있다. 송나라의 적극적인 상업정책은 당나라 말기 여러 상인들에 의하여 직접 교역되었던 중국 서부지역의 교역을 국가에서 흡수하였다. 따라서 송나라는 중국 내부의 상업 활동을 정부의 관할 아래에 두고 관리 · 감독하는 한편 상대적으로 거리가 멀어 직접 관리 · 감독하기 힘들고 문치주의로 인한 군사력의 약화 등의 이유로 황해의 관리는 역시 강력한 상업정책을 펴고 있었던 고려와 협력한 것으로 보인다. 고려 초기의 적극적인 송과의 교역은 남송시대에 이르러서는 급격한 쇠퇴를 가져왔으며 이러한 상황은 고려에게도 영향을 주어 고려의 대외무역 역시 감소되었다. 즉, 송의 남하로 인하여 기존의 상업 중심지의 상권이 더 이상 송나라의 관리에 있지 않고, 송의 보호를 받던 기존의 상업 세력이 쇠퇴함으로 고려의 주된 국제 무역 상대국이 송나라이었으므로 고려 역시 영향을 받은 것으로 보인다. 장보고가 당나라 말기의 혼란을 기회로 삼아 적극적으로 서쪽으로 진출하여 직접 교역한 것과는 달리 고려는 상업 활동에 있어서 송나라와 활동지역의 구분이 있었으며, 이것이 두 나라간의 물류 협력의 모델이 되었다. 하지만 송나라의 쇠퇴로 인하여 직접적인 영향이 고려에게도 전해져 고려 역시 상업 활동이 쇠퇴되게 되었다.

송과 무역에 이용되었던 길은 개국 초기에서 문종 28년(1074)까지는 산동(山東)의 등주(登州)방면에서 거의 직선 통로를 택하여 대동강어구의 초도(椒島) 옹진구(甕津□) 예성항(禮成港)에 이르는 길이 중심이었으며 그 이후에는 거란의 위협을 느껴 남쪽으로 바뀌어 벽란도에서 출발하여 안흥항(현재 태안의 안흥항이 아니라 안흥항 맞은편에 있는 지금의 신진도를 말하며 당시의 이름은 要兒鎭임)을 거쳐 흑산도를 지나 중국의 절강성 명주까지 이르는 무역로가 주로 이용되었다. 예성강에서 출항하여 자연도(紫燕島), 마도(馬島), 군산도(群山島)를 거쳐 서남으로 나아가 명주에 도달하는 항로는 명주 · 정해에서 순풍을 만나면 3일 만에 바다 가운데로 들어갈 수 있고, 또 5일이면 흑산도에 도달하여 고려 국경에 들어갈 수 있는 빠른 뱃길이었다. 고려와 송 사이의 위와 같은 빠른 항로의 확보는 두 나라의 교류를 더욱 활성화 되게 하였으며 이 무역로를 통하여 송나라와 서아시아의 상인까지 고려에 출입하며 무역활동을 전개하였다.

고려는 적극적인 해양경영을 통하여 국가의 상업정신을 현실화하였다. 송나라를 포함한 그 교류망은 중국 국경을 넘어 멀리 동남아와 대식(아랍)까지 뻗어갔다. 장보고 시대에 이미 신라 상선이 중국의 남단 광주까지 진출한 데 이어, 고려시대에는 그 서쪽 지역인 인도, 대식국(大食國, 사라센 제국)까지 왕래와 교류가 확대된 사실이 〈고려사〉를 비롯한 여러 서적에 기록되어 있다. 11세기 전반에

하선, 보나합 등의 회회족, 즉 아랍-무슬림 상인 수백 명이 세 차례나 집단적으로 개경에 와서 수은, 몰약, 소목(蘇木, 외과용 약재)등 방물을 바치고 비단 등을 하사 받았다. 25대 충렬왕 때에는 인도 동해의 코로만델 해안에 있는 작은 나라 마팔아국(馬八兒國 : 모바르)의 왕자 패합리가 침향, 면포(일명 서양포)등 공물을 보내왔다. 이에 앞서 충렬왕은 대신 채인규의 딸을 공녀로 원나라 승상 상가(桑哥)에게 시집보냈는데, 상가가 피살되자 원의 속국인 마팔아국 왕자에게 재가시켰던 것이다. 결국 고려와 인도양의 한 소국 간에는 이렇게 정략적인 혼인관계가 이루어지게 되었다. 이러한 정략혼은 당시 원, 고려 등의 국가 간에 교류에서 적지 않게 그 예를 찾아 볼 수 있으며, 국가 교류의 대표적인 예 이기도 하다. 그 밖에 고려는 오늘의 베트남이나 타이, 캄보디아 등 동남아 나라들과도 여러 가지 교류관계를 맺고 있었다.

당시 고려의 교역망은 동남아 · 인도 · 아랍까지 퍼져 있었으며, 당시 주요 교역품이었던 청동거울에 새겨진 배 문양을 통해서 당시 해상무역이 번창했음을 보여주고 있다. "고려는 문화와 예악이 융성하고 상선들이 끊임없이 출입하여 날마다 귀중한 보화가 항구로 들어오니 중국으로부터는 도움 받을 것이 없다."라고 한 11대 문종의 말은 고려의 당당한 자신감과 활기찬 기상을 말해주고 있다. 고려인들은 자신들의 왕을 '해동천자(海東天子)', 즉 중국의 천자와 대등한 동방의 천자라고 불렀으며, 중국의 사신에 대해서도 다른 나라의 사신과 마찬가지로 사대(事大)의 예가 아닌 보통 '손님의 예'로 맞이했다. 이렇게 자기중심의 자주적 천하관을 지녔기에 고려는 동방 일각에서 세계를 향한 선진해양강국답게 중세의 지평선 위에 우뚝 설 수 있었다. 이것은 우리 역사에서 매우 의미심장한 교훈이라고 생각한다.

특히 고려의 해양국가로서의 위치는 국가체제의 확립과 상업 활동을 통한 국부의 창출이라는 두 가지 측면에서 생각해 볼 수 있다. 첫 번째, 국가 체제의 확립은 전술한 바와 같이 고려는 초기에서 중기로 진행하면서 국가체제를 왕권중심의 중앙집권체제로 발전시켜 왔다. 고려가 송, 일본과의 사이에서 상업에서 주도적인 위치를 유지·발전할 수 있는 배경에는 강력한 왕권을 통한 중앙집권체제를 이룩하였기 때문이다. 앞선 시대에 장보고가 상업을 발전시키기 위

고려의 대외 무역도

하여 군사력을 이용하여 해적을 제어한 것처럼 고려 역시 상업발전 이전에 강력한 국가체제가 기반이 되어 해상활동이 가능했음을 알 수 있다.

장보고의 해상활동이 장보고라는 걸출한 인물의 능력으로 가능했다면 고려의 해상활동은 국가 체제의 확립을 통해서 더욱 견고한 위치를 가지게 됨을 알 수 있다. 고려시대 벽란도는 장보고 시대의 청해진 만큼 활발한 교역의 중심지였다. 이런 지역에 해적의 출몰은 당연한 것이었으며, 고려의 역사를 기록한 〈고려사〉 등의 책에 해적에 대한 기록이 거의 없는 것으로 보아 고려는 강력한 해군력을 바탕으로 제해권을 장악하였으며, 이를 통하여 상업 활동을 전개한 것으로 보인다.[107] 두 번째로 고려는 상업을 통하여 국부를 창출하게 된다. 앞에서도 이야기 한 바와 같이 고려는 강력한 군사력을 가지고 있었다. 고려는 강력한 군사력을 바탕으로 요나라의 침입을 3번이나 물리치며, 그들에게서 강동 6주를 얻어낸다. 또한 중기에 별무만 17만 대군으로 여진족을 토벌하여 송화강 유역까지 진출하였다(윤관의 동북 9성). 이는 같은 시기 송나라가 거란족에게 연전연패하고, 나라를 보존하고자 전연의 맹을 맺어 거란족에게 공물을 바쳐 나라를 보존한 것과는 완전히 다른 모습이다. 고려는 초기부터 왕권중심의 중앙집권 국가는 아니었다. 고려 태조 왕건은 지방 호족 세력을 그 권력의 기반으로 하여 왕권이 그리 강력하지는 못하였다. 따라서 왕건은 지방 호족에 대하여 결혼 정책을 통해 호족을 아우르게 된다. 하지만 결혼정책과 같은 정책은 미봉책에 불과하며 근본적으로 호족을 제압할 수는 없다. 따라서 고려 초기의 지방 정책은 상당 부분 지방 분권적인 모습을 보인다. 하지만 고려 광종에 이르러서 중앙집권체제를 형성하게 되는데 이때에 필요한 많은 정치적인 비용들을 해상활동을 통하여 조달하게 된다.[108] 이는 고려 태조 왕건이 상당부분 장보고의 해상정신을 계승한 것으로 볼 때 고려 초기 왕권 강화의 중요한 한 부분을 해상활동이 담당하였다고 생각할 수 있다. 이렇게 형성된 왕권은 강력한 군사력을 그 기반으로 하며 이 군사력을 바탕으로 고려는 동북아시아에서 주도적 해양국가의 모습을 가지게 된다.

송나라가 고려에 군사력을 요청한 것으로 보아 송나라의 수도 개봉과 상당한 거리가 있는 황해의 안전은 상당부분 고려에 의탁한 것으로 보이며, 고려가 일본에 군사적 행동을 취한 기록으로 보아 일본에 대해서도 고려의 군사력이 미친 것으로 판단된다. 따라서 황해안의 안전은 고려 군사력으로 유지한 것으로 보인다. 상업 역시 마찬가지로 황해 제해권을 가진 고려의 역량이 컸을 것으로 판단되며 이러한 고려의 중상주의 정책은 고려의 국부로 이어졌다고 생각된다.

바다를 통해 연결되는 해상경제

선박과 교역로

고려를 건국한 왕건 역시 해상무역세력으로서 성장하여, 고려는 국초부터 조운(漕運)에 힘써서 서해안(西海岸)에 곡창(穀倉)을 설치하고 해로(海路)로 운반하였다. 이를 위해서 천석의 곡물을 실을 수 있는 크기의 조운선(漕運船)인 초마선(哨馬船)을 만들어 사용했으며 해로(海路)를 통한 조운(漕運)은 중국보다도 300년 앞서서 시작된 방식이었다. 그러나 해양선박(海洋船舶)자체는 별반의 발전이 없었으나 기록에는 더 큰 선박을 건조하려 했으나 요나라의 눈치를 보아 중지했다는 기록[109]이 있으며 몽고 침입시 몽고가 고려에 일본 원정(遠征)을 위한 선박(船舶)을 요구하여(1268), 쌀 4천석을 싣고 대해를 건널만한 튼튼한 배 천쌍(千雙)을 건조토록 명령했을 때, 대선(大船) 3백, 소선(小船) 6백 척을 4개월 반(半)만에 건조하여 원정에 투입하였는데 이때 태풍을 만나, 중국(中國) 강남(江南)에서 보내온 전선(戰船)들이 거의 다 부서졌으나 오직 고려 배들만이 온전했다고 중국 측 기록[110]이 있다. 이러한 기록으로 미루어 볼 때 고려의 선박 건조 능력은 해협(海浹)을 운항할 정도의 선박에 대한 신속하고 착실한 건조능력은 갖고 있었다고 할 수 있다.

고려는 송과 거란(요), 여진(금)과 후에는 원(몽고)와 교류를 했는데 송의 경우 북쪽에 거란과 여진, 몽고가 있었기 때문에 육로로 교역을 할 수 없어서 항상 바다를 통해서 교역을 해야 했다. 고려에서 송으로 가는 항로(航路)는 북방로와 남방로가 있었는데, 북방로는 송과 교역에서 초기에 주로 쓰였고, 뒤에 화북(華北) 만주 지역에서 거란의 세력이 강대해짐에 따라 남방로(南方路)로 변경되었다. 이러한 두 항로는 나중에 원이 중국을 통일한 다음에도 군사적으로도 이용이 되기도 했는데 그것은 원의 일본 원정시 정벌 해로를 사용했으며, 이후 이 해로는 후에 원과 고려를 잇는 교역의 항로로써 활발히 이용되었다.[112]

남방항로는 산동반도의 등주 → 옹진반도의 북로와 강남의 명주 → 봉래 → 회하 입구 → 흑산도 → 한반도 서해안 → 개경의 남로이었고, 북방항로는 옹진반도의 직서 항로와 등주 → 중국의 북쪽 연안 → 발해안 → 한반도 서해안 → 개경의 북로였다. 해로는 바람의 방향 및 출발 과정에 따라 약간의 차이가 있지만 남북 항로 모두 편도 2~3일 정도 소요되었다.

벽란도

고려시대 해상활동의 중심에는 예성강 하류의 벽란도가 있었는데 통상적으로 벽란도를 섬으로 인식하고 있으나 벽란도는 섬이 아니고 '도(渡)' 란 고려시대부터 서울을 중심으로 한 경기 일원에 제도적으로 설치된 나루를 지칭한다. 강폭의 넓이에 따라 도(渡)와 진(津)으로 구분했다. 예성강의 벽란도(碧瀾渡), 임진강의 하원도(河源渡) 등이 있었고, 한양으로 천도한 다음인 조선 초기에는 한강의 한강도, 양화도만을 남겨두었다.

벽란도는 현재 황해북도 개풍군 예성강 하류에 있는 나루터를 의미한다. 황해도 고달산에서 발원하여 남쪽으로 흐르다가 경기도와 황해도의 경계를 따라 흘러 황해로 들어가는 예성강은 비교적 물이 깊어 선박이 자유로이 통행할 수 있고, 고려의 수도인 개경에서 30리 떨어진 황해연안에 위치하여 국제항으로 성장했다. 원래 예성항이라고 불렸으나 그곳에 있는 벽란정(碧瀾亭)이라는 관사가 있어 송나라 사신 일행이 묵었는데, 그 벽란정의 이름을 따서 벽란도라고 불렀다. 특히 고려 중기에는 송나라와 일본뿐만 아니라 남양군도와 서역지방의 상인들과도 활발히 교역하였다. 이에 따라 고려 정부에서는 관원을 파견하여 국가의 허락없는 상행위를 통제하고 관리·감독하였다.

중국 사신이 벽란도에 들어오면 벽란정으로 이끌고 우벽란정에 조서(詔書)를 안치하고, 좌벽란정에서 사신을 대접하여 사신이 도착하거나 떠날 때 반드시 하루씩 묵었다가 갈 수 있게 하였다. 벽란도에서 개경까지는 동서로 도로를 만들어 놓았고, 뱃사공을 배치하여 사신이 개경에 갔다 올 때까지 선박을 지키게 하였다. 이러한 사실은 매우 중요한 것을 나타낸다. 동아시아의 정치 질서는 중국에 의해서 결정되는데 중국의 사신이 벽란도를 통하여 고려에 들어간다는 것은 벽란도가 가장 안전하고 가장 활발한 항구임을 시사한다. 또한 위치적으로 수도와 가깝다는 것은 당시 수입품이 귀족의 사치품이 주류임을 감안한다면 주 수요층인 귀족이 가장 많이 살고 있는 지역과 가깝다는 것은 매우 큰 장점이었다.

당시 벽란도에는 아라비아(대식)상인도 왕래하였다. 이 대식국인은 당대(唐代) 이래로 남중국의 광주를 중심으로 무역을 해 왔으며 송대에 이르러 송의 해외 무역 장려책에 힘입어 활기를 띠게 되었다. 그들은 당시 남중국 연안에 출입하면서 송상의 고려무역에 자극되어 고려에까지 진출하였다. 그들이 주로 출입했던 항구가 바로 벽란도이다. 하지만 아라비아 상인의 내왕에 대한 기사는 3회에 그쳐서 고려와 그들 사이에 지속적인 무역활동이 행해지지 않았음을 알 수 있다. 하지만 이것은 직접 교역에 대한 기록일 뿐이며 이러한 현상이 나타나게 된 원인은 송나라 상인들이 고려와 아라비아 상인 사이에서 중계무역을 하고 있었기 때문이다. 또한 중국 남부에서 활동하고 있던 아라비아 상인들이 직접 벽란도에 올라와서 활동하기에는 그들의 주요 상품인 수은, 점성향 등에 대한 고려의 수요가 충분하지 않았기 때문이다.

국제항구로서 명성을 높이던 벽란도는 송나라의 남하와 고려 무역의 쇠퇴, 원나라의 침입, 왜구의 창궐 등으로 인하여 고려 말기에 무역항으로서의 기능이 거의 상실 되었다. 아울러 조선의 건국이후 조선 시대에 들어와서 사무역을 제한하고 조공무역만을 국가에서 인정함으로써 더욱 쇠퇴의 길로 들어가게 되었다.

고려시대의 국제교역

고려시기에 국제교역은 매우 활발하였다. 고려 정부에서도 장려하였고 가장 활발한 교역국인 송(宋)측에서도 적극적인 통상정책을 취하였기 때문이다. 그리하여 조공무역(朝貢貿易) 이외의 사상(私商)의 활동도 크게 활기를 띠었다. 개경에는 송상(宋商)을 비롯한 여러 나라의 상인들이 내왕하였는데, 그 개경에 이르는 예성강 입구에 벽란도(碧瀾渡)가 자리하고 있어, 국제 교역항으로서의 위치를 점하고 있었다. 송을 비롯한 외국과 활발한 교류를 하여, 고려의 국명이 서양에 알려져 'Corea' 라는 호칭을 얻기에 이르렀다. 고려시기에는 중국대륙에 여러 왕조가 성쇠를 겪어, 고려는 여러 나라와 교역하였는데, 나라마다 교역하는 방법이나 물품, 그리고 거래 장소와 통로가 상이하였다.

해외무역은 신라하대 이래 활발하였으며, 고려 왕실 자체도 그에 관련된 설화를 가지고 있다. 해상세력들이 자유로이 국제교역을 활발하게 전개하는 것은, 국가의 중앙집권화 정책과 방향을 달리하는 것이었다. 그리하여 고려는 국가 간의 공식적인 교역관계를 위주로 편성하되 민간사무역에 대해서는 적극적으로 개입하려고 하였다. 민간의 사무역은 이제는 국가의 허가를 전제로 가능하게 되었다. 사무역은 상인이 외국에 파견되는 사신과 동행하여 교역하는 것이 주요형태가 되었다. 그러나 국가의 감시를 피해 행해지는 밀무역(密貿易)의 형태도 있었다.

고려와 송의 교역이 활발했던 것은 송조의 상업정책과 관련이 있었다. 송은 늘어나는 재정지출을 극복하기 위해 상인들의 상업 활동을 보호 내지 장려해 주는 대가로 세금을 부담지워 세입의 부족을 보충하고자, 송 태조 때부터 상세(商稅)의 규례(規例)를 정하고 서남제국(西南諸國)과도 교역을 활발히 하였다. 고려와 송의 무역은 크게 조공무역과 민간무역으로 나누어 볼 수 있다.

조공무역은 조공품(朝貢品)과 회사품(廻賜品)의 형식으로 교역이 이루어졌다. 양국 간에 교역되었던 국신물(國信物)은 그 품목이 30가지를 넘고, 물량 면에서도 막대하여 국교를 상징하는 단순한 것이 아니라 공무역의 품목이었음을 알게 한다. 실제로 송의 조정에서는 고려의 공물을 상품과 같이 취급한 예도 있었다. 고려 광종 13년(962)부터 명종 3년(1173) 사이에 고려의 사신이 송에 간 것이 약 60회이며, 송의 사신이 고려에 온 것이 약 30회였다.

민간무역은 공적인 조공무역보다 훨씬 활발하였다. 송상인의 내항횟수는 고려 현종 3년(1012)부터 충렬왕 4년(1278)까지 약 120여회에 달하였고, 내항한 송 상인의 총인원은 약 5천명에 달하였다. 송과의 민간무역은 현종 때부터 빈번하였는데, 특히 문종 때 가장 활발하였다. 고려에서 송에 수출한 것은 금·금은기구(金銀器具)·화문릉(花文綾)·세저(細苧)·생포(生布)·인삼(人蔘)·문피(文皮)·백지(白紙)·향유(香油)·송자(松子)·화문석(花文席)·나전(螺鈿)·장도(長刀)·지(紙)·필(筆)·묵(墨)·선(扇) 등이 있었다. 반면 송으로부터 수입한 것은 의대(衣帶)·안욕(鞍褥)·채단(彩緞)·칠갑(漆匣)·옥(玉)·금은기(金銀器)·금상(金箱)·차(茶)·향료(香料)·약재(藥材)·서적(書籍)·악기(樂器)·화폐(貨幣)·상아(象牙)·공작(孔雀) 등이었다. 그 가운데 고려의 종이는 송의 수도나 항구는 물론 장강 유역 안쪽까지 널리 유통되면서 중국인들의 찬탄의 대상이 되었다. 수입품 가운데는 송산(宋産)이 아닌 서남아시아의 물산도 있어, 송상이 중계무역을 행하였음을 알게 한다. 고려와 송의 교역물품은 사치품·고가품이 중심이 되어 그것을 사용할 수 있는 계층이 왕실과 귀족뿐이었으므로, 그 교역은 특수계층의 욕구를 충족시키기 위한 것이었음을 알 수 있다. 송상의 무역활동은 상품을 고려왕에게 헌상하고 그에 대하여 무역허가와 회사를 받는 사헌(私獻)무역의 형태를 취하였다. 활발하던 양국의 민간무역은 남송에 이르면서 점차 쇠퇴하여, 명종 재위 27년 동안에 송과의 무역은 3회에 불과하였으며, 신종 7년간에는 전혀 보이지 않고, 희종 7년간에는 1회, 고종 46년간에는 2회가 보일 뿐이었다.

송상은 빈번히 대규모로 고려에 와서 사헌 무역을 하는 한편 일반인을 상대로 무역하였다. 심지어는 연안에서 밀무역을 하기도 했다. 정부는 밀무역을 금지하고, 벽란도에 감검어사를 파견하여 감시하였다. 실제 밀무역을 하던 송상을 적발하여 태형을 가한 일도 있었다. 민간무역을 정부에서 허용하기는 하지만, 이처럼 통제 하에 두고서 인정한 것이었다. 물론 국가의 이러한 통제에도 불구하고 밀무역은 완전히 근절되지는 않았다.

거란과의 교역은 송에 비해 활발하지 못하였다. 거란과는 성종・현종 때 전쟁을 한 이후에 국교가 정상화되었는데, 사신을 교환하며 국신물을 주고 받는 공무역이 주로 이루어졌다. 거란과는 의례적인 국신물 교환이 이루어지기는 했으나, 송과 지속적인 교류를 유지하고 있었기 때문에, 대거란 조공무역의 의존도는 그리 높지 않았다. 거란은 무역장 설치를 요구하는 등 적극적인 태도를 취하였으나, 고려의 반대로 각장무역이 폐지되었기 때문에, 고려와 거란의 무역에서는 조공무역의 비중이 컸다. 고려에서는 거란 사신의 객관으로 앙은관(仰恩館), 인은관(仁恩館), 선은관(宣恩館) 등을 설치하여 그들의 숙소 겸 시장의 역할을 하게 하였다.

조공무역을 통해 고려가 거란에 수출한 품목은 교환가치가 있는 금 · 은 · 동과 포면류 · 화문석 등의 공예품, 문방용품 및 인삼 · 차 등이며, 거란으로부터 수입한 물품은 말 · 양 · 능라 등이 주종을 이루었다. 그리고 거란판 대장경이 다수 입수된 사실이 주목된다.

고려와 여진족 사이의 교류는, 금이 성립하기 전부터 있어 왔다. 10세기 초반에서 11세기 초반까지 여진의 추장이 무역을 위해 고려에 온 것이 230여 회나 될 정도로 자주 왕래하였다. 고려로서는 경제적으로 부담이 되었으나, 안보적인 측면을 고려하여 여진과 교역하였다. 금(金)이 건국된 후에는 국신물을 교환하는 공무역이 중심이 되었으며, 일부에서는 사무역도 행해졌다. 은폐 · 의대 · 포 · 채백 · 금견 등을 금에 수출하였으며, 금 · 말 · 화살 · 철갑옷 같은 무구류, 담비가죽 · 청서가죽 · 족제비털 등을 수입하였다. 금나라에 파견되는 사행(使行)은 무역의 이익을 노려 많은 물품을 가져가 교역할 수 있어 큰 이익을 보장하였기에, 다투어 파견되기를 희망하였다.

고려와 금 사이에는 사행무역 이외에, 국경선 부근에 각장을 설치하여 활발한 교역을 전개하였다. 압록강 방면에는 의주와 정주에서, 동쪽으로는 정평과 청주에서 각장 무역을 하였다. 각장 무역이 주는 경제적 이익은 국가재정으로나 상인 개인들에게 대단히 큰 것이었다. 고려왕실조차도 이 각장을 이용한 교역을 하기도 하였다. 각장 무역에서는 고려의 쌀과 저포가 금측(金側)의 견사나 비단 · 은 등과 교환되었으며, 북방국가의 정권교체로 변방이 혼란스러울 때에는 고려 측의 미곡이 높은 가격으로 거래되었다. 각장 무역은 12세기 초 요 · 금 교체기나, 13세기 초 금 · 원 교체기와 같이 북쪽 변방에서 변화가 생길 경우에는 국가의 안전을 위하여 폐쇄되기도 하였다.

일본과의 교역은 외교 관계가 성립하기 이전부터 민간차원에서 행해졌으나, 문종 10년(1056) 일본 사신이 고려에 온 것을 계기로 활발해졌다. 일본 상인들은 빈번히 고려에 와서 토산물을 바치는 사헌무역을 하였다. 일본의 장원귀족들이 무역을 통한 부의 축적에 적극 나섬으로써 고려에 내항하는 상인이 증가하자, 고려는 진봉선을 1년에 1회 2척으로 제한하는 등 규제를 가하였다. 11세기 후반 이후 일본과의 무역은 주로 진봉선에 의해 금주객관에서 이루어졌다. 무인정권시기에는 구주지역의 지방세력들이 적극적으로 교역에 참가하였으며, 고려의 상인들도 일본과의 사무역에 종사하였다. 그러나 왜구의 침입 이후로는 거의 교역이 단절되었다. 일본에는 인삼 · 쌀 · 콩 · 마포 · 서적과 중국산 비단을 수출하고, 수은 · 유황 · 진주 · 소라 · 해조 · 거울상자 · 벼루상자 · 책상 · 향로 · 부채 등과 칼 · 활 · 화살 · 갑옷 같은 무구류, 그리고 후추 · 단목 · 침향 · 물소뿔 같은 남방산 물품을 수입하였다.

고려후기 원의 간섭 하에선 주로 원과 교역하였다. 고려는 원과 단일한 경제권에 속하였을 뿐만 아니라 원을 통해 세계시장과 연결되었으므로, 고려후기의 대외교역은 어느 때보다 활발하였다. 처음에는 원이 남송이나 일본 정복전쟁에 필요한 말과 군량을 확보하고자 과중한 공물을 요구하고 강제교역을 시행하여 엄청난 경제 부담을 주었다.

원과 공무역은 왕이 원 방문 또는 사신의 교환을 통해 이루어졌다. 고려에서는 예물을 보내고 원에서는 답례품을 주는 형식으로 이루어진 교환에서 고려는 금 · 은 세공품과 자기 · 직물류 · 가죽을 보내고, 원에서는 금 · 은 · 비단 · 목면 등을 받아왔다. 빈번한 왕실 간의 교류로 왕실이 무역의 주체로 등장하기도 하였다.

공무역도 성행하였지만, 사무역도 활발하였다. 사무역의 한 형태는 왕이나 사신의 수행원에 의한 것이었다. 대규모의 수행원은 사적인 교역을 하였으며, 상인들도 이들과 결탁하여 사무역을 하였다. 상인들은 말·모시·베·인삼 등을 가지고 가서 팔고, 다시 명주비단·능라비단 등을 가지고 귀국하여 판매함으로써 막대한 이익을 올렸다. 원의 상인들도 고려에 와서 활발히 무역하였다. 원과 교역에 편승하여 우마·금·은 등이 유출되었는데, 은의 유출은 고려 경제에 심각한 타격을 주었다.

고려와 외국의 활발한 경제교류는, 고려의 국내경제에 심대한 영향을 주었다. 거래되는 물품은 비단이나 서적, 기타 귀중품이나, 문구류가 중심이 되어, 일반 서민들과는 관계없는 귀족이나 왕실이 필요로 하는 물품이었다. 따라서 국제교역은 귀족층을 대상으로 한 교역의 성격을 띤다고 할 수 있다. 그럼에도 서민들의 생활에 큰 영향을 주었다. 서민들은 귀족이 외국에 매각할 물품을 생산하거나 헐값에 탈취 당하였으며, 귀족들의 소요품 구입을 위한 재원 마련을 위해 큰 고통을 겪었다. 국제교역의 성행은, 고려 경제 전체를 활발하게 하였으며, 고려의 국제적인 위치를 높이는 데 기여하였다.

관무역이 조선을 살린다

조선의 대외관계

조선은 건국 초기부터 사대교린(事大交隣)을 기본 틀로 대외정책을 진행하여 당시 중국을 지배하고 있던 명나라에 대해서는 사대정책을, 여진·왜·동남아시아 등의 민족·나라에 대해서는 교린정책을 펼쳤다. 조선은 성리학을 중심으로 한 국가였으며, 농업을 중시하고 상공업 활동은 정책적으로 제한하였다. 따라서 대외 무역 역시 엄격히 제한되어, 명나라에 대해서는 조공 무역, 일본에 대해서는 왜관 무역만이 인정되었다. 따라서 조선의 무역은 대외관계와 밀접한 관계가 있으므로 우선 조선의 대외관계를 살펴 볼 필요가 있다.

조선시대의 세계인식에서 대표적인 사고방식은 천원지방관(天圓地方觀)과 중화주의(中華主義)에 입각한 세계관이다. 이러한 중화주의적 화이관(華夷觀)은 고대 중국인의 중화사상에서 출발한 것으로 중국 중심적인 세계관이었다. 그들은 문화적 우월의식에 입각하여 한족(漢族)이 살던 지역을 '내(內)', 주변민족이 살던 지역을 '외(外)', 그 종족 및 문화를 '이(夷)'로 구분하였다. 처음 문화적 우월관념에서 출발해 종족적 · 지리적 관념이 결합된 형태로 전개된 중화주의적 화이관에는 이 세 가지 요소가 구비되어 있다. 조선은 중화주의적 화이관과 사대조공 체제에서는 '오랑캐'로 분류되지만, 유교문화 면에서는 중국과 대등하거나 버금간다고 자부하면서 스스로 '화(華)'로 자처하였다. 스스로를 '소중화(小中華)'라고 하여 중화인 명과 일체화시키는 한편 주변국가인 일본 · 여진 · 유구를 배제하여 '오랑캐'로 간주하였다. 특히 조선의 개국과 함께 유교가 지배이념으로 채택되면서 후자의 세계관이 중심개념이 되었다. 이러한 인식을 바탕으로 사대교린의 대외정책을 펼치게 되는 것이다. 중국에 대해서는 성(誠)으로써 사대외교를, 일본과 여진 등에 대하여는 신(信)으로써 교린외교를 펴나간다는 것이 조선의 사대교린 정책이었다.

명과의 관계 ‖ 조선 왕조는 중국대륙에서 원나라와 명나라가 교체하는 시기에 개창되었다. 특히 이러한 변화는 여말 선초의 변동과 국제 정세에 눈에 띌 만한 변화와 맞물려 일어났다는 점에서 이 시기 대외관계의 의미심장함을 엿볼 수 있다.

친명반원 정책을 주장하던 조선 건국의 주체세력들은 명으로부터 정치적, 문화적, 경제적인 면의 실리를 얻고자 조선 건국 이후에도 친명 사대외교를 계속 유지하였다. 이에 태조는 그의 정치적 위치를 확고히 하기위하여 명으로부터 새로운 왕조의 개창을 승인해 줄 것과 조선(朝鮮)과 화령(和寧) 중 국호를 택일해 줄 것을 요청했다. 이는 왕조 개창에 대한 국제적인 확인과 지지를 얻어내기 위한 정치적인 의도였다. 그러나 명은 고려왕조의 역성은 승인하였지만 태조를 조선의 왕으로 인정하는 일은 보류했다. 따라서 조선과 명의 관계는 매우 긴장된 관계를 맺기도 했다. 그러나 1차 왕자의 난으로 인해 태조가 물러남으로써 요동정벌에 대한 정책이 사그라지고 조선에 강경했던 명태조도 사망하여 명과의 관계는 회복되었다.

당시 조선에게 명제국은 동아시아에서 유일한 정치 · 군사대국이었으며, 또한 땅이 넓고 물자가 풍부한 경제대국으로서 가장 중요한 교역의 대상국이었음을 부인할 수 없었다. 뿐만 아니라 중국은 조선왕조의 지배이념이던 유교의 종주국이며 과학기술을 비롯한 문화적 선진국이기도 하였으므로 중국을 중심으로 한 계층적인 동아시아 국제질서를 커다란 저항감 없이 수용할 수 있었다. 더욱이 국제적인 대외교섭의 범위가 극히 한정되어 있던 조선에게 중국은 동아시아 밖의 외부 세계에 대한 지식을 간접적으로 전달해 주는 중요한 정보창구였다.

따라서 중국과 지리적으로 인접하여 있으며 한중관계의 오랜 역사 속에서 조공제도를 체험해 온 조선은 중국이 요구하는 조공제도에 적극적으로 참여함으로써, 명분적으로는 다소 굴욕적인 점을 감수하더라도 실리적으로는 자국의 이익을 추구하며 동시에 주체성을 상실하지 않기 위해 노력하였다. 고려 말이래 명에 대한 조공을 통한 사대외교는 "소(小)로써 대(大)를 섬김은 보국(保國)의 도(道)로서 우리나라는 삼국통일 이후 대(大)를 섬기기를 부지런히 힘써 왔다"[112]는 유교적 가치로 정당화되고 합리화되었다. 사대외교를 흔히 사대주의와 혼동하여 자주성이나 주체성과 대립되는 개념으로 이해하는 경우가 있으나, 사대외교는 어디까지나 민족보전을 위한 현실적 외교정책으로서 결코 자주성과 모순되지 않는다. 조선 초기의 대명 사대외교는 고려 말 이른바 친명파의 논리에서 그 근원을 찾아볼 수 있다. 이성계가 요동정벌에 반대하며 내세운 4불가론의 첫머리가 「이소역대(以小逆大)」였으며, 이성계와 함께 위화도에서 군대를 돌이키기를 청원한 조민수도 「이소사대 보국지도(以小事大保國之道)」라는 논리를 전개하였다. 이 당시의 대명 사대외교는 결국 국제정세를 통찰한 결과 「보국지도(保國之道)」즉 국가안보를 지키기 위한 방편으로 선택된 정책이었음을 알 수 있다.

여진과의 관계 ‖ 고려 말부터 조선 전기까지의 북방정책은 국방상의 국경선 확보와 농지확장을 목적으로 한 동북면과 서북면의 북방개척이었다. 고려 말에 동북면을 근거로 하고 있던 이성계가 이미 이 지역의 야인들을 진무하는 데 성공함으로써 극초부터 두만강 하류 지역은 우리 강역에 포함되었다. 그 후 태종 때에는 야인들의 침입이 빈번하여 경원에 설치하였던 부(府)를 한 때 경성으로 후퇴시킨 적도 있지만 세종 때에 다시 적극적인 북방공략을 실시하여 이 지역을 회복하였다. 결국 태종 이후에 추진한 대 여진 회유정책은 정치적으로 여진을 복속·입조시켜 관직을 주고 조선의 세력 아래

두려 한 것이었다. 이것은 어디까지나 기미정책(羈縻政策)이고, 여진의 침략을 막으려는 미봉책이었을 뿐, 태조 대처럼 여진족을 동화시켜 국토를 확대하려는 정책은 아니었다.

조선초기의 대 여진정책은 회유정책을 근본으로 삼았고 회유정책은 사대교린의 원칙을 준용하였다. 조선은 명에 대하여 사대의 예를 행한 반면에, 북방 여진족의 대소추장들과 남방의 일본 실정막부 · 영주들과는 교린관계를 유지하였다. 전자는 1대 1의 국가관계였으나 후자는 1대 다수, 즉 국가와 다수개인과의 관계였다. 왜냐하면 당시 여진사회가 통일되지 아니하고 나누어져 대소 추장들에 의하여 지배되고 있었으므로, 조선에서는 이러한 대소 추장들을 지역별로, 종족별로 나누어 그들의 상하 지배관계에 의하여 개별적으로 일일이 상대하지 않으면 안 되었기 때문이다. 이러한 이유로 교린관계는 사대관계보다 훨씬 복잡하고 어려웠다.

여진의 조선에 대한 경제적 요구는 명에 대한 것과 마찬가지로 직접 생활에 필요한 물자에 국한되었으며, 그리하여 명 · 조선 두 나라에 대하여 이중적 종속관계를 맺게 되었다. 조선의 대 여진정책은 명과 마찬가지로 무력과 회유의 양면 정책이었다. 회유책으로서 그들 유력자의 향화재경시위(向化在京侍衛)를 장려함과 동시에 상물(賞物)을 내리고 통혼을 허가하였으며, 여진 추장에게는 군직을 임명하기도 하였다.

조선의 사대교린정책은 15세기 전반기 세종대에 완전히 정립되었다고 볼 수 있다. 이것은 조공을 근간으로 하는 상하관계인데, 세종은 조선에서 중국의 天子에게 조공하는 사대의 예를 북방의 여진족과 남방의 일본 · 유구에 대하여 그대로 적용하려 하였다. 조선의 대 여진 회유정책은 여진족의 대소 추장들에게 조선과 조공관계를 맺도록 하는 것을 목표로 하였다. 여진의 조선에 대한 조공은 진상숙배(進上肅拜)라는 명목으로 행해졌는데, 그것은 명에 대한 조공과 성격을 같이 하는 것이었다. 여진인들은 정규적인 진상숙배만으로는 그들의 경제적 욕구를 충족시킬 수 없었으므로 자주 변방을 약탈하였다. 이에 조선에서는 무력을 행사하여 그들을 굴복시키는 한편 적극적으로 직접지배의 형태를 취하기도 하였다. 세종 말년 함경도 지방에 설치한 경원 · 종성 · 회령 · 경흥 · 온성 · 부령 등 6진과 평안도지방에 설치한 여연 · 자성 · 무창 · 우예의 4군이 그 대표적인 예이다. 그런데 조선의 대 여진정책 수행에는 때때로 명의 간섭이 뒤따랐다. 중국은 전통적으로 이이제이라는 이민족 분리정책을 실시함으로써 중국 중심의 세계질서를 유지하려 하였고, 바로 그 입장에서 명은 조선과 여진의 교섭에 민감하였으며 두 민족이 연합세력으로 형성되는 것을 우려하였다. 그 한 예로 1458년(세조4년) 건주좌위도독 동산이 조선으로부터도 직첩을 얻은 데 대해 명이 엄중히 항의하여 양자의 왕래와 통교를 중지할 것을 요구한 일이 있다. 이로써 서북 여진인과의 정식교섭은 중단되었으나 동북 여진인과의 통교는 계속되었다. 특히 1560년(세조6)에 있었던 북정은 조선의 독자적인 무력토벌이었다. 한편 1467년(세조13)에는 명과 조선의 연합군이 건주여진을 정벌하기도 했는데, 이는 명과 조선의 대 여진 경제교섭이 미진한 데서 초래된 것이었다. 그래서 여진족은 명과 조선의 변경지역을 약탈해왔던 것이다. 게다가 명 · 조선 양국의 대 여진정책은 무력에 의한 직접 지배 형태가 아닌 방어적 형태가 기본골격이었기 때문에 일시적인 정벌과 약간의 물자보급만으로 유지해온 여진과의 관계는 무너질 수밖에 없었다. 끊임없는 여진의 침탈에 대응하는 방법은 지속적인 정벌 혹은 굳건한 수비책 가운데 하나였다. 명의 대 여진 방비책이 중기 이후 장성에 의존하는 수세적 방식으로 전환하였듯이 조선의 대 여진방어책도 적극적 정벌에서 성곽을 쌓아 대비하는 수비강화에 치중하게 되었다. 명과 조선의 여진에 대한 경제적 필요성보다 여진의 경제적 욕구가 강하였기 때문에 산발적인 정벌 형태로는 여진의 침탈을 조절할 수 없었던 것이다.

일본과의 관계 ∥ 조선과 일본의 대외관계는 회유책과 강경책을 병행하는 방향으로 나타났다. 여말 선초 대일관계에 있어 가장 큰 문제는 왜구의 위협이었다. 따라서 대일교섭은 왜구 금압이 일차적인 목적이었으며 외교와 통상은 그것을 위한 수단에 불과하였다. 조선전기 대일관계를 성격에 따라 구분해 보면 3단계로 나눌 수 있다.

제 1기는 태조 원년(1392)에서 세종 원년(1419)까지로 중앙정부간에 국교를 체결하고, 왜구진압정책에 진력한 시기이다. 또 조선정부의 적극적인 정책으로 왜구가 평화적 통교자로 전환되었는데 조일통교의 성립기 내지 준비기라고 할 수 있다.

다음으로 제 2기(1420~1471)를 살펴보면, 조선초기의 회유적인 왜구대책으로 인해 왜구들의 해적행위는 줄어들게 되었지만 대신 통교를 목적으로 하는 도항자가 급증하였다. 통교자의 급증과 도항왜인들의 일방적인 상업이익의 추구로 인해 정부의 재정 부담이 늘어나자 통교를 규제하지 않을 수 없었다. 태종대에서 성종대 초기까지의 대일 통교체제 확립과정은 바로 통교제한 내지 긴축정책의 강화과정이라고도 할 수 있다.

태종 · 세종대부터 본격화된 규제책으로는 도항자를 제한하는 방책으로서 수도서제(授圖書制), 포소(浦所)의 제한, 서계(書契) · 행장(行狀) · 문인(文引)에 의한 통제 등이 있고, 도항자에 대한 직접적인 통제방책으로서 접대규정 정비와 세견선(한 해 동안 일본이 조선에 파견하는 배)의 통제가 실시되었다.

제 3기는 성종 3년(1472)부터 선조 25년(1592) 임진왜란이 일어나기까지이다. 이 시기는 성종대 초기 확립된 통교체제가 모순을 드러내기 시작하여 삼포왜란 · 사량진왜변 · 을묘왜변 등이 일어나고 그에 따라 임신약조 · 정미약조 등 조약의 개정이 이루어졌다. 16세기 중반 이후는 중앙정부간의 통교가 사실상 단절되었고, 대마도와의 무역만이 유지되었을 뿐이므로 대일통교의 변천기 내지 쇠퇴기라고 할 수 있다.

이후 임진왜란이 발생하고 전쟁의 결과는 조선뿐 아니라 중국에도 큰 타격을 주어 명이 멸망하고 전란 중에 크게 성장한 여진족이 후금(뒤의 청)을 건국하는 왕조의 교체가 일어났다. 일본에서는 전쟁에 참여했던 서부 지방의 영주들이 몰락하고 동부의 영주들이 흥기하여 도쿠가와 이에야스의 통일국가가 성립하였다. 또 조선에서 약탈해간 서적 · 활자 · 도공 등을 밑바탕으로 주자학을 비롯한 학문과 문화 · 예술에 있어서 커다란 진보를 이룩할 수 있었다.

전쟁이 끝난 뒤 조선과 왜의 외교는 단절되었다. 따라서 경제적으로 막대한 타격을 받은 대마도주가 교역의 재개를 요청해 왔고 도쿠가와막부(德川幕府)에서도 포로로 잡아간 조선인을 보내 주면서 수호를 요망하였다. 이에 조선은 승 유정을 일본에 보내 조선인 포로들을 쇄환시킨 뒤 교섭을 재개하고 국교를 회복하였다(1607, 선조 40). 이 후 조선은 일본에 통신사를 파견하여 양국은 19세기에 일본에서 메이지유신이 일어나 막부정권이 무너질 때까지 평화적인 관계를 지속하였다.

동남아시아와의 관계 ∥ 14세기 후반 동아시아의 중국은 원(元)과 명(明)의 교체기였고, 일본은 남북조시대의 혼란한 정치적 상황으로 이 혼란기를 틈타 동아시아의 해상세력들이 성장하여 해상교통은 활기를 띠었다. 동남아국가들과 유구의 상인들은 명의 해금정책이라는 조건하에 중국 · 조선 · 일본에 남방물산을 교역하거나 혹은 중계무역을 하면서 많은 이익을 얻을 수 있었다. 그래서 이 시기에 그들은 적극적으로 우리나라에 접근하면서 통교를 제의하기도 하였다.

기록상 동남아국가 사절의 최초 내왕은 고려 공양왕 3년으로, 섬라곡국(暹羅斛國 : 지금의 태국)에서 일행 8명이 와서 토산물을 진헌한 것이다. 그런데 이때의 국서에는 성명과 봉인이 없어 진위에 대한 의심이 있어서 국서는 접수하지 않고 사신의 인견만을 허락하였다. 동남아국가 사절의 내빙은 이것이 최초이지만, 고려 중기부터 송나라 상인들과 아라비아상인들을 통해 인도산 목면 · 사탕 · 물소뿔 · 상아 · 침향 · 소목 · 호초 등 남방물산이 수입되었던 것으로 보아 기록상 최초 내빙보다 훨씬 이전에 고려에서는 동남아국가에 대해서 나름대로의 정보와 인식을 가지고 있었던 것을 알 수 있다.

고려 말 이래 시작된 동남아시아국가들의 통교요청은 조선 초기에 와서도 이어졌다. 그러나 조선시대를 전반적으로 볼 때 조선은 동남아시아국가와 활발한 정치적 관계나 교역 · 문화적 교류를 갖지는 않았다, 이는 《조선왕조실록(朝鮮王朝實錄)》을 비롯한 사서에도 동남아국가와의 교류기사가 아주 소략한 것을 보아 알 수 있다. 조선 초기, 조선에 내빙한 동남아국가에는 제일 먼저 사신을 보낸 섬라곡국(지금의 태국) 등 세 나라였다.

동남아국가들이 조선에 적극적으로 통교를 시도하였지만, 조선에게 동남아국가는 일본 · 여진과는 달리 정치적 · 군사적 영향도, 경제적 교역이나 문화적 교류에도 별 매력이 없었기 때문에 소극적이었다. 그래도 조선은 동남아국가를 교린의 대상으로 삼을 수도 있었기 때문에 예를 갖추고 사절들을 후하게 대접하였는데, 이 교린의 성격은 대등교린보다는 기미교린의 의미가 강하였다.

조선의 대외 무역활동

조선의 무역활동은 조선초기와 조선후기로 나뉘며 두 시기 사이에는 완전히 다른 형태의 무역이 존재한다. 조선 초기에는 성리학적 질서 속에서 명과는 조공무역과 사무역(국경 무역), 여진과는 무역소를 통한 교역, 일본과는 왜관 무역을 실시하였다. 이는 국가에서 관리하는 공무역으로서 조선시대 일반적인 상업행위가 공인과 시전상인으로 이루어지고 있는 사실과 무관하지 않다. 조선 후기에는 임진왜란 이후 자본주의 맹아가 싹트던 시기로 전쟁으로 인한 정부의 사회 장악력 약화를 틈타 일련의 자유경쟁 요소가 상업 행위 속에 나타나기 시작하였다.

주변국과의 무역에서도 이러한 형태가 나타나기 시작하였는데 대청 무역에는 만상[113)]이 종사하였으며, 개시(공무역), 후시(사무역)가 함께 성행하였다. 압록강 · 두만강 지역의 경원개시 · 회령개시 · 중강개시 · 후시, 책문후시가 있었으며 이들의 수출품으로는 은 · 가죽 · 종이 · 무명 · 인삼, 수입품으로는 비단 · 약재 · 문방구 등이 있었다. 여진과의 무역은 경제적으로는 여진 추장들의 진상에 대한 회사물(回賜物)을 지급하고 변경에 무역소를 설치하여 민간교역을 통하여 생필품을 구할 수 있는 길을 열어 주려는 것이었다. 여진의 조선에 대한 경제적 요구는 명에 대한 것과 마찬가지로 직접 생활에 필요한 물자에 국한되었으며, 그리하여 명 · 조선 두 나라에 대하여 이중적 종속관계를 맺게 되었다.

조공관계는 중국을 중심으로 한 동아시아 세계의 정치적 관계뿐 아니라 경제적 · 문화적 관계까지도 포괄하는 국제질서였기 때문에 조선과 명사이의 무역은 양국관계를 규정짓고 있는 기본적 질서인 조공관계의 틀을 벗어날 수 없었다. 원래 조공이란 중국의 황제로부터 책봉을 받은 주위의 민족이나 국가가 사신을 보내 일정한 공물을 바치면, 중국의 황제는 회사품(回賜品) 또는 상사품(賞賜品)을 내려주는 경제적 행위를 핵심으로 하는 것이다. 진헌과 회사를 통해 이루어지는 조공무역은 엄밀한 의미에서 볼 때 근대적인 국제무역과는 물론 성격이 다르지만, 조공관계라고 하는 특수한 동아시아 국제질서 속에서 발생하는 물자의 교역이라는 점에서, 국가와 국가 사이에 이루어지는 일종의 공무역이라고 간주할 수 있다.

또한 조선 초기에 명에 가는 사신이 개인적으로 잠상(潛商)의 성격을 띠거나, 상인이 사신의 노비로 가장하여 교역할 물화를 가지고 가다가 발각되어 처벌되고 있는 것을 보면, 이 시기 사무역의 존재양상을 짐작할 수 있다. 16세기 이후가 되어 보편화되는 이러한 형태의 사무역은 당시만 하더라도 비판과 처벌의 대상으로 존재하고 있었으며, 역시 조선 초기의 대명무역은 공무역 중심이었음을 알 수 있다.

여진과의 경제적 교류는 여진 추장들의 진상에 대한 회사물(回賜物)을 지급하고 변경에 무역소를 설치하여 민간교역을 통하여 생필품을 구할 수 있는 길을 열어 주려는 것이었다. 이것은 적극적인 교역이라기보다는 교린정책의 일환으로 국경지역의 분쟁을 줄이기 위한 하나의 방법으로 보인다.

이러한 관계 속에서 조선전기 왜인과의 교역은 조공형식이 기본이었고 일본 국왕 · 거유 · 대마도주 등의 여러 세력과 다원적인 통교 체제를 취하였다. 종류는 다양하였지만 이들 사행의 주된 목적은 경제적 교역이었다. 그 유형은 사행무역 · 공무역 · 사무역 · 밀무역 등의 형태로 나뉘어 최대한의 경제적 목적을 달성하기 위해 전개되었다. 회사(回賜)형식으로 이루어진 수출품은 마포 · 명주 · 면포 등의 섬유제품, 화문석 · 호피 등 장식품, 인삼 등의 약재, 대장경 · 서적 · 문방구 등의 문화 제품이었다. 진헌물로 이루어진 수입품은 구리 · 유황 · 소목 · 호초 등의 광산물 · 약재 · 염료 · 향료 등이었다. 왜인들에게 가장 필요했던 물품은 섬유 제품과 쌀 · 콩 등의 곡물이었다. 특히 목면은 당시 일본에서는 생산되지 않는 생활필수품이었다. 성종 17년(1486)에는 한 해 동안 유출된 목면량이 50만 필에 이르렀고, 당시 일본에 수출한 조선 목면은 일본인의 의생활에 혁명을 일으켰다고 평가될 정도로 중시되었다.

동남아국가들과 교역하는 형태는 역시 기본적으로 조공무역이었으며, 내용적으로는 진상에 대해 조선이 후하게 보상해주는 증여무역이었다. 그러나 사행무역에 수반하여 사신일행이 서울에서 개별적으로 물건을 매매한 기사도 있는 것으로 보아 사무역도 행해졌음을 알 수 있다. 교역물품은 남방물산이 중심으로, 그들이 가져온 진상물의 품목을 보면 약재 · 향료 · 염색재 · 유황 · 앵무새 등의 특산물이었으며 약재와 후추 등의 향료, 염색재료는 조선 측의 수요가 높았던 품목으로 반드시 포함되었으며, 그 밖의 물건들도 조선에서 생산되지 않았던 것으로 귀족들의 취향에 맞는 사치품목들이 대부분을 차지했다.

조선시대의 무역활동은 기본적으로 국가중심의 관무역 활동이 중심이었으며 관무역 활동은 국가 간의 정치적 이해관계와 그 맥락을 같이하는 것으로 청과는 사대관계를 가지며 진상물을 바치는 조공무역관계였고 여진, 왜, 동남아시아와는 교린정책에 의한 무역이 존재하였으며, 특히 일본의 통교 요청은 경제적인 의도가 기반이 되어 있었다. 하지만 높은 이익이 보장되는 국경무역에는 관무역 만이 존재하는 것이 아니라 사무역이 존재하였다. 임진왜란 이후 조선에는 무역으로 성장한 거대 상인과 상단이 출현하였고, 공무역(개시)와 함께 사무역(후시)도 발달하였다.

조선(朝鮮)을 항해하는 조선(造船)기술의 부활

우리나라 배의 역사

우리나라는 삼면이 바다와 접해 있어 자의적, 타의적으로 바다에 적응하며, 극복하며 발전하여 왔는데 바다를 생활의 터전으로 삼기 위해서는 필수적으로 배의 발달이 전제되어야 하며, 필요한 배를 스스로 만드는 기술을 통해서 우리나라는 반도라는 지리적 특징을 한계로 인식하기보다는 기회로 인식하게 되었다.

우리나라는 선사시대부터 배를 이용한 활동을 해왔으며 여러 발굴 자료를 통하여 그 사실을 확인 할 수 있는데 현재까지 알려진 가장 오래된 배 관련 흔적으로는 신석기시대에 만들어진 함경북도 서포항 조개무지(기원전 3,000년경)에서 출토된 고래 뼈로 만든 노를 통하여 당시 사람들이 배를 만들어 사용하였음을 알 수 있다. 경상남도 울주군 반구대 바위그림에는 선사시대의 배 모양을 살펴볼 수 있는데 호랑이를 비롯한 육지동물, 바다동물과 함께 4척의 배가 그려져 있다. 여러 사람이 배를 타고 고래를 잡는 모습에서 청동기 시대의 해상활동 모습을 살펴 볼 수 있다.

선사시대에는 뗏목배가 발달하여 고물에 노를 설치하고 노를 저어서 가까운 거리를 내왕하기도 하고 돛풀(부들풀=香蒲)로 짠 자리를 돛대에 매어 달고 바람을 받아 먼 곳을 내왕하기도 하였다. 통나무배(통궁이=쪽배)는 양쪽 뱃전의 노걸개에 노를 매어 달고 노를 저어 이동하였으며 배 한가운데에 돛대를 세우고 돛을 달아 서해안과 남해안에서 어로 활동도 하였다. 삼한(三韓)의 사람들은 돛을 단 통나무 쪽배나 뗏목 배를 이용하여 왜국으로 도해(渡海=遠洋航海)하기도 하였다.

선사시대가 수렵활동을 위한 배의 건조 · 활용이었다면 삼국시대부터는 국가의 확장과 물류활동을 위한 배가 건조되기 시작하였다. 구체적인 배의 건조와 기술에 관한 기록은 존재하지 않으나 삼국이 경쟁하며 발전하던 시기에 여러 기록들을 통하여 배의 존재와 활용을 파악할 수 있다.

고구려는 삼국 중에서 제일 먼저 국력을 신장하고 광활한 영토를 확보하여 당초에는 북쪽 발해에서 남쪽 서해를 거쳐 제주도에 이르는 전 해역의 해상권을 장악하고 있었다. 그 후 백제가 서해에 세력을 뻗치자 광개토왕은 수군을 거느리고 남하하여 한강유역을 공략하여 백제의 항복을 받았으나 그 후 수군활동은 별로 없었다. 중국과도 가장 먼저 통교하였으나 국경이 접속되어 있어 해로를 통한 교류는 드물었다. 고구려는 수(隋) 나라와의 전쟁 때 병선을 이용하여 적의 수군을 격퇴하였다. 위(魏)와 연합 전선을 편 고구려는 수군 함대를 요하(遼河)에 진입시켜 공손연을 토멸하였다. 광개토대왕은 병선을 거느리고 남하하여 한강 유역을 공략하고 백제의 성을 공격하여 항복을 받았다. 멀리 탐라도(제주도)를 공략하고 고구려에 귀속시켰다. 서해를 건너 산동 반도의 등주에 이르는 해상 교통로를 개척하고 육로와 해로를 이용하여 중국과 조공 무역을 하였다.

백제는 삼국 중에서 가장 활발하게 해상활동을 벌여, 중국의 여러 왕조와 해상을 통해 교통하였다. 그들은 고구려가 육로를 막고 있어 해로를 이용할 수밖에 없어 4세기 근초고왕은 수군을 증강시켜 중국의 요서지방으로 진출하였고, 이어서 산동지방과 일본의 큐슈지방에 진출하는 등 활발한 해상활동으로 요서-산동-일본을 연결하는 해상대국을 건설하였으며 이처럼 발달된 항해와 조선술로 일본에 많은 학자와 선진기술자들을 파견하기도 하였다. 백제는 372년에 서해를 건너 동진(東晋)과 해상을 통한 조공 무역을 시작하였으며 중국의 서해안 일대에 진출하여 영역을 넓혔다. 백제는 흑산도를 지나는 해상 남로를 개척하였고, 양진(兩晋) 남북조 수(隨) 당(唐)과 교역을 하였다. 왜국(倭國)과는 밀접한 관계를 가지고 왜국을 경영하며 선박을 이용하여 왕래하였다. 왜국에서는 650년에 아기(安藝)국에 명하여 백제인으로 하여금 백제식 견당사선(遣唐使船)을 건조하게 하였다. 그 후에도 계속해서 안기(安藝)국에서 견당사선을 건조하도록 하였다.

신라는 국초부터 왜구의 침입이 많아 바다를 방어하기 위한 수군활동이 활발했다.『삼국사기』의 기록에 의하면 지증왕(智證王)때에 군선을 제도화하고, 진평왕(眞平王)때에는 선함을 관장하는 선부서(船府署)를 병부아래에 설치하였다고 한다. 또한 신라의 기술자들이 일본에 건너가 조선술을 전하였다는 내용이『일본서기』에 기록되어 있다. 이렇게 활발했던 수군활동을 기반으로 신라는 진흥왕 때에 삼국통일을 이루게 되었다. 신라의 활발한 수군활동은 조선술 발달이 기반이 되었음을 알 수 있으며, 이 후 장보고의 해상세력이 성장하는 기반역시 조선술이었음을 미루어 짐작할 수 있다. 경주의 금령총에서 출토한 통나무배 모양의 제사 토기와 같은 통나무 쪽배를 이용하여 어로 활동도 하고 돛을 매어 달아 멀리 왜국으로 항해하며 왕래하기도 하였다. 통나무 쪽배의 유물로 경주 안압지에서 출토한 3쪽 짜리 통나무 쪽배가 있는데 이것은 아주 잘 발달된 배이다. 신라는 왜국과 인접한 지리적 여건으로 300년경에 신라의 사신선을 왜국에 파견하였으며 선장을 왜국에 보내서 신라식 해선을 건조하게 하였다.

신라는 통일이전 고구려, 백제와 대항하기 위한 중국사절을 파견하는 활동과 수군활동이 주류를 이룬데 반해, 통일을 성취하고 나서는 그 해상활동이 경제, 문화적인 방향으로 크게 전환되었으며 통일신라시대의 해상활동은 중국과의 공 · 사무역이 발달하면서 활발하게 진행되었다. 신라와 해상교통이 빈번했던 산동반도 남쪽의 해안 일대와 황하강 하류에 이르는 지역에는 신라인들이 거주하는 신라방과 신라소가 설치되기도 하였다. 이처럼 중국에 진출한 신라인들은 동북아시아의 해상을 무대로 능동적인 활동을 하였으며 장보고라는 해상왕을 탄생시키는 결과를 가져왔다. 통일신라는 백제의 조선기술과 항해술을 수용하고 계승하여 당과 해상을 통한 교역을 하였다.

경주 안압지 통나무배(경주박물관 소장), 장보고의 이러한 활약은 바다를 다스릴 줄 알았던 신라인들의 뛰어난 조선술과 항해술을 배경으로 하고 있는데 통일신라시대에 사용된 배중에서 지금까지 남아있는 유일한 선박은 1975년 경주 안압지 발굴 중에 확인된 통나무배로 현존하는 최고(最古)의 배이다. 발해의 경우에도 당과 신라를 견제하기 위해 일본과 빈번한 사신교류가 있었던 것으로 보아 동해를 횡단할 수 있는 뛰어난 항해와 조선기술을 가졌던 것을 짐작할 수 있다.

또한 가야 역시 배를 건조하고 이용하였다. 가야는 가야지방에서 출토한 통나무 쪽배(퉁궁이) 모양의 토용과 같이 생긴 통나무배를 이용하여 왜국과 일찍부터 왕래를 하였다. 일본에서는 규슈(九州) 미야자키현(宮崎縣)의 사이도바루(西都原) 고분에서 가야의 통나무배 모양과 닮은 배 모양의 토용모형이 출토된 바 있다.

고려는 평화적인 해상활동으로 건국 초부터 수로를 통하여 각 지방에서 거두어들인 특산물이나 곡물을 운반하는 조운제도를 확립해 조운선을 이용하여 연안해운을 일으키는 한편, 11세기 초부터 12세기 후반에 이르는 동안에는 송나라와 친교를 맺고 무역활동을 활발히 전개하였다. 수군활동으로는 동해안에 침입해 오는 여진의 해적을 방어하기 위하여 수군기지를 두고 군선활동을 벌렸고 13세기 후반에는 원나라가 정동행성을 설치하여 일본 정벌을 준비하면서 고려의 조선기술을 활용하였으며, 이는 고려의 조선기술이 상당히 발달했음을 알려주는 사실이다. 태조 왕건이 구사한 대형 군선, 미곡 천석을 실을 수 있는 조운선인 초마선, 중국에 내왕한 대형 무역선, 여진의 해적을 무찌른 과선, 일본 원정에 참가한 막대한 수의 군용선 등이 있다. 그중에서도 특히 초마선과 일본 원정선은 우리나라 특유의 배로 한국 배의 원조라고 할 수 있다.

고려가 세계를 향한 선진 해양국의 면모를 보일 수 있었던 이유에는 천혜의 자원인 해양을 슬기롭게 경영했기 때문이다. 고려는 발달된 '우리식' 조선술과 항해술을 구비하고 있었다. 1274년 고려·몽골 연합군의 1차 일본 원정 때, 하카타 해안에서 벌어진 해전상황에 관해 원나라측 기록인 〈원사〉는 "원나라 전함은 모두 돌풍에 깨졌으나 고려 전함은 대부분 무사했다." 고 전한다. 이 해전에 투입된 고려군의 대선 한 척의 길이는 30여 미터로서 90명이 탈 수 있으며 적재량은 쌀 3천석을 실을 수 있는 250톤가량이다. 240여 년 후에 마젤란이 세계 일주할 때 끌고 간 5척 배 가운데서 가장 큰 배라야 130톤 밖에 안 되었으니, 그 우열은 자명하다. 이 원정을 위해 고려는 '배 위에서 말을 달릴 만하다' 고 한, 이러한 크기의 대선 300척을 포함해 모두 900척의 선박을 불과 4개월 만에 건조해내었으니 과연 현재 한국을 이끌어가는 조선기술의 뿌리가 매우 깊음을 알 수 있다.

이러한 높은 조선술로 건조된 배에 고려의 장인들은 최신식 무기까지 장착하게 된다. 최신식 무기까지 장착된 고려 전함은 가히 무적함대였다. 그 형상을 보거나 소리를 듣기만 해도 항복하고야 만다는 주화(走火 : 날아가는 불)는 화약을 태워 생기는 추진력으로 날아가는 일종의 로켓식 무기로서 사정거리는 보통 화살의 두 배가 넘는다. 원래 화약은 중국 사람들이 발명해 그 제조법을 줄곧 비밀에 부쳐왔다. 그러나 최무선이 20여 년간의 노력 끝에 드디어 1373년 화약을 독자적으로 개발해 화포인 주화를 배에 설치했다. 이렇게 화포를 배에 설치한 것은 고려가 세상에서 처음이다. 고려 배는 그 종류가 다양할 뿐만 아니라, 바닥을 평평하게 하거나, 배의 앞뒷면을 유선형으로 만들거나, 난간에 방패와 창을 다는 등의 '우리식' 공법으로 만들어 그 위력을 배가 시켰다.

고려도경(高麗圖經)에 소개된 고려선(高麗船) ‖ 1123년에 송나라의 서긍(徐兢)이라는 사신(使臣)이 고려에 와서 보고 들은 것을 적어 놓은 견문록인 「고려도경(高麗圖經)」이 있는데, 이 책의 주즙(舟楫=船

舶) 편에 고려의 순선(巡船), 관선(官船), 송방(松舫), 막선(幕船) 등에 대한 배의 생김새와 만듦새에 대한 설명이 자세하게 기술되어 있다. 순선(巡船 : 순라를 도는 배)의 구조는 다음과 같다. "배 가운데에 돛대를 하나 세웠다. 배의 겻집(鋪板=甲板) 위에는 뱃집(棚屋 : 樓屋)이 없다. 다만 노를 걸고 고물에 치를 꽂았다. 배에는 정기(旌旗 : 군의 임무를 나타낸 깃발)를 꽂았으며, 뱃사람과 순라꾼은 모두 푸른색 옷을 입었다." 순선의 구조에 대한 설명은 한선의 야거리(돛대가 하나뿐인 작은 배) 평선(平船)의 구조와 똑같다. 관선(官船 : 관에서 쓰는 배)의 구조는 다음과 같다. "뱃집의 위는 뜸으로 지붕(덮개)을 덮었다. 그 아래에는 문짝과 창문을 달았다. 뱃전 둘레에는 난간이 있다. 멍에(橫木 : 가로로 댄 나무)로 양쪽 삼판을 서로 꿰뚫어 내었으며 그 끝은 뺄목이 된다. 배의 윗면은 배 밑 바닥 보다 넓다. 배의 선체 안의 선창(船艙)에는 나무판자(隔艙壁)나 대나무 삿자리로 가로막아 대지 않았다. 다만 구부려 바로 잡은 긴 통나무 막대기(참나무 장쇠)를 걸고. 그 양끝은 삼판에 꿰어서 박아 서로 쐐기 물림을 하였다.

배의 앞쪽 이물에는 닻줄 물레가 있다. 뱃집 위에는 허리돛대를 세우고 스무 폭 정도의 돛을 늘였다. 접반선에만 옥막(천막을 친 집)을 설치하였다." 송방(松舫 : 소나무 배)의 구조는 다음과 같다. "송방은 군산 섬의 배다. 배 앞의 이물비우와 뒤의 고물비우가 다 같이 평평하고 곧게 되어 있다. 배 위의 가운데에 다섯 칸의 뱃집이 있다. 위는 뜸으로써 덮개를 하였다. 앞과 뒤에 작은 선실 방 두개를 들였다." 막선(幕船 : 막을 둘러 친 배)의 구조는 다음과 같다. "중급과 하급의 사절들이 타고 기다리는 데 쓰인다. 위는 푸른 천으로 집을 만들고 아래는 기둥 대신에 긴 장대를 썼으며 네 귀퉁이를 붉게 칠하고 장대를 동아줄로 잡아매었다.

고려동경(高麗銅鏡)에 소개된 고려선(高麗船) ‖ 국립중앙박물관 소장품에 고려시대의 구리거울(銅鏡)이 있는데 이 거울의 뒷면에는 바다를 항해하는 배가 섬세하게 조각되어 있다. 배의 이물과 고물은 높이 솟아있고 거친 파도를 헤치고 바다를 항해하고 있는 모습이다. 조각의 그림으로 보아 앞에서 본 고려의 관선의 모양과 똑같이 생겼다. 그림의 위쪽에는 해(세 발가락이 달린 까마귀가 들어 있는 것)와 달(계수나무와 토끼가 들어 있는 것)이 떠 있다. 세 발가락이 달린 까마귀(三足烏)는 고구려 벽화에 그려져 있는 것과 똑 같다. 이 동경의 조각 그림에서 고구려의 역사적 전통과 문화를 계승한 흔적을 찾아 볼 수 있다. 조각 그림의 맨 위에는 황비창천(惶丕昌天)이라는 명(銘 : 새겨 넣은 글씨)이 있다. 1981년에 중국의 강소성 보응현(江蘇省 寶應縣)에서 출토한 동경이 있는데 중국에서는 해선문동경(海船紋銅鏡)이라고 한다. 거울의 명(銘)은 황비창천이다. 이 거울의 조각 그림은 국립중앙박물관의 고려동경의 거울 조각과 비슷하다. 다만 해와 달이 없다. 공주박물관 소장품에 고려동경(惶丕昌天 銘)이 있는데 이 동경의 모양이나 조각의 그림이 중국의 해선문동경과 똑같다. 이는 고려 배의 수준이 송나라에까지 알려졌음을 나타낸다.

고려전함 ‖ 원~고려 연합군은 1274년과 1281년 2차례에 걸쳐서 일본 큐슈의 하까다(九州 博多)를 공략하였다. 이때 타고 갔던 배는 전라도의 천관산 해안, 변산반도 해안과 마산의 합포 등지에서 고려식 선형으로 건조한 전함이다. 고려의 전함에는 평전선(平戰船)과 누전선(樓戰船)이 있다.

완도에서 발굴 인양한 고려선(완도선) ‖ 1985년에 완도 근해에서 10-11세기경의 도자기 운반선이 인양되었는데, 배 밑은 통나무를 옆으로 이어 마치 뗏목 배와 같은 평저선(平底船) 구조로 되어 있으며 첫 번째 뱃전(杉板)인 부자리(不者里)를 배 밑 가장자리 토막(庶子) 위에 턱 홈을 파서 얹어 놓고 나무못을 박아 묶었다. 그 생김새가 마치 안압지에서 출토한 통나무배의 양쪽 뱃전과 똑 같으며, 그 뱃전을 그대로 가져다 얹어 놓은 것 같다. 이것으로 미루어 보면 한선의 선형은 10~11세기 이전에 이미 정립되었다고 볼 수 있다. 완도 근해에서 발견하여 인양한 이 고려선은 해남 완도 장흥 일대의 연근해를 항해하면서 생활용 도자기와 생활용 토기 등을 무역하던 배였다. 이러한 배를 상고선(商賈船) 또는 무역선(貿易船)이라고 한다. 이 고려선(莞島船)이 발굴됨으로써 문헌을 중심으로만 논의되어 왔던 한선의 선형이 밝혀지게 되었고, 전래되고 전승되고 있는 전통 한선에 대한 조선 공작 기법(技法, 法式)이 사실로 확인되는 등 여러 가지 의문이 풀리게 되었다. 이 고려선을 기준으로 해서 전시대와 후시대의 한선의 선형과 조선기술, 조선기법 등을 추정할 수 있게 되었다.

위와 같이 고려는 이미 상당한 수준의 조선기술을 보유하고 있었으며 이를 적극적으로 국가 경영에 이용하여 해양국가의 면모를 갖추고 있었다.

조선의 수군활동과 조선기술의 발전

고려시대의 수군활동과 조선기술의 전통을 계승한 조선은 극성을 부리던 왜구를 격퇴하기 위하여 수군을 강화하였다. 세종 1년(1419)에 상왕(上王)으로서 병권을 쥐고 있던 태종(太宗)은 군선 227척과 17,285명의 군사를 동원하여 대마도를 정벌하였다. 세종(世宗)

대에는 대선(大船), 중선(中船), 병선(兵船), 쾌선(快船), 맹선(猛船) 등 829척의 군선을 보유하기에 이르렀다. 1510년 삼포왜란을 시작으로 1555년 을묘왜란에 이르기까지 왜구의 침략을 막기 위해, 명종 10년(1555) 선상에 구조물을 만들고 160여명의 군사가 탑승할 수 있는 판옥선이라는 대형선박을 건조했다. 이 배는 갑판 위에 다시 상갑판을 꾸미고 그 위에 사령탑인 장대(將臺)를 설치하여 노 젓는 사람은 갑판과 상갑판 사이의 안전한 곳에서 노를 저을 수 있게 했고, 전투원은 높은 상갑판 위에서 적을 내려다보면서 전투할 수 있게 한 당대 최고의 전투함이었다.

조선시대 선박은 그 크기나 척수에 있어 전함, 관선 등 관용선이 차지하는 비율이 매우 컸다. 왜구의 제압이라는 현실적 명제를 가지고 있었던 조선시대에는 전함과 관선의 발전이 두드러졌는데 고려시대 상선을 발전시켜 많은 탑승인원과 빠른 속도를 자랑하였다. 민간선박은 관의 부족한 선박을 충당하는 의미에서 동원, 차출되었다. 선박건조는 관에 의해 이루어졌고, 민간선박은 선령이 만기 된 전함이나 관선을 매입해 관에서 정한 규격에 맞게 재건조해 사용했다. 민간선박으로는 조선 후기에 고깃배, 소금배, 장삿배 등 어염상선이 연안을 따라 활발한 상업활동을 하였다. 조선시대의 조운제도는 고려시대의 것을 그대로 받아들여 전국의 주요 바닷길에 조창(漕倉)을 설치하고 20여 척에서 많게는 63척의 조운선을 배치하였다.

싸움배(戰艦) ‖ 싸움배(戰船)를 판옥선(板屋船)이라고도 한다. 전선은 당두리의 기본 구조로 되어 있다. 전선은 포판 위에 판옥을 꾸며 적의 총탄으로부터 노군과 군사들을 안전하게 엄호하였으며 피해를 막았다.

통제사(統制使)가 기선(騎船)하는 싸움배를 상전선(上戰船) 또는 좌선(座船)이라고 한다. 싸움배 중에서 제일 크다. 큰 대포(天字砲 地字砲 玄字砲 黃字砲)를 탑재하고 좌우 현(舷)의 멍에 뺄목의 노창(櫓窓)에 노 10척씩을 건다. 절도사(節度使)가 기선하는 싸움배를 읍전선(邑戰船), 수군만호(水軍萬戶), 부사(府使), 군수(郡守)가 기선하는 싸움배를 진전선(鎭戰船)이라고 한다. 싸움배 중에서 두 번째 세 번째로 크다. 중간 대포를 탑재하고 좌우 현의 멍에 뺄목의 노창에 노 8척씩을 건다.

각선도본(各船圖本) 또는 전병각선도(戰兵各船圖)로 알려진 배 그림들은 정조(1776~1800) 때 그려진 것으로 알려지고 있다. 모두 6장의 투시 설계도가 들어 있는데 전선도(戰船圖) 1장, 상장을 떼어낸 전선도(撤上粧戰船圖) 1장, 평전선도(平戰船圖) 1장, 병선도(兵船圖) 1장, 조선도(漕船圖) 1장, 북조선도(北漕船圖) 1장 등이다.

옛날의 조선용 설계도로서, 건축용 설계도를 그리는 기법으로 그렸다. 45°투시도법으로 배를 자세하게 그렸고 채색도 하였다. 그리고 배의 만듦새와 칫수도 기록하였으며 구조에 대한 설명도 해 놓았다

판옥 전선은 2층으로 되어 있는데, 1층은 삼판 7쪽을 이어 붙여 올린 뒤에 멍에를 걸고서 그 위에 귀틀을 짜고 겻집(鋪版)을 깔았다. 여기까지를 평선(平船)이라고 한다. 2층을 상장(上粧)이라고 한다. 1층의 멍에 뺄목 위에 신방(建築의 기둥 밑 防材)을 걸고 그 위에 상장을 올릴 기둥을 세운다. 기둥 위에는 언방(建築의 上防)을 건다. 언방에 상장 멍에를 걸고 그 위에다가 널판을 깔았는데 이것을 청판(廳板)이라고 한다. 상장의 네 주위에는 여장(女牆)을 둘렀으며 방패의 역할을 한다. 상장의 청판에서 이물 돛대와 한판 돛대를 뉘었다

세웠다 할 수 있게 장치를 하였다. 또 청판 위 한가운데에 다락을 만들고, 그 위에 좌대(座臺)를 만들어 가마 지붕을 씌운 뒤 장막을 쳤다. 통제사는 이 좌대에서 모든 배와 군사를 지휘한다. 이 좌대를 장대(將臺)라고 한다.

조선시대 조선 기술의 최고봉은 바로 거북선으로, 거북선을 고찰함으로써 당시 조선의 조선기술을 엿볼 수 있다. 거북선은 갑자기 만들어진 배가 아니라 삼국시대 이래 축적되어온 조선기술의 집합체이며 거북선은 당대 최고의 돌격선으로서 세계 해전사에 빛나는 여러 해전에서 거북선을 이용하여 승리를 거두고, 국가를 지켜냈다.

거북선의 재료로는 두께가 12cm이상의 튼튼한 소나무를 사용했으며 거북선에 사용된 소나무의 비중(比重)은 0.73으로 당시 배의 건조에 사용된 다른 목재의 0.41~0.47보다 훨씬 높은 강도를 가지고 있었다. 바닷물 속에서 녹이 슬지 않는 나무못을 사용하여 충격에 강한 구조로서 배 밑은 10쪽을 이어 붙였는데 길이는 64자 8치, 머리쪽(이물) 너비는 12자, 허리(한판)의 너비는 14자 5치, 꼬리쪽(고물) 너비는 10자 6치, 좌우 삼판은 각각 7폭을 이어 묶어 올렸고 높이는 7자 5치에 달했고 맨 아래 첫째 판(부자리)의 길이는 68자이고, 차차 길어져서 맨 위 일곱째 판의 길이는 113자가 되었다. 두께는 다같이 4치이며 이물 비우는 가로다지로 4쪽, 높이는 4자이고, 둘째 판 좌우에는 현자 대표 구멍을 각 각 1개식 뚫었고 고물비우는 가로다지로 7장, 높이는 7자 5치, 위쪽 너비는 14자 5치, 아래쪽 너비는 10자 6치이다. 또한 여섯째 판 한가운데에 직경 1자 2치가 되는 구멍을 뚫어 키(치)를 꽂았다.

뱃머리(이물)에 거북 대가리(용머리)를 달았는데 길이는 4자 3치, 너비는 3자로 안에서 유황과 염초를 태워 입을 벌려서 마치 안개

처럼 연기를 토함으로써 적을 혼미케 하였다. 좌우에 노가 각각 10척씩 있고, 배의 좌우에 각각 14개의 방패 그 방패에 각각 22개의 대표 구멍을 뚫었고 또 각각 12개의 문을 냈다. 뱃머리(이물)의 거북 대가리(용머리) 위쪽에 2개의 대포 구멍이 있고, 거북 대가리(용머리) 아래에 2개의 문을 냈으며, 문 옆에 각각 1개씩의 대포 구멍이 있다. 거북 잔등 판 좌우에도 각각 12개의 대포 구멍을 뚫었고, 그리고 거북 '귀' 자의 기를 꽂았다.

조선(漕船) ‖ 조선을 조운선(漕運船)이라고도 한다. 경상도와 전라도 남부 지방의 세곡(稅穀)을 이 배로 한양(漢陽 : 서울) 근처 서강(西江)으로 운반하고 경창(京倉)까지 납곡(納穀)을 한다. 조운선(漕運船)은 당두리의 기본 구조 위에 삼판 두 장을 더 올려서 선복 즉 선창의 용적을 더 늘렸다. 노량진에 주교(舟橋)를 가설할 때 조운선이 징집되어 주교 다리의 밑 받침 배 역할을 하기도 했다.

사견선(使遣船) = 통신사선(通信使船) ‖ 임진년(1592년)에 조선을 침략한 일본군은, 1598년 8월에 토요토미 히데요시(豊臣秀吉)가 죽고 조선에 침입하였던 일본군들이 패전을 거듭하자 패퇴하여 철군하게 된다. 그 뒤 토쿠가와 이에야쓰(德川家康)가 일본의 대권을 잡게 되자 대마도의 종의지를 통하여 히데요시의 침략을 사죄하는 사신을 조선에 보낸다. 조선에서는 사명대사를 일본에 파견하여 접촉하게 하였고, 그 뒤로 1607년부터 1811년까지 모두 12차례나 공식적인 통신사를 파견하였다. 이 때 통신사 정사(正使), 부사(副使), 종사관(從事官) 일행과 역관(譯官)들을 태우고 바다를 건너가는 배를 사견선(使遣船 : 사신 파견선) 또는 통신사선(通信使船 : 통신사가 타는 배) 또는 도해선(渡海船 : 바다를 건너가는 배)이라고 하였다. 공식 명칭은 조선통신사선(朝鮮通信使船)이다. 사견선(使遣船)은 전선의 기본 선형 구조로 되어 있다. 다만 포판(鋪板) 위에 판옥(板屋) 대신 객실 누각(客室 樓閣)을 꾸몄으며, 돛폭에는 가장자리에 청색단을 둘렀다. 사견선은 통영과 각 수영에서 건조하게 하고 기선(騎船)할 사람들도 수군에서 충당하였다.

장보고 대사가 활약한 시기와 거북선이 건조된 시기는 약 600년 이상의 시간차이가 나지만 당시 동방의 작은 나라에서 세계 최고의 돌격선을 만들 수 있었던 기술적 배경에는 600년 전 한반도의 작은 지방, 완도 청해진에서 전 세계를 호령하던 장보고의 선단을 구성했던 그 조선 기술이 바탕이 되었음은 어렵지 않게 추정할 수 있다. 현재 어떠한 자료도 남아 있지 않아 장보고 대사 당시의 배와 조선 기술을 알 수는 없지만, 21세기 세계 최대의 조선국인 대한민국, 16세기 세계 최고의 돌격선을 만들었던 기술이 천년 이상 계속된 우리나라의 바다 사랑과 극복의지의 결과라고 생각할 수 있다.

• Note

1) 이 연구를 지원해준 (재)해상왕 장보고 기념사업회에 감사드린다.
2) 김성훈, "장보고 해양활동의 미래사적 조명", 「장보고와 동북아경제 중심전략」, 박영사, 2005, p.7
3) 김성훈, "장보고 해상활동의 미래사적 조명", 2005, p.8
4) 김성훈, "장보고 해양활동의 미래사적 조명", 2005, p.8
5) 권덕영, "재당 신라인의 종합적 고찰", 「대외문물 교류연구」, 2003, 해상왕 장보고 연구회, p.11
6) 김성훈, "장보고 해양활동의 미래사적 조명", 2005, p.8
7) 金在勝, " 張保皐 통상네트워크의 현대사적 의의", 2004, p.8
8) 夏秀瑞, 孫玉琴 編著, "中國對外貿易史", 對外經濟貿易大學出版社, 北京, 2001, p.112
9) 허일 외, "장보고와 황해해상무역", 국학자료원, 2001, pp. 256-258
10) 민성규, 최재수, "해상왕 장보고의 해상활동과 무역의 의의", 김형근 편저, 「해상왕 장보고의 국제무역활동과 물류」, 2001, p.13
11) 민성규, 최재수, "해상왕 장보고의 해상활동과 무역의 의의", 김형근 편저, 「해상왕 장보고의 국제무역활동과 물류」, 2001, pp.13-14
12) 이병로, "장보고와 훈야노 미야다마로와의 교역에 관한 연구", 2005, p.25
13) 韓國古代社會研究所史料叢書. 譯註. 韓國古代金石文 제3권,(신라 · 발해 편). 財團法人 駕洛國史 史蹟開發研究院. 1992 pp. 414~420
14) 김하기, "동방문화교류사논고", p.29 ; 김천식, "장보고의 해상활동의 범위와 역사적 의의", 2004, p.14
15) 한정섭, "장보고와 법화원", p.271 ; 김천식, "장보고의 해상활동의 범위와 역사적 의의", 2004, p.14
16) 최근 연구결과 이러한 사실들이 입증되고 있다(이철영, 정문수, "장보고 시대의

해양물류체계와 한반도 국제물류중심화 방안", 2001, pp.521-522).
17) 김성훈, "장보고 해양활동의 미래사적 조명", 2005, p.15
18) 조태현, "장보고 해상 무역활동의 재평가와 글로벌 경영의 미래 비전", 2006, p.8
19) "장보고 해양활동의 미래사적 조명" 을 쓰신 김성훈 교수는 장보고 대사를 우리가 세계사에 명실 공히 가장 자랑스럽게 내세울 수 있는 현대적 의미의 국제경영인이라고 평가하고 있다(2005, p.9).
20) 김성훈, " 장보고 해양활동의 미래사적 조명", 2005, p.11
21) 강봉룡, "해상왕 장보고의 동북아 국제 해상무역체제", 2001, p.217
22) 김성훈, "장보고 해양활동의 미래사적 조명", 2005, p.12-13
23) 조태현, 2006장보고 해상 무역활동의 재평가와 글로벌 경영의 미래 비전, p.9.
24) 김성훈, "장보고 해상활동의 미래사적 조명", 2005, p.11
25) 1999년에는 정부가 국제화 전략의 일환으로 "해상왕 장보고 기념사업회" 를 공식적으로 발족시켜 해양수산부가 재정지원을 하고 있으며 장보고에 대한 연구사업을 더욱 활성화시키고 있다(김성훈, 2005, p.9)
26) 김성훈, "장보고 해상활동의 미래사적 조명", 2005, pp.11-12
27) 김성훈, "장보고 해상활동의 미래사적 조명", 2005, p.12
28) 민성규, 최재수, "해상왕 장보고의 해상활동과 무역의 의의", 2001, p.39
29) 민성규, 최재수, "해상왕 장보고의 해상활동과 무역의 의의", 2001, pp.40-41
30) 임종관, "장보고 해상활동 재조명과 21세기 해양사상 고취 방향"(1998, p.51), 윤명철 교수는 김형근 편저 「해상왕 장보고의 국제무역활동과 물류」(2001)의 제5장, "장보고시대 동아지중해의 해양활동과 국제항로" 에서 중국과 한반도 간 주요항로를 노철산연안항로, 황해중부 북단횡단항로, 황해중부 횡단항로, 황해남부 사단항로, 동중국해 사단항로 등 5가지로 분류하고 있다. 윤명철의 동중국해 사단항로는 동지나해 사단항로 또는 남중국해 사단항로를 말한다(2001, pp.258-273). 한편, 이철영, 정문수 교수는 노철산 항로, 황해북부항로, 황해중부항로, 황해남부항로로 4분류하고 있다(pp.478-486).
31) 박명섭. "장보고의 해양네트워크 경영의 재조명을 통한 동북아 허브항만 구축에 관한 연구", 2005, p.7
32) 이병로, "장보고와 훈야노 미야다마로와의 교역에 관한 연구", 2005, p.21
33) 야마사키 마사토시, "장보고시대의 동북아시아 무역", 2005, 國學院大學. p.2
34) 이유진, "8-9세기 동아시아 세계의 대외관계와 교역", pp.70-78, 「해상왕 장보고의 국제무역활동과 물류」, 김형근 편저, 2001
35) 이유진, "8-9세기 동아시아 세계의 대외관계와 교역", 2001, p.71
36) 이유진, "8-9세기 동아시아 세계의 대외관계와 교역", 2001, p.72
37) 이유진, "8-9세기 동아시아 세계의 대외관계와 교역", 2001, pp.81-84

38) 이유진, “8-9세기 동아시아 세계의 대외관계와 교역”, 2001, p.81
39) 이유진, “8-9세기 동아시아 세계의 대외관계와 교역”, 2001, p.85
40) 이유진, “8-9세기 동아시아 세계의 대외관계와 교역”, 2001, pp.87-90
41) 삼국사기 권 10 애장왕 5년(804년). 이유진, “8-9세기 동아시아 세계의 대외관계와 교역”, (2001)에서 재인용(p.91).
42) 이유진, “8-9세기 동아시아 세계의 대외관계와 교역”, 2001, pp.95-100
43) 윤명철, “장보고 시대 동아지중해의 해양활동과 국제항로", 「해상왕 장보고의 국제무역활동과 물류」, 김형근 편저, 2001, p.257
44) 임종관. “장보고 해상활동 재조명과 21세기 해양사상 고취 방향”, 1998, p.51
45) 윤명철, “장보고 시대 동아지중해의 해양활동과 국제항로”, 2001, pp.258-259
46) 윤명철은 황해북부횡단항로를 황해중부 북단항로로 분류하고 있다. pp.261-264
47) 이철영, 정문수, “ 장보고 시대의 해양물류체계와 한반도 국제물류 중심화방안”, 2001, pp.480-484
48) 이철영, 정문수는 황해중부 항로중 북단에 위치한 항로를 황해북부횡단 항로로 분류하고 있다. pp.481-483. 그리고 황해중부항로 중 산동반도 이남 지역 항구로 연결되는 항로를 황해중부 항로로 분류하고 있다.
49) 이철영, 정문수, “ 장보고 시대의 해양물류체계와 한반도 국제물류 중심화방안”, 2001, pp.485-486
50) 윤명철 교수는 남지나해사단항로와는 별도로 황해남부 사단항로가 있었다고 주장한다(“장보고 시대 동지중해의 해상활동과 국제항로”, 2001, p265-269).윤명철 교수는 한반도 서남해안에서 출발하여 황해를 횡단하여 당나라 남부지역으로 가는 항로를 황해남부 사단항로로 분류하고 있다. 윤명철 교수는 황해남부 사단항로에서는 한반도 서남해안 지역 항구로 영광, 영산강 하구 회진, 청해진, 해남, 강진 등이 항구로 이용됐다고 설명하고 있다. 황해남부사단항로의 중국 측 항구로는 강소성의 연운항을 중심으로 한 해안지방, 절강성의 항주, 명주(영파), 단산군도 등이라고 설명한다. 황해남부 항로의 전성기는 당나라 때보다 송나라 때 더 많이 이용됐다고 한다. 윤명철 교수는 송나라 선화 5년(1123)에 서긍이 사신으로 고려에 갈 때 명주(절강성 영파)에서 출발하여 강소상 회하 입구에서 동쪽으로 방향을 바꾸어 곧바로 한반도 서남지역 해안으로 왔다고 설명하고 있다.
51) 이철영, 정문수 교수는 초주, 연수 등을 황해중부 횡단항로로 분류하고 있다. 그러나 윤명철 교수는 초주와 초주 근처 회수의 북안인 연수 등까지 황해남부 항로로 분류하고 있다.
52) 윤명철, “장보고 시대 동아지중해의 해양활동과 국제항로”, 2001, pp.274-276
53) 윤명철, “장보고 시대 동아지중해의 해양활동과 국제항로”, 2001, pp.277-280
54) 임종관, 1998장보고 해상활동 재조명과 21세기 해양사상 고취 방향, p.66
55) 金在瑾, “韓國의 배”, 서울대학교 출판부, 1994, p.54

56) 金在瑾, “韓國의 배”, 서울대학교 출판부, 1994, pp. .54-55

57) 이철형, 정문수 교수도 신라시대의 조선기술에 대해 정확하게 알 수 있는 기록을 찾기 어렵다고 말하고 있다. 이철형, 정문수, “장보고 시대의 해상물류체계와 한반도 국제물류 중심화 방안,” 2001, PP.491-495

58) 박명섭, “장보고의 해양네트워크 경영의 재조명을 통한 동북아 허브항만 구축에 관한 연구”, 2005, p.16

59) 박종록, “해양정보를 이용한 선조들의 지혜 - 장보고와 이순신 조류의 흐름을 이용했다”, 해양한국, 2006년 1월호, pp.170-173

60) Hugh R. Clark, "8-10세기 한반도와 남중국 간의 무역과 국가관계", "장보고 해양경영사 연구", 이진출판사, 서울, 1993, pp. .269-284

61) 이철영, 정문수, “ 장보고시대의 해양물류체계와 한반도 국제물류 줌심화방안”, 2001, P. 495

62) 조태현, “장보고 해상 무역활동의 재평가와 글로벌 경영의 미래 비전”, 2006, p.5

63) 續日本記 券9 承和 7年(文聖王 2年)12月 戊辰?, 김신, 전게서, “무역사”, p.273

64) 민성규, 최재수, “장보고 해상활동과 무역의 의의”, 2001, PP.12-13

65) 민성규, 최재수, “장보고 해상활동과 무역의 의의”, 2001, p.39

66) 강봉룡, “해상왕 장보고의 동북아 국제 해상무역체제”, 2001, P. 216

67) 강봉룡, 2002한국의 해양영웅 장보고와 이순신의 비교 연구, p.16~17

68) 무하마드 깐수, “신라와 서역간의 문물교류”, 1992

69) 임종관, “장보고 해상활동 재조명과 21세기 해양사상 고취 방향”, 1998, p.72~73

70) 조태현, “장보고 해상 무역활동의 재평가와 글로벌 경영의 미래 비전”, 2006, p.6.

71) 민성규, 최재수, “해상왕 장보고의 해상활동과 무역의 의의”, 2001, PP.52-64

72) 민성규, 최재수, “해상왕 장보고의 해상활동과 무역의 의의”, 2001, P.54

73) 민성규, 최재수, “해상왕 장보고의 해상활동과 무역의 의의”, 2001, P.62

74) 민성규, 최재수, “해상왕 장보고의 해상활동과 무역의 의의”, 2001, p.41[민성규, 최재수 교수도 장보고 해상세력이 해상실크로드의 동단의 피더라인(feeder line) 역할을 수행했다고 주장하고 있다].

75) 박명섭, “장보고의 해양네트워크 경영의 재조명을 통한 동북아 허브항만 구축에 관한 연구”, 2005, p.6

76) 야마사키 마사토시, "장보고시대의 동북아시아 무역", 國學院大學, 2005, p.11

77) 임종관, “장보고 해상활동 재조명과 21세기 해양사상 고취 방향”, 1998, p.92~93

78) 민성규, 최재수, "장보고 해상활동과 무역의 의의", p.21

79) 김덕수, “인물로 본 한국무역사에 관한 고찰”, 2003, p.227

80) 김덕수, “인물로 본 한국무역사에 관한 일고찰”, 2003, p.278
81) 임종관, “장보고 해상활동 재조명과 21세기 해양사상 고취 방향”, 1998, p.31
82) 박명섭, “장보고의 해양네트워크 경영의 재조명을 통한 동북아 허브항만 구축에 관한 연구”, 2005, p.10
83) 임종관, “장보고 해상활동 재조명과 21세기 해양사상 고취 방향”, 1998, p.59
84) 김덕수, “인물로 본 한국무역사에 관한 일고찰”, 2003,p.278
85) 김덕수, “인물로 본 한국무역사에 관한 일고찰”, 2003, p.279
86) 김덕수, “인물로 본 한국무역사에 관한 일고찰”, 2003, p.281
87) 여기 있는 장보고 대사 청해진 조직체제는 김덕수 교수의 '장보고의 사무역체계도'와 무역조직에 관한 분석자료를 이용하여 작성했다("인물로 본 한국무역사에 관한 고찰", 2003, pp. 277-286).
88) 여기 설명된 재당 신라무역상인들은 김덕수의 “인물로 본 한국무역사에 관한 일고찰”(2003)에서 소개된 것을 요약정리하였다. pp.287-300.
89) 김덕수, “인물로 본 한국무역사에 관한 일고찰”, 2003, p.301
90) 김덕수, “인물로 본 한국무역사에 관한 일고찰”, 2003, p.302
91) 김덕수, “인물로 본 한국무역사에 관한 일고찰”, 2003, pp.302-303
92) 이철영, 정문수, “장보고 시대의 해상물류체계와 한반도 국제물류 중심화방안”, 2001, pp.505-506
93) 이철영, 정문수, “장보고 시대의 해양물류체계와 한반도 국제물류 중심화방안”, 2001, pp506-507
94) 이철영, 정문수, “장보고 시대의 해양물류체계와 한반도 국제물류 중심화방안”, 2001, p.514
95) 이철영, 정문수, “장보고 시대의 해양물류체계와 한반도 국제물류 중심화방안”, 2001, pp.500-504
96) 박명섭, “장보고의 해양네트워크 경영의 재조명을 통한 동북아 허브항만 구축에 관한 연구”, 2005, p.7
97) 강봉룡, “해상왕 장보고의 동북아 국제해상무역체제”, 2001, p.228
98) 강봉룡, “해상왕 장보고의 동북아 국제해상무역체제”, 2001, p.228
99) 강봉룡, “해상왕 장보고의 동북아 국제해상무역체제”, 2001, p.226
100) 강봉룡, “해상왕 장보고의 동북아 국제해상무역체제”, 2001, p.227
101) 강봉룡, “해상왕 장보고의 동북아 국제해상무역체제”, 2001, p.230
102) 속일본후기, 강봉룡 교수의 “해상왕 장보고의 동북아 국제해상 무역체제”에서 재인용(2001, p. 225).
103) 권덕영, 장보고 略傳, p.25
104) “續日本後紀” 권11, 承和 9년 정월 을사조.
105) 오용석, “중국경제의 발전과 장보고 모델의 현대적 응용”, 2004, p.29

106) 고려는 다른 국가와는 달리 事大관계의 조공무역을 한 것이 아니라 동등한 위치의 무역이 진행된 것으로 보인다.

107) 고려는 당시 중원을 차지한 송과 비교해 볼 때 군사적인 측면에서는 송보다 앞선 국가였다. 고려는 국초에 광군 30만 명을 운용하였다. 구당서를 보면 고구려 전성기에 강병 30만이 있었다고 기록되어 있다. 이러한 측면에서 보면 영토가 고구려에 비교하여 훨씬 작은 고려가 30만의 군사를 운용하였다는 것은 고려가 군사 강국이었음을 엿볼 수 있다. 또한 고려는 송의 사신에 대하여 사대(事大)의 예로 사신을 맞이한 것이 아니라 손님의 예로 사신을 맞이한다. 이것은 송이 고려에 대해서 역량을 인정한 것으로 판단된다.

108) 고려는 정치적으로 고구려 계승을 표방하였지만 그 영토는 한반도를 벗어나지 못하였다. 따라서 지방 호족 세력을 제어하기 위한 비용은 해상활동을 통하여 조달한 것으로 생각된다.

109)『高麗圖景』卷33, 舟楫.

110) '王惲,「秋澗先生大全集」卷四十 汎海小錄.' 을 '高柄翊,「麗代 東아시아의 海上通交」pp. .302~303.' 에서 재인용.

111) 金玉根,『高麗財政史硏究』p.306

112)《太宗實錄》권1, 總書 신우 14년.

113) 당시 국제 무역상으로는 의주의 만상, 개성의 송상, 동래의 만상 등이 존재하였으며, 송상을 제외하고는 조선의 주된 무역국이었던 청과 왜 사이에 개설된 개시와 후시지역임을 알 수 있음.

제 II 부

칭기스칸의 육상물류 패러다임

1장 • 거침없이 대륙을 가로지른 유목민, 칭기스칸

2장 • 다시 보는 고대 육상물류

3장 • 삐걱거리는 육상물류체제

제1장

거침없이 대륙을 가로지른 유목민, 칭기스칸

위대한 정복자의 탄생

칭기스칸의 일생

훗날 칭기스칸으로 불린 이수게이의 장남 테무친은 1162년경 몽골의 오논 강 오른쪽 기슭에 있는 델리운 볼닥(낮은 구릉) 지역에서 태어났다.[1] 테무친의 일생은 처음부터 평탄하게 통치자의 길이 준비되어 있었던 것은 아니었다. 테무친은 겨우 열 살쯤에 아버지를 여의고 사람들은 그가 통치하기에는 너무 약하다고 여겨 복종하기를 거부했다. 어머니 후엘룬 에케의 설득에도 불구하고 아버지의 충성스러운 마지막 추종자들조차 테무친을 버리고 가축을 끌고 떠나버렸다. 그러나 청년으로 성장한 테무친은 자기보다 뛰어난 동생 카사르의 활솜씨를 이용하여 부족의 세력을 복구하기 시작했다. 메르키트, 케레이트, 나이만, 타타르 그리고 몽골의 다섯 부족 간에 끊임없이 이어진 싸움을 차례차례 이겨낸 테무친은 1189년 부족장인 칸으로 선출되어 '칭기스칸' 이라는 이름을 취하였다.

소수부족 몽골의 새로운 권력자로 떠오른 칭기스칸은, 자지라트의 수령인 자무카, 왕칸과 동맹을 결성하고 1201년 케룰렌 강의 하류 알쿠이 불락에서 개최된 대집회에서 자신을 몽골의 황제라 선언하였다. 칭기스칸이 동부 몽골을 정복했을 때 나이만은 서부 몽골을 차지하고 있었다. 칭기스칸의 숙적들은 모두 나이만으로 몰려들었다. 타양은 칭기스칸의 측면을 공격하려고 옹구트의 도움을 청하였다. 1204년에 예니세이의 상류에 있는 키르키즈는 싸우지도 않고 항복함으로써 전 몽골리아가 평정되었다. 칭기스칸은 1206년 봄 오논강 상류에서, 이미 복속한 모든 투르크 - 몽골 사람들을 쿠릴타이(대집회)에 소집하였다. 그는 이때 모든 몽골과 투르크 부족들에 의해 지고의 칸에 오름으로써 10여년의 부족 다툼을 정리하고 대몽골제국(에케 몽골 울루스)의 탄생을 선언했다.

중세 동서양의 문명과 역사를 태풍의 회오리 속으로 몰아넣으며 파란을 불러왔고, 지난 1,000년의 세계 역사에서 가장 영향력 있는 인물 가운데 한 사람으로 평가받고 있는 칭기스칸이 새로운 역사의 장을 여는 순간이었다. 또한 9세기 위구르족이 몽골 초원에서 밀려나면서 수없이 쪼개지고 주인이 바뀌었던 초원이 이제 칭기스칸이라는 패자를 중심으로 하나가 된 것이다.

샤먼 탭탱그리가 헌정한 이름인 칭기스는 단단하고 강하다는 뜻을 지닌 몽골어 '칭' 의 복수로 보기도 하지만 바다를 가리키는 투르크어 '탱기스' 에서 따온 말일 것이라는 견해가 유력하다. 이처럼 초원에서 나왔지만 바다를 지배하는 군주라는 뜻의 칭기스칸은 이름부터 세계를 하나로 통치할 것을 염두에 두고 있으며 후손에 의해 이루어진 바다와 육지를 연결한 통합체제의 구축이야말로 칭기스칸에 의해 부여된 사명을 수행한 것이라고도 볼 수 있다.[2)]

몽골을 통일하고 대칸에 오른 칭기스칸이 가장 먼저 손을 댄 것은 통치의 기반을 단단히 하고 공동체 구성원의 마음을 한곳으로 모으는 일이었다. 그는 첫 과제로 대몽골제국을 건설하는 데 밑거름이 된 모든 사람에게 은전을 베풀었다. 이러한 일은 지난날에 대한 보상임과 동시에 미래의 복종과 충성을 담보하는 것으로 대제국의 탄탄한 기반을 형성하는 밑거름이 되었다. 또한 나라의 기본이 되는 조직을 짜는 일도 단계적으로 추진하였는데 95명의 천호장이 임명되면서 천호제가 그 모습을 완전히 갖추었다. 천호장의 자격은 출신 부족이나 지위가 아니라 공로와 능력에 의해 결정되었다. 다음 과업은 종교에 대한 대칸의 우월적 지위를 확보하는 일로 당시 제2위의 서열이었던 무당의 탈권적 행동을 봉쇄해버렸다. 한편 5년여에 걸쳐 행정적 기틀도 잡아 개혁적인 방법으로 내부적 안정을 취하게 되었다.[3)]

이처럼 내부 다지기를 마친 칭기스칸은 제압되지 않은 주변의 소수 부족들을 흡수하고 달아난 세력들을 완전히 제거하는 일을 추진한데 이어 북중국의 정복에 나섰다. 그는 탕구트 유목민들의 서하를 먼저 공격하였는데 그의 서하에 대한 공격은 정착문명에 대한 몽골인들의 최초의 행동이었다. 칭기스칸은 서하를 정복함으로써 중국에서 투르키스탄까지의 통행로를 장악하고 금의 영토를 서쪽에서 포위하였다. 칭기스칸의 금 원정은 1211년에 시작되어 그가 죽는 1227년까지 지속되었으며 그의 후계자 시대인 1234년에야 결말이 났다. 그것은 몽골 사람들이 기동력 있는 기병들로 지방과 무방비상태의 도시를 파괴하는 데는 뛰어났으나 공병들이 지키는 성채를 빼

앗는 기술은 갖추지 못했기 때문이다. 그들은 중국에 대한 전쟁을 초원에서처럼 수행하여, 공격하고도 전리품만 갖고 철수했기 때문에 금이 도시를 재정비하고 요새를 재건할 시간적 여유를 주었다.

칭기스칸은 1225년 몽골로 돌아와 1226년 여름까지 오르콘 강의 지류인 툴라 강의 거영지에서 보냈다. 아랄 - 카스피 해 초원의 통치를 위하여 파견된 칭기스칸의 장남 조치는 독립된 정책을 추구하기 위하여 극단을 치달았다. 그러나 부자간에 공공연한 불화가 발생하기 이전에 조치가 사망했다.[4] 그리고 칭기스칸은 금의 정복을 위해 중원의 서북부를 직접 지배할 필요가 있다는 것을 느끼고 1226년 가을 전쟁을 일으켜 영주를 점령하고 영하를 포위하였다. 1227년 여름 영하가 포위되어 있는 동안 칭기스칸은 오늘날의 평량 서북에 해당하는 용적의 청수하 지역에서 설영하고 있다가 1227년 8월 18일 65세의 나이로 죽었다. 그 뒤 수도 영하는 함락되었고 정복자의 마지막 명령에 따라 전주민이 살해되었다. 칭기스칸의 시신은 한때 성산 부르칸 칼둔 부근에 안장되었다가, 1229년 그의 후계자에 의해 몽골 방식에 따라 대대적인 제사가 올려졌다.

대륙의 대 통합

유라시아의 몸통 중앙아시아를 기반으로 한 몽골은 동아시아와 유럽, 중동 지역을 통합하여 수많은 민족과 문명을 혼합하고 교류했던 역사상 최초의 세계국가였다. 테무친이 몽골 부족을 통일하고 대칸 지위에 오른 것은 1206년이며 그 후 칭기스칸과 그를 이은 후계자들은 북중국을 침공하여 금나라를 무너뜨리고 고려를 유린했다. 그의 손자 바투가 이끄는 10만 이상의 병력은 러시아를 거쳐 헝가리와 폴란드로 들어가 유럽의 정예 기병대를 괴멸시키는 등 40여년에 걸친 대 원정을 통해 중앙아시아와 러시아, 중동의 수많은 도시를 파괴하고 정복했다. 몽골의 정벌이 진행되는 동안 주변의 정세를 살펴보면 중원에 있던 송나라는 북쪽의 여진족이 세운 금나라에 밀려 양쯔 강 남쪽으로 쫓겨 가 남송으로 위축되었고, 중국 서쪽의 비단길 연변에는 서하, 타림분지에는 위구르, 몽골고원 동서쪽으로는 거란족 등 유목민족들이 중앙 및 동아시아에 광범위하게 퍼져 세력권을 형성하고 있었다. 몽골이 금나라를 공격하려고 나서기 시작할 무렵 거란족이 먼저 몽골 휘하로 들어왔고, 뒤를 이어 위구르족 등 여러 유목민족들이 몽골에 합류했다. 몽골에 의한 네 차례 원정으로 대륙의 통합이 이루어진 경과는 다음과 같이 정리할 수 있다.[5]

1차 원정(1215년) ‖ 몽골고원을 통일한 칭기스칸의 기마군대는 재물과 식량이 풍부한 금나라를 치기 위해 길목에 있던 서하를 먼저 공격했다. 1210년 서하의 항복을 받은 몽골군은 이듬해 금나라를 공격해 1214년 수도인 중도를 포위했다. 오랜 전쟁으로 물자부족에 시달리던 금나라 조정은 화친을 요청했고, 칭기스칸은 중도(베이징)에서 군사를 돌렸다. 1215년에 끝난 금나라 복속은 몽골의 1차 원정으로 정리된다.

2차 원정(1219~1225년, 1차 서방 원정) ‖ 칭기스칸이 교역을 위해 보낸 몽골 사신들이 호레즘왕국의 한 지방총독에게 살해된 사건이 일어났다. 분노한 칭기스칸은 침공의 화살을 서쪽으로 돌렸다. 호레즘왕국은 아바스왕도가 약해지면서 이란지역에 세워진 정권으로 서아시아에 이슬람 제국을 대체할 수 있는 세력으로 성장하던 나라였다. 칭기스칸의 공격으로 사마르칸트나 부하라 그리고 이란 동부의 오아시스 도시들까지도 약탈당했다. 칭기스칸의 서방원정은 유목민들의 뛰어난 전투력이 빛을 발했던 원정이었다. 중앙아시아 일대의 넓은 지역을 전쟁터로 했으면서도 각 지역별로 나뉜 부대들은 맡은 임무를 정확히 수행하여 호레즘왕국을 궤멸시켰다.

3차 원정(1235~1244년, 2차 서방 원정) ‖ 1227년 칭기스칸이 죽은 후 1229년 셋째아들 오구데이가 2대 칸으로 등극했다. 몽골초원을 출발한 원정대는 광활한 초원을 가로질러 러시아 초원을 지나 1240년 당시 러시아 최대 도시인 키예프(우크라이나의 수도)를 함락했다. 그리고 1241년 폴란드의 리그니츠전투에서는 폴란드와 독일 연합군을 무찔렀다. 이어 헝가리와 루마니아를 공격하고 오스트리아와 유고지방까지 진출하기도 하였으며 이 원정 후 러시아에 킵차크칸국을 세웠다. 그러나 서유럽 정벌을 눈앞에 둔 어느 날 갑자기 이들은 말머리를 돌려 초원의 안개 속으로 사라졌다. 몽골의 수도 카라코룸에서 2대 칸인 오구데이가 사망했다는 소식이 전해졌기 때문이다. 위기일발의 서유럽은 몽골기병의 침략 공포 속에 안도의 한숨을 쉴 수 있었다.

4차 원정(1253~1260년, 3차 서방 원정) ‖ 이제 몽골의 침략 대상에서 벗어나 명맥을 유지하고 있는 곳은 페르시아문명과 이슬람문명이 꽃핀 서아시아 뿐 이었다. 몽골군은 문명의 꽃이던 바그다드를 파괴하고 아바스왕조를 멸망시켰다. 또 비단길 쪽 지중해지역의 교역중심지인 다마스쿠스(우마이야왕조의 수도)까지 점령하고 이란을 중심으로 한 서아시아에 일칸국을 세웠다.

몽골제국은 12세기 후반부터 14세기 중반까지 무려 150년이나 지속되었으며 칭기스칸시대에 정복한 땅은 777만㎢에 달해 알렉산더(348만㎢), 나폴레옹(115만㎢)과 히틀러(219만㎢)의 세 정복자가 차지한 땅을 합친 것보다 더 넓었다. 그의 손자이자 원나라 시조인 쿠빌라이칸에 이르러 정복 면적은 훨씬 더 늘어나 동쪽으로 고려에서부터 서쪽 헝가리까지, 북쪽은 시베리아에서 남쪽 베트남 근방까지 만주에서 페르시아에 이르는 광대한 제국을 건설하였다.[6)]

몽골제국의 확장 개념도

광대한 몽골제국은 크게 다섯으로 나뉘어 명맥을 이어왔는데 장남 조치가 개척한 킵차크 칸국은 러시아로, 차남 차가타이에 의한 차가타이 칸국은 무굴제국(인도)으로, 3남 오고타이의 오고타이 칸국으로 계승되었고 막내 톨루이의 아들 쿠빌라이는 원제국을 세웠고 그 동생인 훌레구는 일칸국을 세웠는데 이는 후에 페르시아와 이라크로 계승되었다. 이처럼 몽골제국이 분열되었지만 원나라의 황제는 칸 중의 칸이라고 할 수 있으며 몽골제국 대연방을 선도하고 있었다. 다섯 칸국 중에서 쿠빌라이칸의 동생인 훌레구가 통치한 일칸국과 원나라의 관계는 더욱 긴밀하여 끊임없이 사신이 왕래했고, 일칸국은 원나라의 영향을 많이 받았다. 이런 긴밀한 관계는 원대에 걸쳐 인도양과 남중국해를 몽골의 바다로 만드는 데에도 결정적인 역할을 했다.

칭기스칸은 당대에 철저한 준비를 통해 13세기 아시아와 유럽대륙을 통합, 거대한 국가를 건설하여 역사상 볼 수 없었던 유목민에 의한 정착민의 지배라는 역설적인 구도를 완성하였다. 여기서 우리는 정착민에 비해 덜 다듬어지고 전통이 약했던 몽골 유목민이 하나로 단결하여 용감하게 싸울 수 있었던 비방에 대해 의문을 갖지 않을 수 없다. 칭기스칸이 가난하고 무식하고 야만적인 병사들을 이끌고 거대한 정착문명을 정복한 성공비결을 보면 그 시대에 이미 그들 삶 속에 세계를 하나로 묶으려는 글로벌 체제에 대한 구도가 잡혀있지 않았을까하고 추정해 본다.

잠시 유목민이 일반적으로 갖고 있는 천부적 기질과 환경 적응능력 등 정착민에 비해 전투력에서 우세할만한 장점을 살펴보면 유목민은 우선 가축과 자신들이 생존하기 위해 싱싱한 풀이 널린 광활한 초지를 끝없이 찾아 헤매야 하고 이처럼 끊임없이 이동하면서도 경계를 소홀히 하지 않는 조심성을 갖고 있다는 것을 들 수 있다. 그들은 떠돌아다니는 삶에 맞춰 자연스럽게 소지품을 간소화하고 정보를 능란하게 수집하고 속도를 중시한다. 또한 오아시스 위치를 아는 것을 최고 가치로 여기며 이를 통해서 서로 접속하고 상통하는 네트워크를 만들어 낸다. 생존수단이 되는 동물과 수렵대상을 찾고 자연과 적의 위협을 벗어나기 위해 더 뛰어난 이동 기술을 개발해야 하고 더 좋은 무기로 무장해야 한다. 마지막으로 그들에겐 고향이 없기에 한번 떠나면 그만이다. 초원에는 미리 정해진 주인도 없어 실력만으로 주인 자리를 겨룰 뿐이다. 지면 재산을 빼앗기고 상대편 노예로 전락하며, 이기면 재산을 늘리고 노예를 거느릴 수 있다. 그러나 노예가 된 사람이래도 주인을 위해 열심히 싸워 공훈을 세우면 노예 신세를 면하고 새로운 삶을 살아 갈 수 있으니 신분상승의 기회는 항상 열려 있다고 할 수 있다. 한마디로 유목민의 사회를 정리하면 살기 위해 동지들과 협력이 중요한 수평 공존 사회, 살기 위해 집단으로 이동해야 하는 공동화 사회라고 할 수 있다. 그러나 우리가 알고 있는 유목민에 관한 대부분의 기록은 정착민에 의해 쓰여졌기에 기록된 것보다 기록되지 못한 것이 많다고 할 수 있다. 또한 그간의 역사가 오직 정착민 중심의 공간만을 관찰했기 때문에 유목민에 대한 충분한 배려가 결여되었다고 할 수 있다.[7] 이렇게 애증이 뒤엉켜 있는 유목민에 대한 평가이지만 13세기의 칭기스칸과 몽골 유목민들은 중화문명, 이슬람문명, 유럽문명으로 칸막이돼 있던 지구의 단절을 복원시켰다. 외부와 단절을 의미했던 성을 무너뜨리고 지구를 손바닥만 하게 좁혔던 사람들, 유목민들은 최초의 세계화를 이룬 사람들이라는 면은 높이 평가받을 만 하다고 할 수 있다.

대원제국의 세계경영 특성

대원제국의 본격적인 세계경영 시대는 쿠빌라이 때부터로 보아야 할 것이다. 물론 그 이전의 칭기스칸 시대까지 거슬러 올라갈 수도 있겠지만, 칭기스칸의 국가 초창기부터 60년의 시기는 정복, 영토 확대의 시기로서 단순한 군사대국으로 규정할 수 있기에 13세기의 대륙을 지배하고 경영했던 것은 쿠빌라이에 들어 비로소 강하게 추진되었다고 볼 수 있다.

칭기스칸의 대통합 유지를 이어받아 대원제국을 건설한 쿠빌라이의 세계경영의 특성을 살펴보면 첫째, 몽골지배의 근원이었던 초원의 군사력을 유지하기 위해 몽골 기마군단을 중심축으로 각양의 인종으로 이루어진 군대를 소수정예에 의한 최강의 군대로 재편성하였다. 군대조직도 천호제라는 이름으로 일종의 피라미드 형태를 갖췄다. 그래서 지휘자가 손을 한 번 들면 그의 군대는 10만이 됐다가, 한 번 더 들면 20만, 30만, 40만으로 얼마든지 변신이 가능했다. 군대 숫자가 고무줄처럼 신축적일 수 있는 비결은 어떤 병사를 충원하더라고 충분히 전술기량을 펼치는 호환 조직이었기 때문이다.[8]

둘째, 유목민의 계절이동 생활양식과 통치를 결합시킨 양경제가 실시되었다. 쿠빌라이는 자신의 근거지인 상도와 화북경영의 거점도시인 중도를 균형 있게 유지하는 독특한 복수 수도 체제를 구축했다. 여름에는 상도에서 그리고 겨울에는 중도에서 보내는 쿠빌라이 정권은 이 두 개의 도읍을 순행하는 권력이 되었는데 이 양경제는 초원의 군사력을 유지하면서 중화의 경제력을 장악하는 방법으로 평가되고 있다. 이 양경제는 '점' 으로써 두 개의 도읍만을 의미하는 것이 아니고 이 두 개의 '점' 사이와 그 주변, 긴 쪽의 지름이 거의 350km나 되는 타원형의 영역전체가 의미를 가지는 '면' 으로서의 수도권이었다. 이 '면' 안에 각종의 궁전도시, 공예도시, 창고도시, 군사도시 등을 점재시켰다. 이들 여러 도시 사이를 쿠빌라이는 자신의 군단 및 궁정, 정부를 이끌고 계절이동을 했다.

셋째, 광대한 이중구조의 제국을 직접, 간접으로 관리할 수 있는 국가 행정기구와 재정기반을 확립하였다. 군사권 외의 행정, 경제, 징세, 재무, 물류, 잡치 등에 관해서는 3대왕국 이하 모든 대, 소왕권에 권한을 분할했지만 경우에 따라서 테두리에 상관하지 않고 스스로의 대수도권을 중핵으로 하여 자신의 참모와 실무진을 구사, 자유자재로 입안하여 인재와 재물을 폭넓게 움직이는 권한을 유보하고 있었다. 이러한 군사대권의 분할화, 계통화와 행정, 경제운영의 중

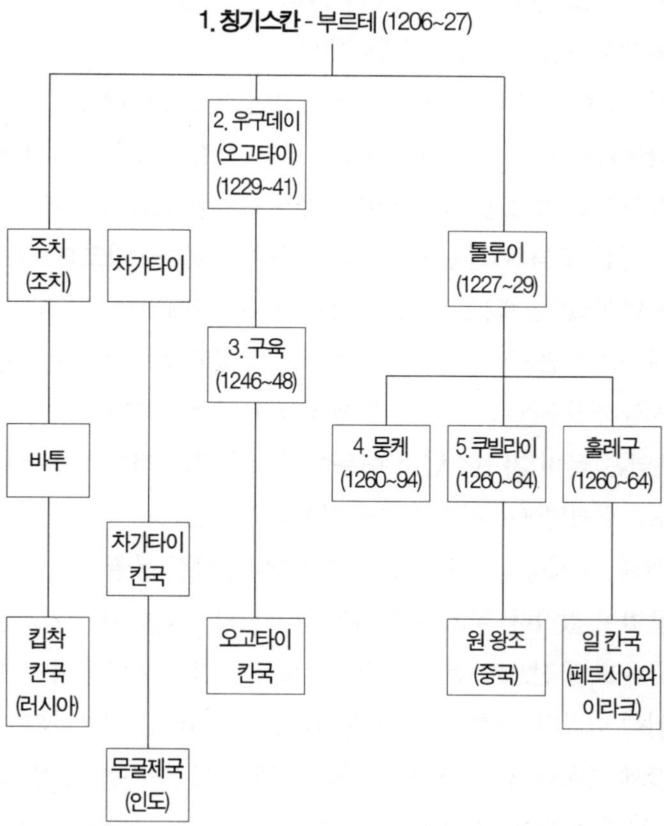

대몽골 제국의 계보도

앙집권체제 구축은 쿠빌라이정권을 특징짓는 두 개의 얼굴이 되고 있다. 쿠빌라이는 이중으로 짜여 진 양면의 분할로 제국을 통제, 조종했다.

넷째, 쿠빌라이는 제국 내에 20만 5,000필의 말과 1만여 곳 이상 설치된 잠치를 군사, 정치용의 통신망뿐만 아니라 육상, 수상, 해상에 이르는 각종 물류활동에 편의를 제공하는 결절점으로 활용하여 풍부한 물자를 원활하게 유통시킴으로써 경제적 안정을 이룰 수 있었다. 즉 잠치라는 네트워크를 이용하여 국가주도 아래 유라시아 전토를 통합하는 물류체제를 만들어냈다.

다섯째, 재정 면에서 최대수입원이었던 소금 판매대금의 교환권을 기간통화인 은과 연결시켜 소금이라는 실질가치와 연결된 염인은 실효성 있는 보조통화가 되었다. 국가에 의한 소금의 전매사업과 은을 대신한 고액의 실질적인 지폐운용은 쿠빌라이왕조의 경제운영의 수단이었다. 제2의 재정수입은 각종 상거래에서 징수되는 상세로 세율은 30분의 1, 즉 3.3%를 원칙으로 했고 최종매각지에서 한 번만 지불하면 되었으며 각종 통행세를 폐지했다. 그 결과 대형 원거리무역은 극히 자연스럽게 이루어졌으며, 결과적으로 유통량이 급증하고 경제면에서 사회전체의 결속도 높아졌다.

여섯째, 문서중심의 행정을 구현하였다. 사실 몽골에는 이렇다 할 성문법이 없었다. 국가 초창기의 영주로서 신격화된 칭기스칸이 정한 규율도 구전으로 전습된 것이었으나 시간이 지나면서 철저하게 정리해 나갔다. 또한 행정, 법무 관료들은 이러한 대카한의 지시 혹은 그에 준하는 왕족, 후비 이하의 사례를 행정판단이나 법의 근원으로서 수집하여 정리했다. 그 결과 각 관청의 관방에는 대량의 문서와 그 부본이 모아져 법령으로 정비되고 시행되었다.

일곱째, 무엇보다도 몽골정권은 점령지의 종교나 문화 부문에 일체 관여하지 않았고 특정 이데올로기나 이념을 민중에게 강요하지도 않았다. 그들은 그 많은 점령지에서도 하층을 그대로 둔 채, 상층부만 부수는 데 주력했다. 몽골치하의 동, 서 거의 전역을 통해 종교나 이데올로기의 차이에 의한 반란이나 항쟁은 전후의 어느 시대보다 눈에 띄게 적었다. 이렇듯 다양한 특성들이 결합하여 역사상 전에 없던 국가, 사회, 경제가 하나의 조직으로 통합된 새로운 국가를 건설하려했던 것이다. 몽골치하의 사회는 다종족이 공존하는 혼합 상태였다. 따라서 특정한 가치관의 주도가 아닌 이념의 공생이라 할 수 있을 것이다. 더구나 그것을 인류역사상 일찍이 볼 수 없는 초광역지역에서 행하려 했던 것이다.

거대한 제국의 탄생

칭기스칸의 내공

몽골이 세계 대제국을 건설할 수 있었던 요인은 몽골 제국 건설의 대영웅이었던 칭기스칸이 오늘날 CEO가 갖추어야 할 자질을 타고난 점과 그 당시(13C) 몽골 군대의 파괴적 전투력으로 압축될 수 있을 것이다.[9]

칭기스칸이 몽골 부족의 구심점이 될 수 있었던 이유는 칭기스칸이 그 시대 사람들의 내면적 욕구를 실현시켜 주었기 때문일 것이다. 칭기스칸 시대의 몽골의 부족 사람들은 잦은 분열과 끊이지 않는 전쟁으로 고통스러워하고 있었기 때문에 통일된 세력을 갈망하고 있었고, 그럼으로써 정복을 통해 내적인 사회경제적 어려움을 극복할 수 있었던 것이다. 다시 말해서 칭기스칸은 몽골종족의 갈망과 희원을 읽어냈던 것이다. 그렇지만 칭기스칸이 시대의 요구를 읽었다고 해서 영웅이 될 수 있었다고 할 수는 없다. 영웅은 그에 맞는 자질을 갖추고 있어야 한다.

칭기스칸은 잔혹한 야만성을 가졌는가 하면 생각이 깊었고, 매우 엄격했으나 관대하고 자애로웠다. 특히 그의 용맹성은 그를 가장 뛰어난 전쟁영웅으로 만들었다. 그는 병사들과 똑같은 게르에서 잤고 병사들과 똑같은 음식을 먹었기 때문에 병사들의 존경을 받았다. 또한 전쟁에서 얻은 전리품을 평등하게 분배했고 이 원칙에 조금이라고 어긋나면 가차 없이 벌을 내렸다. 칭기스칸은 가장 낮은 데를 보는 자가 가장 넓은 데를 어루만질 수 있다고 말했다. 칭기스칸은 역사적으로 드물게 볼 수 있는 위대한 영웅에 걸맞은 자질을 갖추었으며 그의 부족들에 최적의 전투력을 배양하여 몽골인을 세계 제 1 민족으로 만들었다.

몽골군대는 기마전술과 활쏘기 등 완벽한 전투력, 어떤 군대보다 뛰어난 조직과 규율, 드높은 사기 등 이전까지 어느 군대도 갖지 못했던 전투력의 주요 요소를 고루 갖추고 있었다. 몽골군은 이동하기에 쉽도록 그물갑옷을 입었고 도망가는 말 위에서 뒤를 돌아 활을 쏘는 유목민 특유의 전투력으로 적들을 공포에 몰아넣었다. 점령지의 주민들을 전투 병력으로 흡수한 점도 이들이 가진 크나 큰 포용력이자 용인술이었다. 몽골은 점령지의 포로를 적극적으로 전투에 동원해서 병력을 늘려갔다. 민족에 따른 차별을 없애고 능력에 따라 진급도 할 수 있었다. 정복을 할 때마다 병력은 눈덩이처럼 늘어나고 힘도 강해졌다. 몽골군은 기술을 중요하게 여겼기 때문에 정복지에서 기술자들은 죽이지 않고 데려왔다. 특히 기술자를 우대해서 몽골제국에 이바지하게 했고 실제로 이들은 신무기를 개발해 몽골의 전투력에 도움을 주기도 했다. 그리고 지식과 정보로 도움을 준 여러 민족 출신의 재상들과 상인들은 몽골의 전투병력 못지않은 천군만마였다. 이들을 빼고 몽골제국을 말할 수는 없다. 게다가 몽골과 경쟁할 만한 상대가 없던 점도 유리한 조건 중 하나였다.

칭기스칸은 정보를 소중히 관리하고 가치를 최우선시 하였던 것이다.[10] 유목민들에게 정보는 생존을 위한 필수 과목이었다. 초원 지대엔 험준한 산이 없다. 주로 호수와 강, 들판이 널려있어 천지사방이 평평할 수밖에 없다. 이런 자연조건에선 언제 적이 들이칠지, 내가 어디에 숨어야 할 지 항상 경계하게 마련이고 주변 사람들과도 많은 이야기와 의견을 나누게 된다. 나 말고 다른 사람들은 무슨 생각을 하고 있을까, 지평선 너머 초원에는 적이 있을까 동지가 있을까, 가축들을 배불리 먹일 초지가 어디에 있을까, 바깥세상 사람들은 어떻게 살고 있을까, 유목민들은 끊임없이 뭔가를 알아내고 싶어 했다. 전쟁이 일어나면 정보는 더 큰 위력을 발휘하게 된다. 칭기스칸의 주요 정보원들은 중앙아시아와 중원을 오가며 무역을 하는 대상(隊商)들이었다. 우선 칭기스칸은 상인들의 교역을 보호하였고 그에 대한 대가로 상인들의 정보를 수집하였다. 대상들은 실크로드를 대동맥으로 삼아 곳곳을 떠돌아다니는 피 같은 존재였다. 고원의 칭기스칸은 주로 아라비아 출신 상인들을 통해 바깥 세상에 대한 정보를 듣고 참고했다. 칭기스칸 군대는 첩보전과 심리전까지 능란하여 어떤 나라를 공격하기에 앞서 그 나라에 관한 정보부터 속속들이 수집파악했다. 적국에 대한 풍부한 정보에 기초하여 적국의 취약성을 폭로하고 교란작전을 펴서 적국 지도층 사이에 갈등과 반목을 조장하였다. 이렇듯 정보는 칭기스칸의 정복전쟁의 초석이 되어주었다.

그는 또한 철저하게 능력 위주로 주요 인사를 단행했다. 이러한 이유는 아버지의 죽음 이후 칭기스칸이 친척들의 의해 버려진 것에 기인한다고 볼 수 있다. 핏줄에 의한 정치가 아닌 강력한 정치의 필요성을 갈망하였던 것이다. 힘의 논리에 커다란 충격을 받은 이후 철저하게 능력 위주로 판단하여 원수 집안, 노예, 타민족 등의 사람들마저도 제국 건설시 기용했던 것이다.

그리고 칭기스칸은 전리품 획득과 배분에서 선착순 약탈방식을 탈피하고 전쟁 중 세운 공로에 따라 나누는 공동분배 방식 등 혁신적 조치를 취하여 조직전체의 전투력과 소속감을 높일 수 있었고 사기 또한 크게 북돋아 주었다. 이 방식에선 선봉에 선 사람은 싸운 만큼 자기 몫을 차지하고, 뒤에서 싸움을 도운 사람에게도 몫이 돌아간다. 또한 원대한 비전 제시와 개별적 약탈 금지로 칭기스칸의 병사들은 성취욕에 불탔다. 전쟁에서 승리하면 기여한 만큼 대가가 반드시 돌아온다는 믿음도 갖게 됐다. 이는 숫자가 적은 칭기스칸 군대가 엄청나게 많은 상대방을 제압한 비결이기도 하다.[11)]

한편 고대부터 내륙아시아의 유목민들 사이에서 있어왔던 천인제 방식(10인의 장정을 조달할 수 있는 수의 가구 10호를 바탕으로 한 방식으로 100호, 1000호 등이 있었음)을 더욱더 정교하게 다듬어 몽골인을 그저 무장한 사람에서 천인제에 기초한 분명한 군사조직에 포함된 조직원으로 바꿈으로서, 군대 통솔의 효율성을 극대화시켰다.

마지막으로 칭기스칸의 개혁성향 또한 중요한 추진력의 원천이 되었다. 테무친의 맞수였던 자무카는 전통적인 형태의 사회정치적인 조직을 보존시키려고 했던 반면, 테무친은 이를 사정없이 부숴버렸다. 당시 대부분의 몽골귀족들, 특히 그 중에서도 상층귀족들이 오랜 피나는 투쟁의 과정 속에서 테무진에 의해 완전히 일소되어 버리고, 테무친의 친족, 몽골의 통일을 위해 싸우는 과정에서 등장한 사람들, 그리고 부분적으로는 옛 귀족들로 이루어진 새로운 귀족층이 나타났다. 이러한 새로운 상황은 몽골부족의 통합을 지향한 테무친의 개혁정책을 가일층 촉진시킬 수 있었다.

칭기스칸 군대의 활력

칭기스칸이 건설한 군사, 정치적인 체계는 사실상 하나의 혁신이라고 평가된다. 왜냐하면 그것은 몽골속의 전통적인 사회정치적인 조직의 상위계층을 파괴하고, 그 하위집단들을 부분적으로 재구성함으로써, 적어도 전통적인 형태의 분리주의가 생길 수 있는 여지를 없애 버렸기 때문이다. 13세기 몽골 군사력의 우위성을 농경민족의 군대와 비교하여 다음과 같이 정리해 볼 수 있다.[12)]

첫째, 몽골 군대에는 농경민족과 대조되는 기동력, 그리고 기동력을 통한 전술상의 우위성이 있었다. 몽골인들은 하루에 100~200리를 달릴 수 있는 지구력이 뛰어난 좋은 말을 보유하였고, 말과 함께 자라온 그들의 승마술 또한 뛰어났다. 그리고 이러한 기동성이 뛰어난 기병을 이용하여 작전이 개시되기 전부터 이미 적을 당황케 하는 기습과 편제의 효과를 거둘 수 있었다. 또한 초원에서 사냥할 때 몰이대형을 사용하여 달아나는 야생동물 무리의 방향을 바꾸게 하는 것을 배운 그들은 적군을 양익으로 포위할 수 있는 우회기동법이라는 전술을 펼치기도 했다. 또한 그들은 뛰어난 궁술의 소유자로서 그 정확성은 놀랄만하다. 유목 생활시 활의 정확성은 생존과 직결되는 문제였기에 몽골인의 활 솜씨는 단연 세계 최고였다고 할 수 있을 것이다. 물론 중국인이나 이란인들도 몽골 군사의 이러한 우위성을 무시하지 않았다.

수적 열세에서 세계 정복에 나선 몽골 유목민들은 사람 수를 당장 불릴 수는 없지만 속도는 높일 수 있다고 판단했다. 가장 손쉬운 방법으로, 불필요한 것을 소유하지 말아야 한다고 생각했다. 그들은 특히 말(馬)의 효용성에 주목하여 말의 가축화를 이뤄 냈다. 유목군대는 군사 장비도 경량화해 속도를 늘렸다. 당시 유럽 기사단 갑옷과 전투 무기의 무게는 70킬로그램이었지만 유목민 군장은 7킬로그램밖에 되지 않았다. 군량 무게를 줄이는 것도 행군 속도를 높이는 방법이다. 전투 식량을 초경량으로 마련해 군수보급품 무게를 가볍게 할 수 있었는데 보르츠(육포)가 대표적인 예라고 할 수 있다. 한 마리분의 소고기를 말린 보르츠는 소 방광 하나에 모두 들어가 운반하기 간편하고 가벼우면서도, 병사 한 명의 1년 식량으로 너끈했다.

몽골 군대는 원정 전쟁을 치르려면 군대 이동은 물론, 군수 물자, 병참, 식량을 운반하기가 쉽지 않다는 점을 간파했다. 정착민들처럼 지켜야 할 근거지가 그들에겐 없었기 때문에 그들은 전장까지 동물을 끌고 다니면서 보급 문제를 해결했다. 여자나 아이들은 병사들의 전선 후방에서 가축을 돌보며 방목과 군량지원을 동시에 해결했다. 또한 이동식 야영장비 유르트, 이동식 숙소인 게르를 이용하여 10분 만에 집을 만들고 해체하였다. 이러한 것은 바로 원정시 이동속도의 최대화, 즉 기동력 향상으로 이어졌던 것이다.

둘째, 새로운 기술의 수용인데 정복시킨 지역에 군사적으로나 기술적으로 재능이 있는 포로가 있으면 즉시 발탁해서 기술을 전수받고 이를 다음 정복지역에서 활용했다. 1258년 바그다드를 공격할 때 중국인 기술자를 동원하여 작렬탄 발사기를 제조했는가 하면, 10년 뒤 남송(南宋)을 공격할 때는 페르시아 기술자를 동원하여 투석기를 제조하기도 했다. 또한 이슬람인 들의 반달칼, 송의 화약, 종이, 나침판 등도 이들이 전파한 것이었다. 이러한 몽골의 무기수용 전략은 실용주의에 입각하여 타민족 문화에서 본받을만한 점을 최우선으로 흡수함으로써 전쟁수행력을 향상시키고, 피정복민족의 반항을 최소화하여 제국건설에 원동력이 되었다. 칭기스칸은 적이든 아니든 쓸모 있는 모든 사람을 확보하려 했다. 전쟁에서 승리할 때마다 기술자들을 따로 골라내고 부족한 군사들을 현지에서 충원하는 방식으로 항상 인력 풀을 운용하는 놀라운 지혜와 아량을 지니고 있었다.

셋째, 심리적인 전략을 들 수 있다. 공격에 앞서 자신이 신에 의해 선택된 통치자임을 천명하고 적국의 군중에게 저항하는 자들에 대한 무자비한 처형방침을 공포하고 점령 후에는 그대로 시행하였다. 타국의 도시침략 시 죽음이 아니면 삶이라는 두 가지선택을 제시해 줌으로써 대항 시 말살시키고, 항복 시 전원 살려준다는 방법의 전시효과는 대단히 컸다. 또 한 가지 심리적 전략으로 자신들이 갖고 있는 체격, 추한 모습, 악취 등으로 인해 상대방이 갖게 되는 공포심을 백분 활용하였다. 몽골군은 예기치 않게 나타나 배치되었고, 지평선 위로 말을 타고 나타나 둥글게 달렸다. 그들은 조용한 침묵 속에 서행하다가 기수의 신호에 따라 기동하고 진격하였는데 희생물을 제어하기 위하여 그것을 흥분시키고 갈피를 못 잡게 하는 사냥꾼의 오래 된 전통적인 계략중의 하나에서 유래되었다고 할 수 있다.

넷째, 몽골인 하나하나가 최고의 전사들이었다. 초원의 유목민족인 몽골인은 초원이라는 자연 상태가 만들어낸 최고의 전사였던 것이다. 이는 정주국가의 군인과는 엄청난 대조를 이룬다. 초원의 기마군단의 기민성과 용맹성은 토지 그 자체의 자연스러운 결과이고 배고픔과 가난함의 소산이며 유목민이 굶주림의 나날에 살아남을 수 있는 유일한 방법이었기 때문에 그들은 오랫동안 유라시아에 군림하였다.

이상 살펴본 대로 13세기의 몽골은 다른 그 어떤 국가와 비교할 수 없는 엄청난 군사적 우위를 갖고 있었던 것이다. 몽골 대제국 건설은 어느 날 그냥 이루어진 것이 아닌, 13세기의 미묘한 국제정세의 흐름 속에 칭기스칸과 몽골의 전사들이 있었기에 가능했던 것이다.

칭기스칸의 리더십

1206년 몽골 초원을 하나로 통합한 것을 기념하고 새로운 체제의 탄생을 알리는 쿠릴타이에서 대칸에 취임한 칭기스칸은 이름부터 세계를 하나로 통치할 야망을 염두에 두고 있었다. 대륙의 통합을 이뤘지만 바다를 그리지 못했던 칭기스칸의 웅대한 뜻은 손자인 쿠빌라이에 의해 이루어지게 된다. 무엇보다도 대륙의 대통합이라는 역사적인 장거를 이룩한 칭기스칸은 시대적 상황이나 주어진 여건을 잘 활용하는 CEO로서 리더십이 강한 지도자였는데 칭기스칸의 리더십을 분석해 보면 다음과 같다.

첫째, 칭기스칸은 부하들에게 긍정적 전망을 갖게 해주고, 적극적으로 전투에 임할 수 있도록 사기를 북돋아 줬다. 정복 활동시 열심히 싸우면 분명히 무언가를 얻을 수 있음을 보여줌으로써 부하들로 하여금 희망을 갖게 해주었다. 또한 전체적으로 그들이 추구하는 비전을 성취할 수 있는 능력이 있음을 고취시켜 주었다. 부하들로 하여금 만약 역량이 모자라면 현지의 기술자를 활용해서라도 분명히 전쟁에서 승리할 수 있다는 신뢰와 자신감 을 심어주어 그들이 적극적으로 전쟁에 참여토록 유도했다. 정복활동 중 사기를 충전시켜 주기 위해서 정복성공 시 분배를 공정하게 하였다. 그리고 이러한 공정한 분배는 부하들의 능력을 향상시킬 수 있었다. 또한 모든 권한은 현지에서, 그때그때의 상황에 맞게 현지의 지휘관이 철저히 알아서 하도록 많은 권한을 위임했다.

둘째, 칭기스칸은 공평성과 자율성으로 군대를 통치하였다. 칭기스칸은 자기를 부를 때 칭기스칸이라 하지 말고 이름, 즉 테무친이라고 부르라 했다. 각하, 님 식으로 부르지 못하게 한 이유는 어렸을 때부터 몸에 익혀 온 겸손이 남아있어 자신부터 검소하고 부하들과 똑같이 입고 먹었으며 자기 것을 부하들과 공유했기 때문이다. 칭기스칸은 사람들을 차별하는 것을 아주 싫어하여 리더와 구성원 관계에서도 공평성을 추구했고 남편과 아내 사이에서도 그것을 지키도록 요구했다. 심지어 정복한 민족과 정복당한 민족 간에도 차별을 두지 않았다. 페르시아 지방에서 빚을 많이 진 몽골 병사가 아랍인의 노예생활을 했다는 기록도 있다. 정복지에서 승자가 노예가 된다는 것은 지금 우리로선 상상하기 어려운 일이다.

셋째, 그는 모든 의사결정을 신속하게 처리했다. 원정군들은 온갖 작전계획을 세우느라 시간을 낭비할 수 없었다. 수많은 정보와 판단을 요구하는 결정임에도 그들은 철저한 현장주의를 선택하였다. 이렇듯 무모한 방식이 가능했던 것은 그들의 조직이 기동력에서 탁월했기 때문이다. 그 유명한 몽고말과 손에 익은 작은 칼, 그리고 사냥터에서 갈고 닦은 활솜씨를 지닌 그들에게 무거운 갑옷으로 무장한 중세 서양의 병정들은 연습상대에 불과했다. 또한 그는 부족들이 끊임없는 상무정신에 젖어 있기를 바랐다. 그의 마지막 유언중의 하나가 흙벽돌집에 살지 말라는 것이었다. 흙벽돌 생활은 정착생활을 의미하며 곧 말을 포기하는 것이라고 보았다. 그러면 허벅지에 살이 찌고 배부른 기름 맛을 알기 때문에 고통스러운 원정길을 포기하고 음주가무에 빠져 들 것을 경계한 것이다.

넷째, 칭기스칸은 개인적으로 폭 넓은 비전과 개방적 사고방식을 갖고 있었으며 성격적으로도 존경받는 공명정대한 자세를 보여줬다. 물론 이러한 평가는 내부적으로 가능한 것이긴 하지만 오늘날 지도자의 덕목으로 중요한 요소로 치부되고 있음이 사실이다. 그는 일단 전쟁을 벌인 적국이라 할지라도 전쟁이 끝난 뒤 제국의 일원으로 충성을 맹약하기만 하면 어떠한 제한도 가하지 않았다. 그들의 재산은 물론, 왕권, 심지어 종교에까지 자율권을 부여했다. 각 국가가 가진 고유의 특수성을 보존하는 것은 보편성을 의미하는 제국에 대한 충성 하나로 충분조건이 되었던 것이다. 칭기스칸은 놀랍게도 현대인의 생각을 앞지를 정도의 성개방 의식도 갖고 있었고 자손을 번영시키는 근본으로서의 여성 지위를 인정하고 있었던 평등 주의자였다. 사실 그의 아내는 자신의 부락이 공격을 받을 때 적국에게 납치되어 2년여를 적의 장수에게 잡혀 있었다. 그가 자신의 아내를 되찾았을 때는 이미 그의 아내는 아이를 임신하고 있었다. 그러나 그는 천하에 그 사실을 알리고 나의 아내가 낳은 아이는 나의 자식임을 선포한다. 그리고 그 아이는 대몽골족의 장손으로 남아 그의 아버지 위업을 이어 받게 된다.

제2장

다시 보는 고대 육상물류

물류의 힘, 유목문명의 역동성에 있다

수렵, 약탈, 조공, 무역, 번영시대로의 발전

인류문명의 발전단계를 살펴 볼 때, 초기단계에 수렵과 어로로 살았던 원시인류시대의 삶은 불안정했다. 자연재해, 야수의 습격 등 불안정한 유목생활을 피하기 위해 기후조건이 좋은 지역부터 작물을 경작하는 농경문명이라는 획기적인 변화가 일어나고 토지에 정착하여 인류역사의 발전을 주도하게 된다. 그런데 지상에는 농경이 불가능한 장소가 남아있고, 거기에서 또 다른 역사가 펼쳐지게 되어 정착민과 유목민의 생활 패턴이 다르게 전개된다. 북반구의 예를 보더라도 기후변화로 유라시아 내륙을 강추위와 마른 바람이 덮치면서 내륙은 초원으로 바뀌게 되고 초식동물만이 남게 된다. 그 초원에는 흥미롭게도 초식동물을 잡아먹고 사는 맹수들도 남게 되어 새로운 먹이 사슬이 엮어지면서 그곳에 살던 주민은 주어진 여건 속에서 가능한 삶의 형태를 찾아내게 되었다. 초원을 삶의 터전으로 삼는 동물들을 잡아먹거나, 길들이고 순화시켜 먹거리를 만들어 내는 것이 바로 유목민의 삶이라고 할 수 있다. 유목민들은 주로 수렵을 통해 먹을거리, 입을 거리, 자고 쉴 거리를 해결했다. 그러나 동물의 이동을 따라 항상 초원을 움직여야 하는 그들의 생활은 풍족함이 없었고 그때그때의 환경에 적응하면서 생활을 영위했다.[13]

드넓고 싱그러운 초원지대는 얼핏 보면 자유와 낭만의 공간으로 비칠 수 있지만 실제 초원의 삶은 수월하지만은 않다. 짧은 여름이라도 가뭄이 계속되면 풀이 말라버리기도 하고 추위와 폭설이 몰아치는 겨울에는 굶주림으로 생존이 위태로울 때도 있다. 혹독한 자연환경에서 살아남기 위해 유목민들은 강인한 체력과 정신력으로 무장하지만 곡물이나 일상용품이 늘 부족하다. 그래서 특유의 대담무쌍함과 기동성으로 정착민이 살고 있는 변방이나 이웃한 농경국가에 쳐들어가 곡식이나 가축을 약탈해가곤 했다. 물론 정식으로 이웃나라와 물물교환을 하거나 교역을 통해 필요한 물건을 충당하기도 했다. 유목민이 이런 약탈과 교역을 하는 것은 경제생활을 지탱하기 위한 기본이라고 할 수 있다.

따라서 생존을 위한 수렵시대의 물자조달체계를 보면 유목위주의 소수 부족에 의한 자급자족 시대로 정의할 수 있다. 그러나 초원을 찾아야 생존이 가능했던 이들은 결국 힘 있는 자가 이기는 약육강식의 자연섭리가 지배하는 사회로 나아가게 된다. 야생에 익숙해진 유목 부족 간에도 점차 힘의 논리에 따른 전력보강을 위해 부족단위의 통합 필요성이 대두되고 부족단위의 인원, 식량, 초원의 관리시스템이 갖추어 지게 되었다.

부족중심 사회체제의 발전은 부족단위의 통합에 따라 이동규모가 확대되고, 취득하는 물자의 규모가 대형화되어감에 따라, 비교적 생활이 편리한 곳을 중심으로 모여 사는 정착생활도 시작되었다. 부족단위의 발전은 점차 규모가 커지면서 지도자의 통치 형태에 따라 크게 영향을 받는 1차적인 통치 집단으로 발전하고 합리적 통치제도의 채택에 따라 국가형태를 취하게 되어 원시적인 전제 국가체제로 발전하게 된다.

칭기스칸은 이러한 부족연맹 체제를 통합하여 몽골에 의한 지배영역을 확대할 수 있었다. 예로부터 중국과 북방유목민족은 미묘한 관계를 유지하면서 더 강한 지배력을 확보하기 위해 서로 힘을 겨루었다. 중국은 전통적인 중화사상에 따라 주변 민족들을 모두 미개한 오랑캐로 얕잡아 보았다. 그러나 사실 중국은 유목민족의 기동력과 용맹성을 두려워했고 그래서 이들의 요구를 들어주며 달래야 할 처지였다. 중국 여성을 유목민족의 족장에게 시집보낸 일이나 견마무역으로 중국의 비싼 비단을 유목민의 값싼 말과 교환한 일 등은 모두 유목민족을 소홀히 대할 수 없는 중국의 속내를 보여주는 것이다.

30여년에 걸친 유목 정벌시대에 이어 중국을 흡수통일하고 원나라를 선포한 쿠빌라이는 상업과 군사의 양축을 바탕으로 세계를 지배하는 지배자가 된다. 대원제국 성립 이후 쿠빌라이는 주변국과 조공형태의 교역을 추진하면서 주변 약소국과의 물자 교류는 관제무역인 조공형태를 유지하였으나 민간에 의한 자유스러운 상역형태의 발전을 제한하지 않아 동서 물자교류가 활발하게 이루어졌다. 쿠빌라이는 원나라 형성과정에서 이슬람상인들의 지혜와 상업을 통해 축적된 정보와 재원에 상당히 의존하고 있었던 터라 관치무역의 주류는 통치목적의 역참제 관리에서 기원하지만 점차 통치제도가 안정되어감에 따라 폭 넓은 민간무역과 상업주의 번영시대로 발전하였다. 결국 유목민족들은 교역과 정복이라는 양날의 칼을 휘두르며 유라시아를 호령했고 동서 교류에도 막대한 공헌을 했다.[14)]

정복시대 상업주의의 촉매역할

몽골제국 무역의 기원은 대륙정복과정에서부터 시작되었다고 볼 수 있다. 호혜평등사상이 충만했던 칭기스칸시대 분배원리를 보면 전쟁에 참가한 병사만이 아니라 후방에서 지원한 부녀자까지도 전리품의 적당한 몫을 챙길 권리가 있었다. 물론 황실 구성원도 제국의 각 지역에서 자기 몫을 차지할 권리가 있어 자기 몫의 물자를 현물로 받았고 그것을 시장에서 팔거나 바꾸어 돈이나 다른 상품을 구했다. 페르시아의 몽골인은 중국의 친족에게 향료, 강철, 보석, 진주, 직물을 공급했고, 중국의 몽골 왕실은 페르시아에 도자기와 의약품을 보냈다. 소위 전통적인 관무역에서 중국의 몽골인은 이런 물자를 거두고 운반하는 대가로 상당량을 챙겼음에도 불구하고 다른 지역에 수출하는 양은 늘어나기만 했다. 이렇게 물자관리의 마력에 빠진 지도부의 의중대로 때로는 전쟁의 와중에 있으면서도 분배 물자를 교환하는 일종의 관무역을 허용하여 원대를 통해 지속적으로 상업주의를 발전시키는 촉매역할을 했다.

몽골 제국의 행정구역은 중국, 중앙아시아, 페르시아, 러시아 등 크게 넷으로 나뉘었지만, 이러한 정치적 분열은 한 지역에서 다른 지역에 대한 물자의 요구가 줄어들기 보다는 오히려 과거의 분배제도를 더 장기간 유지보존하게 만들었다. 따라서 서로의 경제적 이해관계가 정치적 분쟁을 넘어섰던 셈이다. 이런 분배 물자의 끊임없는 움직임으로 몽골이 전쟁할 때 쓰는 길은 점차 상업적 간선으로 바뀌어갔다. 끊임없이 확장되는 잠치는 몽골에서 베트남까지 또는 고려에서 페르시아까지 소식과 사람, 물자를 말이나 낙타 캐러밴에 실어 보냈다. 물자의 이동이 늘어남에 따라 몽골 당국은 이전의 전통적인 길보다 더 빠르고 편한 길을 찾았다.[15]

쿠빌라이는 몽골제국 역사상 칭기스와 어깨를 나란히 할 제2의 창업자였다고 할 수 있다. 원대를 통해 대대적인 개혁의 고삐를 죄었던 쿠빌라이는 군사와 통상이 하나가 된 국가의 건설을 구상했다. 쿠빌라이에 의한 원대의 통합정책을 보면 그 바탕에 다음과 같은 세 가지 요소가 조합되어 있음을 알 수 있다.

기본적으로 쿠빌라이는 몽골지배의 근원인 초원의 군사력을 유지하려 했다. 국가 통치의 힘이 되는 지배세력의 중심에 몽골 기마군단을 두고 여러 인종으로 편성된 각급 군대를 재편성하여 몽골군대 우위의 지배체제를 구축하였다. 둘째, 광대한 이중구조의 제국을 직접 · 간접으로 관리할 수 있는 국가 행정기구와 재정기반을 확립했다. 이를 위해 옛날부터 제국행정의 전통을 가지고 있을 뿐 아니라 유라시아에서 최대의 부와 생산력을 보유하고 있는 중국을 그대로 손에 넣을 필요가 있었다. 이른바 중화의 경제력이 뒷받침이 되었다. 셋째, 그 부와 생산력을 축으로 쿠빌라이정권이라는 국가주도 아래 유라시아 전토에 걸친 물류체제를 구축하였다. 이렇게 사람과 물건의 흐름을 원활하게 함으로써 몽골의 분할지배체제가 유지되고 상업과 유통으로 몽골제국을 유지한다는 것이었다. 쿠빌라이로 하여금 중상주의를 알게 하고 물류의 굳건한 프레임을 건설하고, 여기서 생긴 이윤으로 국가재정을 탄탄하게 다진 주역은 칭기스칸의 고원제패 시기부터 이미 몽골과 관계를 맺고 있었던 이란계 무슬림을 중핵으로 하는 상업세력과 경제 관료들이었다. 쿠빌라이 정권은 그들을 더욱 더 국가운영의 중앙에 참여시켜 중상주의를 원대의 양대 지주의 하나로 발전시켰다.

원시대에 실크로드를 통한 무역을 장려하기 위해 파이자라는 패를 대상들에게 발급했는데 이는 오늘날 신분증에 해당하는 것으로 손바닥보다 약간 큰 명판을, 금이나 은이나 나무로 만들어 차고 다녔다. 파이자를 가진 사람은 명판제조에 사용된 금속이나 부조된 조각 등으로 신분을 쉽게 확인할 수 있어 제국 전역을 여행하면서 보호를 받고, 편의시설과 교통수단을 이용할 수 있었으며, 지방세나 관세도 면제받았다.[16)]

원대의 중상주의 정책의 발전

역참제를 중심으로 한 육로만으로는 세계제국 건설에 한계가 있음을 인식한 쿠빌라이는 꽤 많은 해상 함대와 선박건조와 항해술을 갖춘 남송(南宋)을 정복하고 유라시아를 꿰뚫는 해상교통의 거점과 진로 확보에 나서게 된다. 한편 쿠빌라이정권이 육상 네트워크 구상에 기초해 물류조직을 확립하는 국가기획 초기부터 해상으로 진출할 야심을 가지고 있었던 것을 관찰할 수 있는데 육지와 바다를 묶어 하나의 통합 물류체제를 구축하려는 생각을 엿볼 수 있다는 것은 놀라운 일이 아닐 수 없다. 이미 육지에 건설된 제국만으로도 인류역사상 최대가 되어 있었던 몽골은 쿠빌라이 시대 약 30년 동안에 바다로 나아가는 외연을 확장하여 통합물류대국이라는 측면도 함께 가지게 되는 것이다. 쿠빌라이 시대 그가 추진한 세계화 구상으로 몽골제국과 유라시아 세계는 상호 교류의 폭을 넓혀 갔다. 그래서 쿠빌라이 국가가 주도한 자유무역 · 중상주의정책은 몽골 지배의 힘이 미치지 않은 지역까지도 육상과 해상 교역의 테두리에 들게 하는 유라시아대교역권을 출현시키게 된다. 몽골인들은 정복지 관리에서도 현지인을 활용하고 현지 정보를 최상으로 취급하는 등 현지문화와 제도를 대부분 인정함으로써 문화적 마찰을 최소화하였다. 또한, 정복지에 소수의 지배층만 파견하여 관리하고 중앙과 지방만의 유통에 한정하지 않고 정복지간의 물산 유통을 활성화하여 정착민의 무역을 장려했다.

몽골의 침략으로 페르시아와 이라크의 제조업 대부분이 파괴된 상태에서 새로운 교역로들이 개방되자 중국 제조업은 새로운 기회를 맞이했다. 몽골의 중국 정복은 중동 군사원정만큼 파괴적이지 않았다. 게다가 쿠빌라이는 중국의 전통물품이 중동시장에 유입되는 동시에 무슬림과 인도의 과학기술이 중국으로 광범위하게 이전되도록 밀어붙였다. 몽골의 황실가족 구성원들은 일정한 몫의 분배를 통해 유라시아 전역에서 이루어지는 생산의 많은 부분을 통제했지만, 이런 물자의 운송과 판매는 상인 계급에게 의존했다. 이처럼 몽골인은 자연스럽게 전사에서 주주로 변신했지만, 스스로 상인이 될 생각은 없었던 듯하며, 또 그럴 만한 기술도 없었다.

몽골 엘리트들이 교역에 깊숙이 관여하기 시작하면서 상업 및 무역을 대하는 관념과 태도는 과거의 전통과 뚜렷한 단절이 이루어졌다. 중국에서 유럽에 이르기까지 전통 귀족은 일반적으로 상업활동을 불명예스럽고, 더럽고, 종종 부도덕하다고 멸시해 왔다. 권력이나 신앙을 독점한 자들이 낮추어보는 육체노동 직업과 같은 급이었다. 중국 여러 왕국의 행정가들은 교역용 물자를 내놓는다는 것이 이웃에게 공물을 바치는 것과 같다고 생각했기 때문에 수백 년 동안 전통적으로 상업을 제한했고, 가급적 교역을 피하려 했다. 그러나 몽골은 상인을 강도보다 겨우 한 단계 높은 지위에 놓은 중국의 문화적 편견을 정면으로 공격하여 상인의 지위를 모든 종교인의 직업보다 높은 자리로 격상했다. 상인보다 높은 지위는 이제 정부 관리밖에 없었다. 대신 중국 전통사회에서 지위가 가장 높았던 유교 학자들은 아홉 번째로 낮춰져 거지보다 높았지만 매춘부보다 낮은 등급으로 전락했다.[17]

칭기스칸 시대 이후 몽골인은 한 곳에서는 흔하고 당연하게 여기는 물품이 다른 곳에서는 이색적인 것으로 여겨져 잘 팔린다는 사실을 알고 있었다. 13세기 마지막 수십 년 동안 상인들은 확대되어 가는 몽골의 교역망 어딘가에서 팔릴 만한 새로운 상품 또는 새로운 방법으로 시장에 내놓을 수 있는 오래된 상품을 찾으려고 혈안이 되었다. 염료나 종이나 약에서부터 폭죽이나 화약에 이르기까지 모든 물품이 거래될 수 있었다. 몽골이 무역을 장려하는 과정에서 지방 생산품을 장악하고 이를 위한 국제 시장을 찾아내자 새로운 직물이 다양하게 유통되기 시작했고 다양한 품목이 교역 대상물로 취급되어 전대미문의 무역 호황기를 누리게 된다.

남송의 통합과 남북산물 교류

쿠빌라이는 재위 통치 기간 중 육상 물류체제와 해운물류를 연결하여 글로벌교역의 교두보를 마련하였으며 아라비아, 인도, 아프리카 등과 문명 교류를 통해 13세기에 오늘날의 국제무역 네트워크를 구축하였다. 비록 군사적인 접촉은 크게 성공하지 않았지만, 8세기 중엽 이래 아랍과 중국 간에 활발히 전개되어온 해상무역이 쿠빌라이에 의해서 새로운 국면을 맞게 되었다. 중국의 남북이 해로를 통해 연결되어 상해(上海)가 역사에 모습을 드러낸 것도 몽골시대부터였다. 낙타 1마리는 고작 270킬로그램을 싣고 터벅터벅 걸어서

머나먼 사막을 가로질러야 했지만, 8세기 후반 송나라에서 사용된 300톤급 다우선 한 척은 600마리의 낙타 등짐과 600명의 선원을 한꺼번에 실어 나를 수 있었다.

쿠빌라이는 대원국을 선포한 후 중도를 건설하면서 중도를 바다와 직접 연결하는 운하건설도 동시에 추진한다. 도시 이름도 중도에서 대도로 바꾸면서 단순한 궁궐 차원을 넘어 바다로 달려 나가겠다는 유목민의 꿈을 실현할 출발점으로 삼고 있다. 대도 북쪽에 적수담이라는 거대한 인공호수를 만들고 수로를 통해 통해하, 백하를 거쳐 직고(천진)에 이르면 바다에 이르게 되고 여기서 천주와 광주 등 남중국 해상도시는 물론 고려와 일본, 인도양을 거쳐 세계로 끝없이 이어질 수 있었다. 그리고 이 루트는 바다만 품는 것이 아니라 남북대운하를 통해 중국의 대륙까지 물을 통해 연결하겠다는 계획까지 포함하고 있다.[18)]

남송 정벌 후 남-북간의 활발한 물자 교류와 이역과의 무역을 통해 원대 이후 중국은 육상루트를 통한 전통적인 교류에 더해 해상루트를 통한 시너지효과에 힘입어 무역의 중심지로 부상하게 되었다. 원나라는 남송에 이어 접수한 바다비단길 무역을 장악하면서 동서교역을 더욱 발전시켜 이슬람제국을 접수한 일칸국과 함께 인도양을 사이에 두고 하나로 묶은 체제가 구축되었다.

동서교류의 물길과 이슬람인의 교량 역할

몽골제국 초기인 1210년대 초반부터 중반까지 몽골고원의 동쪽과 서쪽으로 나뉘어 있던 거란족이 먼저 몽골에 합류했다. 동쪽의 거란족은 금나라의 지배 밑에 있었는데 최정예부대였다. 그러니 거란족의 이탈은 금나라의 힘이 약해지는 중요한 요인이 되었다. 이어서 톈산산맥 일대에 있던 위구르인이 합세했다. 이렇게 제국 초반기에 합류한 두 민족은 한때 중앙아시아와 동아시아에서 가장 주목할 만한 세력이었다. 거란은 이미 300년 전인 907년경에 유목국가와 중국식 국가체제를 결합해 제국을 경영한 경험이 있는 민족이었다. 몽골은 선배인 거란을 벤치마킹해 중국을 지배하고 경영할 수 있는 자신감을 배웠고 실제로 많은 노하우를 얻었다.[19)]

거란은 몽골보다 앞서 유목국가와 종주국가를 결합한 새로운 형식의 제국을 만들어 경영해본 경험이 있는 민족이었다. 요나라가 바로 거란이 세운 나라로 중국의 동북지방에서 몽골고원, 서투르키스탄 위의 초원까지 장악한 제국이었다. 거란에 이어 합류한 위구르인들은 오아시스비단길과 초원비단길의 교통요충지인 톈산산맥 부근과 타림분지의 투루판을 중심으로 활약하고 있었다. 이들은 중국과 중앙아시아에 널리 퍼져 있는 투르크족을 통합하기에 적절했다. 몽골이 거란에서 중국 경영을 배웠다면 위구르인에게서는 중앙아시아를 지배할 수 있는 힘을 얻은 셈이다. 위구르인들은 여러 나라말에도 능통했고 지혜로운 민족이었다. 위구르인들은 몽골제국 아래로 들어와서 능력에 따라 관료로, 상인으로 활약했고 지배층의 한 축을 이룬 지도계층이었다.

쿠빌라이의 정책이념은 철저한 중상주의였다. 몽골제국 초기에 좌 거란 우 위구르라고 부를 만한 제국 건설의 파트너가 있었다면 원나라에는 바다비단길의 패자인 무슬림 상인이 있었다. 이 시대 무슬림상인들이 만든 오늘날의 기업 같은 상인조직인 알탈은 몽골제국에서 가장 지배적인 영향력을 미친 세력이었다. 그 외 여러 나라의 상인이 몽골제국이 유지되는 데 매우 중요한 역할을 했다. 몽골 지배자들은 일찍부터 비단길을 통해 무역을 하면 많은 이익이 생긴

다는 것을 알고 있었다. 몽골족이 가지지 못했고 또 몽골족에게 필요한 것을 가진 사람들이 바로 상인이었다. 당시 비단길을 오가며 무역을 했던 국제상인들 중 페르시아와 아랍 출신의 무슬림상인들은 그 수도 가장 많고 장사수완도 좋았다. 중국에서는 푸른 눈빛을 가진 사람들이라는 뜻에서 이들을 색목인이라 불렀다.

이들은 비단길 주변의 나라들을 돌아다니며 장사를 했기 때문에 지리에도 밝았고 여러 나라들의 권력구조나 정치상황도 잘 알고 있었다. 호레즘왕국을 침공할 때 한 번도 가지 않은 길을 여러 부대들이 정확하게 움직일 수 있던 데는 바로 이 상인들이 준 정보가 있었다. 결국 몽골의 세계 지배는 무식한 유목민이 주먹구구로 이루어낸 것이 아니라 철저한 분석과 치밀한 작전에 따른 결과인 것이다. 요컨대 무슬림상인들은 핵심참모로 정보원으로 지리안내인으로 활약했고 전쟁비용까지 담당했으니 그 역할이 얼마나 컸는지 짐작할 수 있다. 그들의 본격적인 활동은 원나라 때에 빛을 발한다.

원대 경제우선주의의 평가

쿠빌라이가 구상하여 건설한 국가시스템은 경제와 유통의 관리가 국가운영의 기축에 있는 경제우선형 체제라고 볼 수 있다. 칭기스칸의 유지를 이어받고 기나긴 정벌에서 형성된 군사조직이나 행정기구도, 그리고 보통을 뛰어넘는 열의로 정비된 육상·해상의 물자수송망도 국가에 의한 경제장악이라는 첫 번째 목표를 달성하기 위한 수단이었다고 볼 수 있다. 거시적으로 보면 몽골제국은 당초의 단순한 국가대국에서 쿠빌라이 이후 거대한 경제중심국가로 옮겨갔던 것이다. 통상입국의 자세를 강하게 띤 초광역의 군사국가·통상국가·물류국가로의 변신이었다. 쿠빌라이국가의 경제정책은 서

유럽에서 근대에 실현되는 중상주의와 매우 흡사한 체제를 견지하고 있다. 더구나 일면 국가주도이면서 어디까지나 자유경제를 지속적으로 바탕에 깔고 있는 점도 주목된다.[20]

쿠빌라이는 몽골 지배권을 확대하면서 몽골의 지배와 함께 성장해 온 거란과 위구르 사업집단을 더욱 적극적으로 국가경영에 끌어들였다. 당시 그들은 투르크어로 오르톡(ortop)즉 동료(조합)를 의미하는 상인조직을 형성하고 있었다. 페르시아어로 오르톡은 한문으로는 알탈(斡脫)로 표기되는데, 몽골어로도 투르크어 그대로 오르톡이라 했다. 쿠빌라이는 이들 규모화 된 상업인 집단을 대원 울루스 정부의 경제행정 속으로 끌어들이고, 국가 관리의 포섭된 틀 위에서 비호해 주었다. 인가된 오르톡은 몽골이 공금으로 유지 · 관리하는 육로 · 수로 · 해로의 운수 · 교통 · 숙박기관을 우선적으로 사용할 수 있었다. 일종의 특허집단이라 해도 좋을 것이다. 그렇게 되면, 위구르 상업세력과 이란계 무슬림 상업세력은 대항관계라기 보다는 상호 협동했다고 하는 것이 더 정확한 표현이 될 것이다.

어쨌든 내륙통상에서 다툰 양자가 혼연 일체화하고부터는 두 무리가 가진 정치 · 문화 · 정보의 능력과 연줄이 넓은 지역에 유효하게 발휘되었다. 그 네트워크는 무슬림을 주체로 하는 해양상업인 집단과도 연결되었다. 유라시아에서 최대의 부를 보유한 중국을 제압한 대원 울루스는 이들 몽골과 연결된 상업인조직의 상업 · 유통 등 다방면에 걸친 활동을 통해, 내외에서 물류와 통상으로 연결되어 있었다.

사통팔달, 원의 운송 시스템

전통적인 운송수단 몽골인들은 애초에 길의 개념이 없었던 유목민이었다. 칭기스칸과 그 후계자들은 유목민 방식을 고수하여 정복지마다 길을 건설하지 않고 이동이 자유스러운 말을 주 운송수단으로 사용하여 광대한 지역을 연결하는 신속한 유통망을 구축하였다. 오늘날 실크로드로 명명된 교역로도 상설로로 건설된 것이 아니라 계절에 따라 가변성이 있는 초원의 통행로로 점과 점을 연결하는 루트라고 보아야 할 것이다. 초원에서 몽골 부족의 말을 이용한 이동, 수렵, 교역 등 유목생활방식은 초기부터 100여년간 지속된 정복기 활동의 핵심이 되고 있다. 정복기 군장과 복장을 최대한 간편하게 하여 승마조건을 경량화 하였으며 식량마저 보르츠라는 건조식(乾燥食)으로 대체하여 기민성을 높일 수 있었다.[21)]

당시 수도인 카라코룸에서 북경까지는 1,500킬로미터, 타슈켄트까지는 3,000킬로미터, 바그다드나 모스크바까지는 5,000킬로미터나 떨어진 먼 거리다. 몽골제국의 동에서 서쪽 끝까지 이르는 데 아무리 빨리 말을 달려도 최소한 100일 이상이 걸렸다. 대제국의 교통망을 위해서 그들이 건설했던 것은 도로가 아니라 역참이었다. 중요한 노선을 따라 일정한 간격으로 배치된 역참에는 숙박시설 외에도 수레나 말과 필요한 식량이 준비되어 있었다. 전역에 걸쳐 설치된 역참에서는 지친 말을 교환해 주고 다시 원기를 회복시키는 역할을 하였다. 각 역참에서 전령들은 그들이 묵을 수 있는 아름답고, 부유하고, 웅장한 성(城)을 발견하게 된다. 더욱 놀라운 것은 각 역참마다 대칸의 전령들이 말을 바꾸어 탈 수 있도록 400여 필의 말이 구비되어 있었다는 점이다. 이러한 역참은 각 지방으로 향하는 주요 도로마다 40~50킬로미터에 하나씩 설치되어 있었다.

초기 역참은 군사용으로 설치되었고 정복지와의 정보 교환이 주 임무였으나 점차 민간에 의한 교역의 거점으로 전환되고 상업의 주요 거점으로 발전해 갔다. 정복시대에 종횡으로 촘촘히 설치된 역참은 미국의 우편제도와 같이 중앙과 지방간 정보, 군사, 물자교류의 창구가 되었으며 아시아 전역을 촘촘히 연결할 수 있는 네트워크를 구축했다. 몽골제국이 이룩한 아시아 - 유럽 간의 연결고리는 역참제를 통한 육로에 국한되었던 것은 아니다.

몽골인들의 생활에서 말은 전사의 가장 큰 무장수단이었고 평시에도 운송수단일 뿐 아니라 그 자체가 매우 중요한 교역품이었다. 실제로 중국은 오랜 세월에 걸쳐 북방의 흉노족 · 돌궐족 · 위구르족 등과 말을 교역품으로 활용하여 견마무역을 해왔다.[22] 견마무역이란 중국의 얼굴이라고 할 수 있는 비단과 유목민의 상징인 말을 서로 일정한 조건으로 주고받는 것을 말한다. 이는 유목민과 농경민인 중국인 모두에게 필요한 것이었다. 유목민들은 중국에서 비단을 가져와 그것을 서역에 수출함으로써 막대한 중간이익을 챙길 수 있었다. 견마무역은 유목민들이 늘 겪는 물자 부족에서 벗어날 수 있는 좋은 방도였다. 경제적으로만 보면 견마무역은 중국인들에게 불리한 교역이었다. 유목민들이 값싸고 노쇠한 말을 몰고 와 비싼 값을 요구하는 경우도 종종 있었다. 하지만 무서운 기세로 쳐들어와 가끔 중원대지를 휩쓸고 가는 북방유목민족은 중국인에게 언제나 위협적인 존재였다. 그래서 중국은 이들의 요구를 쉽게 거절할 수 없었고 일종의 안정보장책으로 값비싼 비단을 바꿔주던 셈이다. 게다가 기동력이 뛰어난 유목민들과의 싸움에서 이기려면 중국도 날

쌔고 훌륭한 전투마가 절실했다.

견마무역이 장기간 지속되면서 말을 주고 비단을 가져가는 거래에 주로 이용되는 특별한 길도 생겼다. 초원 비단길의 동편이자 몽골고원을 흐르는 오르혼강에서 출발해 몽골의 수도 카라코룸을 지나 장안과 베이징을 거쳐서 중국의 동남해안 항구도시인 항저우나 광저우에 도착하는 길이며 그곳에서 바닷길로 이어지기도 한다. 이 길을 통해 북방의 유목문화와 중국 한민족의 농경문화가 서로 영향을 주고받았고 남북의 물물이 오가기도 했다. 비단길은 동서로 세 갈래가 열려 있었지만 이렇게 작은 남북 길들이 사이사이에 나 있어 사람들은 사방팔방으로 필요할 때마다 만나 서로 교류했다.

한편 몽골지배 기간 중 통신과 교역로로 중요한 기초인프라의 하나였던 잠치(역전망)는 당초의 군사목적 · 정치목적만의 특급 연락망의 범위를 넘어 중앙아시아와 동아시아를 연결하는 육상 · 수상 · 해상의 교역통로로서 국가 경영의 중추 네트워크 역할을 하고 있었다. 이처럼 말은 몽골 초기와 원대에 걸쳐 기본적인 운송수단이었고 가장 중요한 물류의 기반으로 활용되었다. 한편 대상에 의한 낙타가 말의 기능을 보완하여 장거리 물자 운송에 큰 역할을 수행했다. 남송과의 통합 후에는 선박이 대량운송수단으로 활용되었지만 대부분의 주요 물류활동이 내륙에서 발생되고 종결되어 말처럼 지배적인 운송수단으로 활용되지는 못하였다. 종교와 예술에서 비단 · 도자기 · 유리 같은 물품에 이르기까지 동서교류를 촉진하는 데는 말, 낙타 같은 동물이 중요한 운송수단이 되었고 해상교류에는 선박이 대량운송의 수단으로 유용하게 활용되었다.

대상에 의한 상품운송

사막 곳곳에는 농경과 목축을 위주로 생활하는 유목민들이 군데군데 흩어져 있는 오아시스를 중심으로 집단 주거지를 이루고 있었다. 그런데 오아시스는 면적이 좁고 농작물 등 생산물이 적어 근처에 있는 다른 오아시스와 물물 교환을 해야 했다. 그래서 낙타와 말 등에 상품을 싣고 무리를 지어 사막을 여행하는 상인들인 대상이 생겨난 것이다. 원래 대상은 페르시아어에서 기원한 말로 예전에는 군대를 의미했다고 한다. 그들은 주로 말, 낙타 등 동물을 운송수단으로 활용하여 실크로드를 통해 동서무역을 수행했던 상인 집단이다. 대상들은 초원, 사막, 산악지대 등 험난한 무역로를 거쳐 2,000km 이상의 장거리를 운송하였으나 이들이 다니는 루트는 계절에 따라 변화가 심한 초원으로 중간에 설치되었던 역참에서 물자의 교환이 이뤄졌기에 오늘날의 도로와는 성격이 다르다고 할 수 있다. 이들 대상들은 단순히 상업활동에만 그친 것이 아니라 각종 생활정보와 문화를 전달하는 에이전시 역할을 담당했으며 전시에도 이들의 역할이 컸던 것을 알 수 있다.[23)]

대상은 지역이나 목적에 따라 그 규모가 일정하지 않았지만 편성할 때에는 일정한 규칙이 있었다. 낙타 20마리가 최소단위로 이를 1연이라고 불렀다. 1연은 몰이꾼 한 명이 책임져야 할 낙타의 수다. 2연을 1파라고 하며 5파를 1정방이라고 했으니, 200마리가 1정방이 되는 셈이다. 일반적으로 200~300마리의 낙타로 한 대상이 편성되는데 그중 4분의 3 정도는 교역품을 싣고 나머지에는 식량과 물 등을 실었다.

대상로 곳곳에는 여행자에게 편의를 제공하는 숙박시설이 있었는데 대상들이 도중에 머무르는 쉼터를 대상관이라고 했다. 대개는 주위에 방벽을 둘러싼 2~3층 건물로 그 안에는 대상들이 쉬는 작은 방들이 마련되어있었다. 침실과 주방, 욕실은 물론이고 무슬림을 위한 기도 장소도 따로 있었으며 낙타 축사가 있는 곳도 있었다. 대상들은 이곳에서 피로를 풀며 각지에서 보고 들은 정보를 나누기도 하고 상품을 거래했다. 지금도 중앙아시아나 서아시아 곳곳에 대상관들이 남아 있어 그 흔적을 살펴볼 수 있다.

특히 몽골제국시대에는 역참제가 활성화되면서 역참에 대상관을 지어 대상들이 이용하기 쉬웠다고 한다. 이븐 바투타는 자신의 여행기에서 대상관을 설명하면서 중국이 여행하기에 가장 안전하고 좋은 고장이라고 소개했다. 그의 기록에 따르면 전국의 모든 역참에는 식량 등 여행자에게 필요한 것을 갖춘 숙소가 있는데 관리자가 기병, 보병과 함께 상주하면서 대상관에 묵었던 상인들의 신분을 일일이 확인하고 기록까지 했다고 한다. 또 다음 역참까지 안내하기도 해 상인들이 다니는 데 어려움이 없도록 도왔다고 적고 있다.

원대의 행궁 운송수단

쿠빌라이의 통치를 위한 기본 인프라건설은 군사 · 행정 · 경제 · 유통 · 생산 · 교통 등 모든 부문에 걸쳐 있었다. 우선 쿠빌라이는 자신의 근거지 개평부를 상도로 고쳐 부르고 수도를 카라코룸에서 상도로 옮겼다. 다음으로 화북경영의 거점도시인 중도를 그 이름 그대로 또 하나의 도읍으로 삼아 이른바 양경제토 운영하였다. 이는 상도를 여름수도로, 중도는 겨울수도로 정하고 양 수도를 정기적으로 이동하는 행궁정치였지만 이러한 수도의 이전에는 다양한 의미를 부여할 수 있다. 이 양경제(兩京制)는 초원의 군사력을 유지하면서 중화의 경제력을 장악하는 방법이었다. 당왕조가 장안과 낙양을 양경으로 하고, 명왕조가 북경과 남경을 정부의 두 도읍으로 한 것처럼 역사상 종종 보이는 이중수도(dual capital, 兩京)가 아니었다. 유목지역인 몽골고원과 농경지역인 화북이라는 완전히 다른 두 세계의 양쪽에 걸쳐 있었기 때문에 점으로써 두 개의 도읍만을 의미하는 것이 아니라 두 개의 점 사이와 그 주변, 긴 쪽의 지름이 거의 350㎞나 되는 타원형의 영역 전체가 의미를 갖는 면으로서의 수도권이었다.[24)]

이 면안에 각종의 궁전도시 · 공예도시 · 창고도시 · 군사도시 등을 배치하였다. 궁전도시는 여름의 산개목축을 행하는 상도방면의 경치 좋은 호수나 강가에 상도를 그대로 축소해 만든 소규모 궁전 같은 위락도시를 말한다. 그 도시 가운데에는 유원지 이외에 궁전들과 그 부속시설만이 세워져, 대칸 일행이 찾아오지 않는 동안은 관리인들만이 있었다. 공예도시는 궁전전용 혹은 국가직영의 물품을 만드는 공예 직인 · 기술자와 그 공방 · 공장만을 모은 도시로, 물론 그 관계자 · 가족도 거주했고 인종도 각색이었다. 창고도시는 곡식과 말먹이 비축용 창은 땅에 큰 구멍을 파고, 그 위에 지붕을 얹은 모습으로 지어졌다. 그래서 성벽 안이 그런 반지하식의 거대한 창으로 가득 메워진 저장용 도시가 중도와 상도 주변 에 몇 개나 만들어졌다. 또 보물창고는 몽골제국의 기본재화인 은(銀)을 비롯하여 그 보조통화였던 금 · 동전 · 지폐 · 비단이나 염색물 · 자기 · 보석 등의 보물을 수납했는데 그러한 보고(寶庫)를 성벽으로 둘러싸 엄중하게 지킨 도시도 있었다. 군사도시는 각 군단의 지휘부를 비롯하여 각종의 군사시설, 무기 · 전쟁도구의 제조공장 등이 모여 만들어진 도시이다.

이들 여러 도시 사이를 쿠빌라이는 자신의 군단 및 궁정 · 정부를 이끌고 계절이동을 했다. 쿠빌라이 직속의 유목기마군단은 이렇게 이동하는 동안 그들로서는 몹시 소중히 여기는 말들을 유지 관리해야 했다. 상도와 중도의 2대 거점 이외에 이 영역 가운데 때때로 체류한 곳이 이른바 수도였다. 왕 일행의 행궁은 거대한 물류의 이동을 의미했으며 원대의 살아있는 물류전략이 바로 이러한 지도부의 이동에서 나온 것이라 할 수 있다. 특히 대도로 바뀐 중도는 단순한 궁궐이 아니라 바다로 나가겠다는 유목민들이 가진 꿈의 출발점이라고 할 수 있다.

수운체제의 구축

대도의 건설에서 출발하는 대원제국의 해양계획은 바다로 길을 내는데 그치지 않고 남북대운하를 통해 중국 내륙까지 수운을 통해 연결하는 대담한 계획이었다. 수도권의 중심항인 적수담 주변은 시장, 창고, 경제관청 등이 자리 잡아 교역, 유통, 통신, 물류의 허브가 되었고, 육로와 해로를 연결하는 대 네트워크의 중심인 대도는 해상교통의 출발점이자 종착점이었다. 이를 건설한 쿠빌라이는 글로벌 물류체제의 마스터로서 그에게 이상적인 아이디어를 낸 유병충, 곽수경 등의 제안을 열린 마음으로 받아들인 면이 탁월하다고 할 수 있다. 그들은 이러한 수운의 건설로 화물거래가의 대부분을 점했던 운송비를 대폭 절약할 수 있었는데 수운을 이용할 경우 과거 말을 이용했던 때 수송비의 1/10로 수송이 가능했고 대량, 대형물자의 수송을 가능하게 되어 무역이 부형성의 원천으로 자리 잡게 되었다. 대도에서 운하를 통해 직고까지 나아가 옮겨 싣지 않고 다시 바다로 연결되는 뱃길은 항주, 천주, 복주, 광주 등 중국 내륙의 해안도시와 바로 연결되고 더 멀리는 동으로 일본, 고려와 남으로 동지나해를 지나 동남아와 중동 이슬람 지역까지 이어졌다.[25)]

남송을 통합하여 중원을 장악하게 된 쿠빌라이는 육지의 통합 후에 꿈에 그리던 바다로 나가게 되어 육지와 바다를 동시에 조망하는 글로벌 플랜을 차근차근 추진하게 되었다. 남송은 이미 상당한 전력의 해상함대를 보유하고 있었는데 극히 일부를 제외하고 대부분의 함대는 손상 없이 대원울루스로 넘어왔다. 몽골은 단지 함대뿐만이 아니라 그에 수반한 조선력 · 기술력 · 항해기술이나 해양문화에 관한 지식 · 정보 등 중국 강남 사회가 축적해 온 해양실력을 그대로 계승하게 되었다. 이런 의미에서 몽골은 해상에 관한한 남송의 후계국가에 지나지 않는다고 할 수 있다.

한편 해상운송을 주도적으로 이용하지 못했던 남송정권은 무역을 장려는 했지만 정부가 솔선해서 항해단을 조직하거나 스스로 해외교역으로 나아가려는 자세가 부족했다. 바다를 바라보는 시각도 수동적이고 제한적이었기에 남송의 무역정책은 민간 의존형으로 일관되었다고 할 수 있다. 그런데 쿠빌라이가 거느린 몽골은 정반대로 목적지향성이 강하여 남송의 제반 해운여건을 수용하면서 그것을 기점으로 해상항로도 장악하여 더욱 안정된 초광역의 몽골권을 만들어내려 했다. 그들은 사전에 그러한 계획을 세우고 있었기에 강남 통합은 형식적인 통과점으로 치부하고 다음 단계로 재빨리 이동하여 육상과 해상을 연결하는 대통합 물류체제의 구축에 들어갔다.

한계에 부딪힌 육상통합시스템

대량운송의 한계

말은 초원에서 유용하게 활용되는 유익한 동물이고 특히 가족만큼 중요하게 다루는 몽골인들에게 전시뿐 아니라 평시에도 신체의 일부처럼 여겨지기도 하며 사람과 화물을 운반하는 최적수단으로 간주되고 있다. 도로사정이 여의치 않은 초원에서 말을 이용하여 단거리, 소량화물을 운반할 경우 그 효용성은 따라갈 대안이 없다. 그러나 넓은 대원 울루스를 유목방식의 연장선에서 말 등을 이용해 물자를 수송하기에는 중량과 규모 면에서 한계가 있을 수밖에 없다. 칭기스칸 이후 중앙아시아, 중동, 러시아 등 고비사막, 천산산맥을 수없이 넘으며 원거리를 운행했던 대륙의 정복기에는 군장 및 군수물자의 경량화, 소량화를 통한 기민성과 효율화로 전투력을 향상하는 데 말의 쓰임새가 성공적이었다. 그러나 쿠빌라이 이후 대원제국의 동서양을 잇는 유통 및 교역확장 시기에는 점차 늘어가는 교역화물을 장거리에 걸쳐 낙타나 말 등을 이용하여 운송하기에 한계에 달할 수밖에 없었다. 그들이 상용하던 잠치제도를 이용한 말과 말의 연계운송은 수레나 마차 등 도구를 전혀 사용하지 않고 다만 축력을 이용하여 모든 화물을 운송해야 했기에 운송능력에는 한계가 뚜렷했다. 당시 몽골영역권의 지형은 초원으로만 연결되었던 것이 아니라 사막, 산악지대, 호소 등으로 도로를 개설하기에 적합하지 않았고 기후의 변화에 따라 수시로 지형이 바뀌는 지역으로, 마차, 수레 등 특별한 운송도구를 사용할 수 없어 운송의 효율성을 높이는 데 제약이 큰 지역이기도 했다.

따라서 유목시대의 민첩성, 기민성 등 스피드와 관련된 물류의 효능은 물류수요의 증대를 제약하게 되어 부피가 크거나 무거운 물자는 교역 대상품에서 배제되었으며 경량, 소량의 사치품, 고가품 위주로 교역이 일어날 수밖에 없었다. 몽골 초기에는 정착생활이 고착되지 않아 교역의 역할이 크지 않았지만 점차 안정화, 정착화 생활로 진전되면서 교역품목의 다양화, 거래량의 증대 등 육로를 통한 물자운송의 비중이 커지게 되었다.

신속운송의 한계

대상의 운송수단인 말, 낙타는 대량수송의 한계도 있지만 2,000km이상의 원로를 수송하는데 지리적, 계절적 제약을 극복할 수 없으며 신속성에 있어서도 제약이 있었다. 도로가 건설되어 있는 동서교역 루트가 아니고 자연 상태의 초원, 사막, 산악지대를 통한 수송에 말을 이용할 수밖에 없기에 교역대상품의 부피, 무게 등 외형적인 제약과 함께 신속한 물자의 수송에도 큰 제약이 되고 있었다. 더구나 장기간 계속된 정복과 개척 시기에는 교역활동이 제약을 받게 되고 우선순위에서도 낮게 취급되고 있음을 알 수 있다. 쿠빌라이 시대에 들어 형제국간의 분할통치에 따라 정쟁이나 불안정한 여건이 조성되더라도 관무역은 허용되었지만 우선순위에서 정치적 상황을 앞설 수는 없었을 것이다.

몽골 초기에 군사 정복을 통하여 만들어진 네트워크를 상업에 이용했지만, 곧 군사목적의 이동은 말을 타고 육지를 가로지르는 것이 가장 빠른 반면 상업에 의한 대량물자의 운송은 선박을 이용하는 것이 가장 좋다는 사실을 깨닫게 되었다. 몽골은 이미 황허와 양쯔강을 연결하고 있던 대운하를 확대하고 연장하여 곡식을 비롯한 다른 농산물을 북쪽 지역으로 더 멀리 더 효율적으로 운송하고 있었다. 그들은 중국의 공학과 과학기술을 새로운 환경에 적용하여 그들의 영토 전역에서 수로 사업을 벌였다. 윈난에서 몽골 행정관을 10여 개의 댐과 저수지를 만들어 운하들과 연결시켰는데, 이것은 현재도 남아 있다. 남송정복 후 해운에 의한 바다비단길이 개척되고 이슬람, 인도, 동남아지역과 선박을 통해 대규모 무역이 활성화됨에 따라 무역의 본 루트로 해운이 자리 잡게 되며 대원울루스 체제에서 무역을 통한 국가발전이 뚜렷해졌다. 자연스럽게 원대 경제활동의 중심은 해운이 주도하고 있던 강남지역으로 옮겨지게 되며 이 지역의 성장부진은 원대 재정의 파탄으로 이어지고 서서히 원대의 종식으로 이어질 정도가 되었다.

연계운송의 한계

대부분의 운송수단이 단일 수단으로 제한적이었고 보편화되어 있지 않아 효율적인 운송수단의 결합이 이뤄지지 않았다. 원대에 해상운송 루트가 개척되어 대도 주변에서 육상운송과 해상운송이 결합된 연계운송 방식이 나타난다. 원양항로를 통해 운송된 중동 이슬람 문물은 적수담에서 다시 중국 내륙으로 육상 운송되거나, 내륙운하를 통한 수운으로 확산되기도 했다. 원대의 해상운송체제는 활발하지는 않아 고려를 통한 일본의 원정을 추진할 정도로 의식은 있었지만 이를 보장해 줄 기술수준은 미치지 못한 것으로 보인다.

몽골은 일본과 자바 침공 과정에서 조선에 대해 많은 것을 배웠으며, 군사적 노력이 실패로 돌아가자 그 지식을 평화적인 상업 활동에 돌렸다. 쿠빌라이 칸은 제국 내에서 식량은 기본적으로 배로 운송한다는 전략적 결정을 내렸다. 바람과 물의 흐름에 의존하는 수상운송이 인간과 짐승의 노력에 의존하는 육상 운송에 비해 값싸면서 효율성이 높다는 것을 깨달았기 때문이다. 몽골은 첫 해에 약 3000톤을 배로 운반했지만, 1329년에는 그 양이 21만 톤으로 늘었다.

쿠빌라이 칸은 많은 짐을 싣고 바다로 돌아다닐 수 있는 큰 배의 건조와 이런 배가 들어갈 수 있는 항구의 건설을 장려했다. 몽골인은 항해에서 사용하는 나침반을 개선하였으며 전보다 정확한 해도를 만들게 되었다. 중국 남부의 항구 천주에서 페르시아 만의 호르무즈에 이르는 길은 극동과 중동을 잇는 주요한 해상 연결로가 되었다. 배로 이 항로를 따라가면서 베트남, 자바, 세일론, 인도의 항구들에도 들렀으며, 들르는 곳마다 몽골인은 자기 땅에서 쉽게 생산할 수 없는 설탕, 상아, 계피, 면화 등의 물자를 많이 만났다. 또 페르시아 만으로부터 몽골의 영향권 너머로 계속 항해하여 아라비아, 이집트, 소말리아 등지에서 훨씬 더 다양한 물자를 정기적으로 거래했다.

몽골 영향권 외부의 그런 지역들은 몽골 물자의 분배체계 내에서 움직이지 않았다. 대신 몽골 당국은 그들과 장기적인 교역 관계를 맺었다. 몽골의 보호를 받는 봉신들은 몽골이 정복에서 능력을 발휘했던 것처럼 상업에서 뛰어난 능력을 발휘하여 인도양의 무역을 지배하기 시작했다. 몽골은 그들이 정치적으로 통제할 수 없는 새로운 지역으로 무역을 확대하기 위해 일부 봉신들, 특히 중국 남부의 봉신들에게 외국 항구로 이주하여 교역기지를 설치하도록 장려하였다.

몽골 왕조의 통치기간 전체에 걸쳐 수천 명의 중국인이 고향을 떠나 베트남, 캄보디아, 말레이반도, 보르네오, 자바, 수마트라의 해안에 공동체를 만들어 정착했다. 그들은 주로 운송과 교역 일을 했으며 상인으로서 항구로 통하는 강을 따라 오르내리며 장사를 하기도 했다. 그러나 시간이 흐르면서 점차 다른 직종으로도 파고들었다. 몽골인은 남부의 무슬림 국가들을 통과하는 긴 우회로를 거치지 않고 직접 유럽 시장에 도달하기 위해 외국인들이 제국 가장자리 흑해 해안에 교역기지를 설치하는 것을 장려하였다. 몽골인은 칭기스칸 치세인 1226년에는 교역기지를 습격하기도 했지만, 이제 제노바 사람들이 크림반도의 카파 항구에 교역기지를 세우는 것을 허락했으며, 나중에는 타나에도 교역기지 설치를 허용했다. 그뿐만 아니라 이 교역기지를 육지와 바다에서 보호하기 위해 해적과 강도를 쫓아내는 역할도 하였다.

다양한 운송체제의 한계

원대 통치기간 중 무역을 장려했음에도 불구하고 초기 무역형태로서 그 규모는 제한적이고 단순한 무역에 지나지 않았다. 무역의 형태에서도 조공의 비중이 컸으며 일반 상역의 경우도 동서 교류의 비중이 작아 오늘날처럼 다양한 운송수단의 연계를 시작하지 못했다. 원대 무역의 교역대상지역은 원거리 교역이 이뤄지고 있었지만 전체적인 규모에서는 근거리 교역이 큰 비중을 차지하여 전반적인 문화 교류가 원활하지 못했음을 알 수 있다. 인공호수 적수담 주변에는 시장과 창고, 그리고 경제관청 등이 자리를 잡았다. 세계 각지에서 멀고 먼 바닷길을 헤치고 직고에 도착한 무역선에 실린 상품들은 운하를 지나는 배로 옮겨져 수로를 따라 적수담까지 운반되었다. 뭍으로 옮겨진 상품들은 대부분 마차를 이용해 제국 각지로 실려 나갔고 일부는 창고에 저장되기도 했다. 이를 위해서 각지로 향하는 공도가 만들어 졌고, 중국 내륙의 교통망인 역참제는 일부 새롭게 정비되고 보완되었다. 이처럼 원대의 바다를 연결하는 건설계획은 육지와 바다를 통합하여 운영하는 물류시스템으로서 그 규모가 웅대하였으며 그 중심에 있는 대도는 애초부터 교역의 중심지로 개발되어 오늘날 물류에서와 같이 허브 앤 스포크(Hub & Spoke)시스템의 허브에 해당된 물류중심이 되었다.쿠빌라이가 이처럼 대규모 도시를 만들고 세계와 연결하는 물류시스템을 구축하겠다는 구상을 한데는 중국 측 학자의 도움이 컸겠지만 이러한 원대한 꿈을 잉태하게 한 칭기스칸의 열린 마음이 더 크게 작용했을 것으로 짐작된다.

조직과 운용체제가 물류통합의 관건이다

몽골 조직체계의 특성

칭기스칸 군대는 그 조직방법에 특성이 있으며 이를 바탕으로 다수 민족을 포용할 수 있었다. 일찍부터 천부적인 기질과 철저한 단련에 의해 형성된 특성으로 가득 찬 몽골의 군대는 소수이지만 강한 전투력을 유지하여 광대한 면적과 다양한 민족을 다스리는 제국 통치의 기반이 되었다. 몽골군대는 기동성이 뛰어나서 전투대형의 배치, 군수품의 보급과 병참뿐 아니라 각종 정보통신 등에서 우수성을 인정받고 있었으며 이들은 군 편제에서도 혁신적인 제도를 만들어 점차 조직화해 갔다. 전투를 통해 익히고 받아들였던 흉노의 십진법, 중앙 좌우의 3분할 체제에 기인한 전투대형은 연합작전 시 기동성을 보장해주고 위협적인 공격을 가능케 한 효율적인 군조직 체계라고 할 수 있다. 그들의 군대 조직은 능력위주로 운영되어 신분의 귀천, 적과 우군을 가리지 않고 능력 있는 자를 기용하여 군의 사기를 높이는데 기여했다. 또한 구성원들에게 연대책임을 물음으로 조직의 결집력을 높였다.

제국을 통치하기 위해 칭기스칸은 대자사크 외에도 수많은 제도 개혁에 나선다. 그 중 하나가 개인의 능력을 최대화시킬 수 있는 사회 행정조직인 천호제(千戶制)이다. 이 제도는 지연과 혈연을 무시하고 씨족, 부족과도 관계없이 가까운 10가구가 모여 살고, 다시 100

가구, 1,000가구, 1만 가구 단위로 모여 사는 제도이다. 천호제의 각 단위 조직의 리더, 즉 십호장, 백호장, 천호장은 조직원들 스스로 뽑도록 하였고, 리더의 능력이 부족하면 조직원들 스스로 결정해 교체할 수 있게 함으로써 몽골인들은 물론 노예도 능력이 있으면 리더가 될 수 있었다. 칭기스칸은 이러한 천호제를 통해 씨족이나 부족사회를 와해했다.

또한 케식텐이라는 친위조직을 운영하여 충성을 최고의 덕목으로 삼았고 주요한 의사 결정은 만장일치 합의방식을 택해 단합을 도모했다. 케식텐은 일종의 교육제도로써 엘리트들을 모아 전투를 비롯한 각 분야에 걸쳐 전문교육을 시켰다. 교육 대상은 십호장 · 백호장 · 천호장, 그리고 정복지 유력자의 자식들이었다. 이러한 케식텐 덕분에 칭기스칸 이후 대칸을 뽑는 쿠릴타이는 집결된 힘을 효율적으로 활용할 수 있었다. 천호제가 하드웨어 개혁이라면 케식텐은 소프트웨어 개혁이라고 할 수 있을 것이다.

칭기스칸 시대부터 몽골사회에서는 전쟁에서 싹튼 문화이기에 법보다는 약속이 중시되었다. 대야사라는 법령집이 있었다지만 이는 칭기스칸 이후 말로써 맺은 지시나 약속을 정리한 것으로 법령의 발생과정을 말해 주는 것이다. 칭기스칸은 인치가 아닌 법치의 원리를 세운다. 제국 헌법이라 할 『예케 자사크(Yeke jasag)』를 만들었는데 몽골 최고(最古)의 성문법전이다. 몽골어로 '자사크' 는 금령 · 규칙 · 법이란 뜻이고, '예케' 는 크다(大)는 뜻으로 '예케 자사크' , 즉 '대자사크' 는 개별 부족의 법령이 아니라 제국 전체에 적용되는 법이라는 뜻이다. 대자사크는 칭기스칸 제국이 출범한 1206년 쿠릴타이의 승인을 거쳐 성립됐다. 대자사크는 낡은 과거를 청산하고 세계제국을 원활하게 통치하기 위해 고쳐야 할 문제들을 나열하고 있고,

일반인들의 삶이나 사회의 안정에 관한 사항을 많이 담고 있다. 이 점은 칭기스칸이 한 집단의 관리자로서 얼마나 뛰어난 자질을 갖추고 있었나를 말해준다. 하지만 여기서 가장 눈여겨 볼 것은 그가 인치가 아닌 법치를 시행하겠다는 의지가 강했다는 점이다. 어느 사회나 기업이든 법에 따른 통치와 경영은 핵심적인 사안이기 때문이다.

역참제의 발달과 응용

몽골의 역참제는 오늘날의 인터넷과 같은 통신망으로 초기에 군사 목적으로 개발되어 점차 비군사적 목적으로 활용도가 확대되고 정비되었는데 정보의 신속한 수집, 전달, 파급의 거점이 되었다. 몽골 초원에서 말을 탄 전령이 소식을 전하는 습관에서 비롯된 이 제도는 말이 지치지 않고 갈 수 있는 거리마다 역참을 설치해 그곳에 사람과 함께 말을 배치하고 이웃 캠프에서 전해진 소식을 다시 다른 이웃 캠프에 전하는 릴레이 방식 통신제도라고 할 수 있다. 쿠빌라이는 육상물류체제의 근간을 역참제에 두고 일정한 거리마다 역참을 설치하여 상역활동의 근거지로 활용했다. 이러한 역참은 원거리 무역의 중개거점이 되고 수송수단의 휴식과 더불어 교역활동의 중심지로 발전되었다. 통신 기능에 부가하여 각종 물자의 흐름을 관장하게 되면서 역참제는 곳곳을 이어주는 도로이자 실핏줄이 되고 있어 오늘날 정보 인프라, 물류 시스템, 군사 전용도로에 해당된다고 할 수 있다.

몽골어로 잠은 정류장이란 뜻이다. 식량과 가축의 먹이를 준비해 두어서 전령이나 사신이 쉴 공간을 만든 것이다. 역참은 길에만 설치되었던 것이 아니라 초원이나 사막처럼 가도 가도 마을이나 숙소가 없는 곳에도 만들었다. 몽골제국 초기의 역참은 주로 군사용이었지만 전쟁이 끝나고 제국을 통치하면서는 조세와 현물을 거두고 실어 나르는 데 이용되었다. 역참은 초기에 특정한 허가증인 파이자를 갖고 있는 정부 관리나 사신만 이용할 수 있었으나 상업활동의 비중이 높아지면서 역참에 대상관이라는 대상들의 숙소도 지어 일반 상인도 함께 이용할 수 있게 했다.

역참의 형태는 촘촘한 거미줄 같이 수도를 중심으로 각 지방으로 뻗어나가는 주요 도로에 40~50킬로미터마다 설치되었고 그 사이 5킬로미터마다 칸의 소식을 전달하는 파발이 위치해 있었다. 5킬로미터를 전속력으로 달려, 만반의 채비를 갖추고 기다리는 다른 파발에게 서장(書狀)을 건네는 릴레이식으로 한 달 걸릴 지방의 보고도 1주일 내에 전달할 수 있었다. 명령을 빨리 전달해야 할 경우 하루에 약 500킬로미터를 여러 전령이 이어달리기 하듯 달려서 카라코룸에서 유럽까지 보름 만에 도착할 정도였다고 한다. 그런데 이러한 역참망은 파발들만이 아니라 군대나 외교관 등 사람과 물자까지 이동하는 수송대로로 활용되었다. 이러한 역참제는 왕의 위치가 항상 유동적인 몽골에서 유용하게 활용될 수 있는 비(非)중앙집중적 정보전달 체제이며 전 통치권역에 세세하게 구축된 물류의 근간이며 권력의 통치 수단이기도 했다. 역참망을 지도에 표시 한다면 세계 지도가 새카맣게 될 만큼 이 시스템은 정교한 조직이며 언제나 살아 움직이는 최초의 인터넷 개념이라 할 수 있을 것이다.

기술습득과 물류발전을 위한 관리체계

소수의 유목민으로 구성된 몽골 정복군은 항상 새로운 정보와 신기술을 중시하여 정복지마다 현지 정보를 취합 분석하고 현지 기술자를 우대하며 신기술 습득 및 활용에 적극적이었다. 이러한 기술

인력의 양성, 신기술의 보급 등은 물류체제를 유지 발전시키는 데도 긍정적인 영향을 미친 것으로 볼 수 있다. 예를 들어 남송정복 후 남송의 기술력을 적극 받아들여 조선기술과 항만축조 기술을 개발, 보급하여 물류 수송수단의 발전을 도모하게 되었다. 기술 인력의 확충을 중시한 그들은 정복민의 평가에 있어서도 정치, 종교, 문화, 신분의 차이를 무시하고 당장 활용 가능한 정보와 기술능력 위주로 평가하여 기술 인력을 최대한 활용했다. 칭기스칸 정복 시 중국에 대한 성벽 공격술, 화약을 이용한 대포 공격술 등은 현지에서 습득하여 활용한 예가 되고 있다. 쿠빌라이 칸은 영토내의 정확한 지리정보를 얻기 위하여 독자적으로 조사, 연구 활동을 지원하기도 했다. 그는 1281년에 서부 오지의 황허 발원지에 대구모의 원정대를 보내 황허의 자세한 지도를 그리게 하였다. 이들 원정대는 부수적으로 중국에서 티베트로 들어가는 길을 뚫었으며, 몽골은 이 길을 이용하여 티베트와 히말라야 지역을 몽골의 역참제도 안에 포함시켰다. 새로 뚫린 길은 티베트를 중국과 상업적, 종교적, 정치적으로 연결시키는 데 가장 큰 기여를 했다.

몽골 관리들은 군사원정을 하는 동안 적의 야영지나 도시에서 지도나 다른 지리학 작업의 결과물을 찾아내 손에 넣으려고 열심히 노력하였다. 쿠빌라이의 치세에 학자들은 중국, 아랍, 그리스의 지리 지식을 종합하여 그때까지 나온 가장 높은 수준의 지도 제작법을 선보였다. 쿠빌라이 칸이 데려온 아랍 지리학자들, 특히 자말 앗 딘의 영향으로 장인들은 1267년에 쿠빌라이를 위해 지구본을 제작했다. 이 지구본은 아시아와 인근의 태평양 섬들만이 아니라 유럽과 아시아까지 묘사했다.

특히 숫자가 적은 군대가 멀리 수천, 수만 킬로미터를 달려가서

원정 전쟁을 벌이려면 그 열세를 속도와 기술력으로 보완하는 길밖에 없었다. 그래서 칭기스칸 군대는 자기네 개발품이든 아니든 기술을 향상시키려고 엄청난 노력을 쏟았고 기술자를 우대했다. 콰레즘 제국을 정복한 뒤에는 기술자 포로를 무려 6만 명이나 잡아 들여 그들을 칭기스칸 제국의 수도 카라코룸으로 데리고 가 기술자 집단촌을 만들어 줬다는 기록도 전해진다. 이렇듯 신기술을 지닌 자만이 세계를 지배한다는 것을 체험적으로 알고 있는 칭기스칸은 전쟁에서 승리하였을 때에도 적진의 기술자들은 절대 죽이지 않았다고 한다.

인적 구성원의 기여

원대의 물류체제 구축을 주도하고 발전시킨 주역은 두말할 것 없이 쿠빌라이이다. 그러나 그의 구상을 구체화하는 과정에서 종합적인 구도를 건의하고 뒤에서 추진했던 주인공들이 없었다면 불가능했을 것이다. 물류체제의 구축 및 발전에 있어서 CEO의 앞선 견해와 지도력뿐 아니라 장대한 비전과 기술, 관련 지식을 갖춘 실무계층 전문 인력의 확보가 얼마나 중요한 역할을 하는지를 보여주는 사례라 할 수 있다. 이들은 대도의 건설 초기부터 기여한 중국인 관리로 유병충, 곽수경 등의 학자가 있었고, 남송 정복 후 해양세력으로 큰 역할을 한 포수경이 있으며 원대에 중상주의를 가능하게 한 부족으로 위구르인과 거란인들을 들 수 있다.

먼저 쿠빌라이 초기 육로와 해로를 연결하는 대 네트워크의 중심인 대도를 건설한 쿠빌라이는 글로벌 물류체제의 마스터로서 육로와 바다를 연결하려는 탁월한 비전을 갖고 있었다. 엄청난 토목공사가 수반되는 대 건설 제안을 열린 마음으로 받아들인 그의 식견도 탁월하다고 할 수 있지만 그에게 이상적인 아이디어를 낸 유병충,

곽수경 등 중국학자들의 실질적인 뒷받침이 없었더라면 웅대한 뜻을 펴기가 어려웠을 것이다.

원래 몽골 특히 쿠빌라이정권은 육상을 무대로 하는 이란계 무슬림 상업세력과 깊이 연결되어 있었기에 남송작전 과정에서 중국 동남연안의 해항을 중심으로 강력한 기반과 상권을 가진 무슬림 해상들과도 연락을 시도했다. 결과적으로 아랍계 내지는 이란계라 여겨지는 포수경(浦壽庚)이 그들과 손을 잡고 해양진출의 대업을 이루는데 큰 역할을 한다. 포수경은 본래가 해양상업인으로 남송정권 시절에도 상당한 지위를 누리고 있었다. 그는 천주(泉州)를 거점으로 하여 무역과 선박관리 부문을 무려 30년간에 걸쳐 장악한 해양상업 세력의 총지배자였다. 이미 임안의 남송 궁정 · 관료체제가 소멸하고 나서는 포수경을 중심으로 하는 무슬림 세력이 대원울루스와 연합하여 순풍에 돛단 듯 순조로운 활동을 전개할 수 있었다. 당시 주변여건을 살펴보면 이미 몽골은 훌레구 울루스 치하에 있었던 서아시아지역의 동반부를 제압하고 있었고 인도양과 남중국해를 끼고 서와 동의 무슬림 해상세력 또한 몽골이 장악하고 있었기에 몽골의 해상진출은 이미 예정된 단계였다고 할 수 있다.

몽골이 세계사의 무대에 전례 없는 대 제국으로 등장하는 데 도움을 준 위구르인들과 거란인들은 몽골제국 건설과 경영에 진정한 두뇌와 발 역할을 했다. 몽골족이 사냥과 말 타기에는 고수였을지 몰라도 상업을 하거나 행정조직을 만들고 유지하는 데는 별로 관심이 없었고 또 잘 알지도 못했다. 비단길의 상인으로 이름을 높였던 위구르인들과 거란인들이 문명을 전파하는 전도사 역할을 했다. 원대의 경제건설에는 위구르인, 거란인 등 동아시아 부족들 뿐 아미라 페르시아상인과 아랍상인도 이들과 결합하여 다국적 상업인들이 공동으로 참여했다고 할 수 있다. 이들은 몽골족이 파괴하고 불 지른 도시들에서 귀중한 서책들을 지키려고 애썼고 농토를 갈아엎어 풀밭을 만들려는 시도도 막아서 농민들의 농토를 지켜주려 애쓰기도 했다. 제국은 말 위에서 건설할 수 있을지라도 다스릴 수는 없다고 충고한 사람도 거란인 출신의 재상 야율초재였다. 항복을 받았다고 해서 나라가 저절로 다스려지는 것은 아니며 제국을 유지할 수 있는 능력이 있어야 했기에 부족한 능력을 보완하는 방편으로 이들은 능력 있는 외국상인들을 활용하는 인재등용의 묘를 알고 있었다.

원대 재정권의 확립

쿠빌라이 국가의 시스템에는 또 하나 눈에 띄는 특징이 있다. 그것은 쿠빌라이 이후 대원제국의 중앙재정은 농산물로부터의 세수에 거의 기대하지 않고, 전매와 통상의 상업이윤으로 세입의 8할에서 9할을 거두었다는 것이다. 중상주의 재정운영이라 해도 좋다. 게다가 최대수입원은 염인(鹽引), 즉 전매품이 된 소금판매대금의 교환권이었다. 소금 그 자체를 굴리는 것이 아니라 귀중한 소금과 연결된 유가증권인 염인을 중앙정부가 조작하는 것이다. 게다가 쿠빌라이의 경제 관료들은 중국재래의 염인이라는 재원을 몽골이 기간통화로 하는 은과 연결시켰다. 소금이라는 실질가치와 연결되는 염인은 다시없는 보조통화가 되었다. 국가에 의한 소금의 전매사업과 은을 대신한 고액의 실질지폐 운용은 쿠빌라이왕조의 경제운용의 안목이었다. 이 염인에 이어지는 제2의 재정세입은 각종 상거래에서 징수되는 상세였다. 이른바 간접세에 해당하는데 세율은 30분의 1, 즉 약 3.3%를 원칙으로 했고 모든 물품의 판매세는 최종매각지에서 한번만 지불하면 되었다. 이것은 역사상 가장 획기적인 경영방식으로 상업유통을 중시하는 원대의 기간 정책이라 할 수 있다. 쿠빌라이정권은 종래 각 도시 · 항만 · 나루터 · 관문을 통과할 때 마다 징수했던 통과세를 완전히 철폐하여 인원과 물자의 유통도 적극 장려하였다. 그 결과 대형 원거리 무역은 극히 자연스럽게 이루어졌고 물류의 활성화로 유통량이 급증하자 상세수입도 증대되는 선순환 체제가 구축되었다. 이러한 민생 경제의 안정은 정치적 안정과 국가 전체의 결속도를 높이는 결과를 가져올 수 있었다.

제3장

삐걱거리는 육상물류체제

잦은 왕위 계승이 나라를 뒤흔든다

원대에 물류는 육상물류조직이 주도한 초기 칭기스칸 세대와 후기 쿠빌라이가 주도한 육상과 해상의 통합물류체제로 기반이 탄탄했으나 원대를 이어 받은 명나라는 원대의 통치이념, 조직체계, 물류시설들을 거의 무시하거나 파기하여 중국 역사상 가장 어두운 나라가 되어버렸다.[26] 원대의 중상주의 통치이념과 각종 조직적 기반들이 명대에 들어 너무 쉽사리 해체의 길을 걷게 된 이유는 무엇일까? 물론 원대의 물류기반이 그렇게 탄탄하지 못했다는 것도 있겠지만 상업주의에 기초해서 정착한 원대의 통치방식이 명이 내세운 중화방식 즉 중국식 방식과 상이하여 지속적으로 유지되지 못한 불행한 일면도 있다. 즉 장기간 중국민족에 의해 이어지던 왕통이 칭기스칸에 의해 일시적으로 단절된 데 대한 중국민족의 반발심이 컸기에 원대에 대도 주변에 축조되었던 적수담, 대도-직고간의 백하 운하는 다시 매몰되어버렸고 육상과 해상을 연결하던 통로가 사라짐에 따라 다시 바다와의 인연이 끊어져버렸다. 또한 강남을 중심으로 활발하던 선박을 이용한 해외무역도 대외 봉쇄조치에 의해 몰락의 길을 걸을 수밖에 없었다. 결국 물류부문에 있어서 원대의 몰락은 중국을 비롯한 아시아권에 있어 실크로드를 말이나 낙타로 이동하는 원대 이전 축생 동물 위주의 원시물류상태로 돌아갔다고 할 수 있다. 이처럼 너무 허무하게 쇠락해버린 원인을 찾아봄으로써 역사의 교훈을 얻고 유사한 현상의 재발을 미연에 방지할 수 있을 것이다.

원대의 몰락과 더불어 조직이 와해된 것을 보면 물류의 불모지대에서 출발했지만 대륙통합이라는 대 과업을 완수하는 과정에서 칭기스칸에 의해 구축된 원대의 육상물류체제, 그리고 후반기 쿠빌라이에 의한 육로와 수운의 통합체제는 무엇보다도 지도자의 지향하는 이념, 지도력 등 CEO의 영향력이 결정적인 요소였다고 할 수 있다. 몽골제국은 쿠빌라이 사후 후계자들에 의해 잦은 왕위의 변동이 있었으며 이 과정에서 지나치게 소모적인 후계자 경쟁이 있었다. 쿠빌라이 사후 티무르가 13년을 집권하였으며 그 후 25 년 동안 무려 10명의 황제가 바뀌었고 토곤 티무르(순제) 36년 집권기를 넘기면서 쇠퇴의 길로 접어들게 된다. 유목 기마민족은 예외 없이 여러 부족의 연맹체이다. 권력 중심부가 흔들리면 해체 속도도 빠를 수밖에 없다. 원나라를 비롯한 몽골 칸국들 역시 왕위계승 분쟁에 휘말려 들었고, 이는 결국 제국을 분열시키는 치명적 결과를 낳았다.[27]

정체성 상실도 몽골제국 멸망에 큰 원인으로 꼽힌다. 칭기스칸은 내 자손들이 비단옷을 입고 벽돌집에 사는 날 내 제국이 망할 것이라고 경고했었다. 그러나 몽골제국의 후대 지도자들은 끝내 이 충고를 되새기지 못했다. 소수인 몽골 사람들은 다수의 피정복민을 지배하기 위해 정착 지역에 생계 근거를 뒀다. 그 결과 그들의 존재 기반인 수렵과 유목성을 스스로 거세하고 현지에 동화돼 버렸고 그것은 결국 정체성 상실로 이어졌다.

마지막으로 덜 중요한 이유는 조정 재정의 고갈이다. 몽골제국은 창업 초기부터 창업 공신들에게 엄청난 지분을 할당했다. 그러고도 예속민이나 대상(隊商)들에게 무한한 재산 축적을 허용하다 보니 막상 대칸은 대주주로서 지분을 잃어버렸다. 원나라 마지막 칸인 순제 토곤 티무르칸이 대도를 버리고 카라코룸으로 철수할 때 황실의 지분은 거의 남아 있지 않았다.

명나라를 세운 주원장은 원대의 제도, 복식, 예절, 관습 등 모든 원대의 유산을 거부하고 원에 의해 단절되었던 과거의 중국식 제도를 복원하기 위해 강제적인 문화, 관습의 단절을 시도했다. 특히 물류체제의 몰이해와 중상주의의 배격으로 원대에 크게 빛을 발휘했던 해상운송 체제의 장점을 간과한 채 해상활동을 봉쇄해버렸다. 이러한 명초기의 척원정책에 의해 육상과 해상을 통합하고 세계를 통합하려던 원대의 구상은 더 이상 유지 발전되지 못하고 대부분의 육상 시설은 파괴되고 해상은 봉쇄되는 불운을 맞게 되었다. 물류의 시너지효과는 분할된 행동과 지역의 통합과정에서 얻어질 수 있다. 그러나 원대의 안정된 통치체제에서는 일칸국, 오고타이칸국, 킵차크칸국, 차가타이칸국 등 5개 권역으로 형제간에 분할통치를 하고 있었고 사실상 대원울루스가 대칸의 권위를 행사하지 않게 됨에 따라 물류활동의 통합효과도 기대할만 하지 못했다. 이러한 형식적인 칸국간의 정치적 장벽도 교역의 대상이나 화물의 범위를 확대하는 데 제약요소가 되었다고 할 수 있다.

서서히 붕괴되는 관리운영체제

1340년대에 들어서면 북반구의 천재지변은 한층 격심해진다. 유라시아 서부에서는 흑사병이 조치 울루스의 크림반도에서 시작하여 시리아 · 이집트 · 유럽을 습격하였고 4천만이 넘는 사람들이 죽었다.[28] 차카타이 울루스의 본거지 일리계곡을 휩쓴 대규모 전염병도 어쩌면 흑사병이었을 것이다. 한편 동부 중원에서도 황하는 대범람을 반복하여 하남 · 산동 · 화북은 완전히 황폐해졌으며 이 과정에서 무리한 행정을 집행하려던 원제국의 통치체제에도 누수현상이 생기기 시작한다. 황하의 치수공사에 피폐한 민중을 징용하였고, 흉흉해진 민심을 백련교(白蓮教)라는 무장 종교집단이 사로잡아 하남 · 강북 일대는 쟁란에 휩싸였다. 붉은 천을 이마에 둘렀기 때문에 홍건(紅巾)이라 통칭된 여러 반란집단은 상호간에 연락이 결핍되어 진압군에게 각개 격파 당했다. 장강 북쪽에서 혼란이 계속되고 있는 동안, 강남에서는 장사성(張士誠) · 방국진(方國珍) · 주원장(朱元璋) 등의 무장 세력이 준동하여 세력을 키워갔다. 이 결과 강남에서 해운과 대운하를 통해, 북쪽의 대도방면으로 수송되던 식량이나 물자가 도착하지 않게 되었고 대도 · 상도 등 수도권은 한순간에 곤궁해졌다. 천재지변 때문에 몽골 고원의 유목민들이 점차로 남하하여 구조를 요청했지만, 도저히 구원물자를 낼 여유가 없어졌다. 홍수로 시작된 강북의 혼란과 강남의 동요가 대원울루스의 기반을 약하게 한 것이다.

더욱이 치명타가 된 것은 쿠빌라이가 만들어낸 중앙재정의 두 기둥인 소금세와 상세에 의한 수입을 거의 잃어버린 것이다. 회동

(淮東)과 강남은 염인발행의 근본이 되는 소금의 주요 생산지이다. 또 항주(杭州)·소주(蘇州)·양주(揚州)·천주(泉州)·광주(廣州) 등 강남의 여러 도시는 상세수입의 대부분을 차지하였다. 대원 울루스를 지탱해 온 물류구조와 경제정책의 핵심은 결국 강남의 부에 있었다 해도 과언이 아니었다. 그 근본이 위협에 처해져 경제에 의한 제국통치 시스템 전체가 기능하지 않게 된 것이다. 원대 말기의 강남권 이탈, 재원고갈로 인한 상업활동의 위축에 연유한 물류관리체제의 붕괴는 육상과 해상을 연계한 통합물류체제의 와해를 예고하는 것이었다.

제국의 붕괴와 명의 대응

대 몽골제국의 일원이었던 페르시아와 중국에서부터 몽골 지배체제는 빠르게 붕괴하여 각각 1335년과 1368년에 대몽골제국의 막을 내리게 된다. 페르시아 일칸국의 몽골인들도 사라졌는데 죽음을 당하거나 자신보다 훨씬 더 큰 신민에게 흡수된 것이다. 중국에서 대칸 토곤 테무르(順帝)와 약 6만 명의 몽골인은 명(明)의 반군을 피해 가까스로 달아났다. 그러나 뒤에 남은 약 40만 명은 체포되어 죽음을 당하거나 중국인들에게 흡수되었다.[29] 간신히 몽골로 돌아온 사람들은 전과 다름없이 목가적인 유목민 생활을 계속했다. 1211년부터 1368년까지 중국을 다스렸음에도, 그저 남쪽 여름 숙영지에서 조금 오래 머물렀다 온 듯 다시 옛날처럼 살아가고 있었다. 러시아의 킵착 칸국은 작은 무리로 나뉘어 이후 400년이라는 긴 기간에 걸쳐 서서히 쇠퇴해갔다. 이 긴 상호작용의 기간에 몽골인과 투르크

동맹자들은 서로 융합하여 투르크-몽골 인종 집단을 여럿 만들어냈다. 이들은 슬라브 사회에 대해서만이 아니라 자기들끼리도 서로 다른 정체성을 유지했다. 몽골의 통치가 끝난 뒤 승리를 거둔 명 왕조의 통치자들은 중국인이 몽골의복을 입고, 자식들에게 몽골 이름을 지어주는 등 외래 관습을 따르는 것을 금지하는 칙령을 발표했다. 이들은 정부와 사회생활에서 중국식 원칙들을 살려낼 목적으로 몽골의 정책과 제도 가운데 많은 부분을 조직적으로 철폐해나갔다. 명의 통치자들은 몽골이 중국에 정착하도록 권유했던 무슬림, 기독교도, 유대인 상인들을 쫓아냈다. 또 그렇지 않아도 힘을 잃어가던 지폐를 완전히 없애고 금속화폐로 돌아감으로써 몽골이 세워놓았던 상업체계에 큰 타격을 주었다. 이들은 몽골이 후원했던 티베트의 라마교 계열의 불교도 배격하여 그 자리에 전통적인 도교와 유교의 사상과 전통을 집어넣었다. 새로운 통치자들은 몽골의 교역체계를 소생시키려다 실패하자 대양을 다니던 배들을 태우고, 외국인의 중국 여행을 금지하고, 외국인은 못 들어오고 중국인은 못 나가게 할 목적으로 국민 총생산의 큰 부분을 투여하여 육중한 새 성벽을 쌓았다. 이 과정에서 동남아시아 여러 항구에 살던 수천 명의 중국인이 옴짝 달싹 못하게 되었다. 명은 새로운 몽골 침략의 위험으로부터 벗어나고자 중국식 도시라 할 수 있는 남쪽의 난징으로 천도했다. 그러나 이미 통일중국의 농치는 북부의 수도와 밀접한 관련을 맺고 있었고, 주민 다수의 태도와 행동 방식도 하루아침에 바꿀 수가 없었다. 명은 결국 옛 몽골의 수도 칸 발릭으로 돌아갔다. 대신 명은 몽골의 외양을 제거하여 도시를 다시 만들기로 했다. 그들은 나름의 방식으로 새로운 금단의 도시를 세우려 한 것이다. 그 후 이 수도는 이름만 바뀌었을 뿐 계속 그 자리에 남아 있어 베이징은 여전히 중국의 수도 역할을 하고 있으며, 현재의 중국은 몽골 치하의 국경을 거의 그대로 유지하고 있다.

• Note

1) 스기야마 이야사키, 『몽골세계제국』, 서원사, 2001, P.37. 테무진의 출생연도에 관해서는 1155년, 1161년, 1162년 등 몇 개의 설이 있다.
2) 배석규, 『징기스칸 천년의 제국』, 굿모닝 미디어, 2004, PP.111-113
3) 배석규, 『징기스칸 천년의 제국』, 굿모닝 미디어, 2004, PP.115-117
4) 배석규, 『징기스칸 천년의 제국』, 굿모닝 미디어, 2004, PP.165-166. 조치는 46세에 징기스칸보다 먼저 죽었으며 반란을 두려워한 칭기스칸이 자객을 보내 조치를 살해했다는 주장도 있다.
5) 정은주, 박미란, 백금희, 『비단길에서 만난 세계사』, 창비사, 2005, PP.296-299
6) 김창석, 『삼국과 통일신라의 유통체계 연구』, 일조각, 2004, P.8
7) 김종래, 『CEO 칭기스칸 : 유목민에게 배우는 21세기 경영전략』, 삼성경제연구소, 2002, pp.16-17
8) 스기야마 미야사키, 『몽골 세계제국』, 서원사, 2001, pp.194-198
9) 김종래, 『CEO 칭기스칸 : 유목민에게 배우는 21세기 경영전략』, 삼성경제연구소, 2002, pp. 63-70
10) 김종래, 『CEO 칭기스칸 : 유목민에게 배우는 21세기 경영전략』, 삼성경제연구소, 2002, pp. 73-76
11) 김종래, 『CEO 칭기스칸 : 유목민에게 배우는 21세기 경영전략』, 삼성경제연구소, 2002, pp.77-79
12) 배석규, 『징기스칸 천년의 제국』, 굿모닝 미디어, 2004, pp.173-208
13) 정은주, 박미란, 백금희, 『비단길에서 만난 세계사』, 창비, 2005, pp.32-36
14) 정은주, 박미란, 백금희, 『비단길에서 만난 세계사』, 창비, 2005, pp. 40-44
15) 정은주, 박미란, 백금희, 『비단길에서 만난 세계사』, 창비, 2005, pp. 305-309
16) 잭웨더포드, 『칭기스칸: 잠자는 유럽을 깨우다』, 사계절, 2004, pp.317-321
17) 잭웨더포드, 『칭기스칸: 잠자는 유럽을 깨우다』, 사계절, 2004, pp.321-324

18) 배석규, 『칭기스칸 천년의 제국』, 굿모닝 미디어, 2004, pp.265-271
19) 스기야마 미야사키, 『몽골 세계제국』, 서원사, 2001, pp.331-335
20) 잭웨더포드, 『칭기스칸: 잠든 유럽을 깨우다』, 사계절, 2004, pp.321-324
21) 김종래, 『유목민 이야기』, 꿈엔들, 2005, pp.20-26
22) 정은주, 박미란, 백금희, 『비단길에서 만난 세계사』, 창비, 2005, pp.80-81
23) 정은주, 박미란, 백금희, 『비단길에서 만난 세계사』, 창비, 2005, pp.171-173
24) 스기야마 미야사키, 『몽골 세계제국』, 서원사, 2001, pp.198-199
25) 스기야마 미야사키, 『몽골 세계제국』, 서원사, 2001, pp.205-206
26) 배석규, 『칭기스칸 천년의 제국』, 굿모닝 미디어, 2004, pp.357-362
27) 김종래, 『CEO 칭기스칸: 유목민에게 배우는 21세기 경영전략』, 삼성경제연구소, 2002, pp.119-123
28) 스기야마 미야사키, 『몽골 세계제국』, 서원사, 2001, pp.358-359
29) 배석규, 『칭기스칸 천년의 제국』, 굿모닝 미디어, 2004, pp.358-361

제 III 부

장보고와 칭기스칸의 물류체제

1장 • 해상, 육상 물류체제의 성공과 실패
2장 • 탈국가적 사고를 통한 동북아 3국의 물류체제
3장 • 물류, 장보고와 칭기스칸에게서 배워라

제1장

해상, 육상 물류체제의 성공과 실패

현대 물류의 기본 개념을 익혀라

장보고, 칭기스칸에 의해 개발 추진된 물류체제를 현대 물류개념과 비교하기 위해 우선 현대 물류의 개념을 간단히 정리하기로 한다. 2차 세계대전 중 군수품의 운송을 담당했던 병참부문에 종사하던 군인들이 사용한 'Logistics' 에서 연유한 물류는 생산지에서 최종소비지에 이르기까지 화물을 최소비용으로 최단시간 내에 안전하게 운송하여 고객만족이라는 목표달성을 위해 최상의 수단을 강구하는 서비스산업이라고 할 수 있다. 이러한 물류가 발생할 수 있는 과정은 유통, 무역 등 경제활동을 완결하는 최종단계의 활동이 될 수도 있고, 제조, 가공 등 생산과정에 소요되는 부품, 반제품 등을 효율적으로 조달하는 중간단계의 활동이 될 수도 있으며, 완성된 제품을 판매하는 최종유통과정에서 디자인, 포장, 보관 등의 부가가치 증대활동이 포함되기도 한다. 따라서 물류활동의 대상은 급속히 확대되고 있어 최근에는 부수적으로 경제활동을 보완하는 수동적인 위치를 벗어나 물류활동이 다른 경제활동을 유발시키는 선행요인이 되기도 하여 물류의 경제성이 더욱 강화되고 있다.

물류의 범위가 확대되면서 이러한 활동을 수행하는 조직이나 전문 인력도 독자적인 기업형태로 확대되고 있으며 물류관련 시설, 기술, 각종 규제 등이 크게 발전하고 있다. 최근에는 IT, 전산분야의 발전을 바탕으로 물류분야에서도 더 빠른 서비스를 더 저렴하고 보다 정확하게 제공할 수 있게 되었다. 운송, 보관, 정보처리, 포장, 구매 등 물류분야 중 가장 큰 비중을 차지하고 있는 분야는 운송 분야라고 할 수 있다. 지난 세기 동안 자동차, 기차, 선박, 항공기 등 각종 운송수단의 발전과 도로, 철도, 항만 및 공항 등 교통관련 기반시설의 확충으로 화물운송을 위한 제반 여건이 향상되었으며 화물운송 방법도 하나의 운송수단을 이용한 단일운송보다는 다양한 운송수단을 연계운송하는 복합운송 시스템으로 발전하고 있다. 결국 이러한 운송수단의 발전은 물류활동을 하나의 복합 시스템으로 발전시켰고 그 활동 범위를 크게 확대할 수 있었다. 이제 생산지와 최종소비지, 반제품의 이동, 복잡해진 유통단계를 포함하는 물류활동의 지역적 범위는 국내에서 국외로, 그리고 글로벌경제체제의 확산으로 세계를 대상으로 확산되고 있다. 물류활동의 발전 없이는 국제적 재화의 이동을 상상할 수 없으며 하루도 생산과 소비를 유지할 수 없는 시점에 이르렀다고 할 수 있다.

물류활동은 운송분야 외에도 보관, 포장, 분류, 정보관리 등의 분야를 포함하고 있어 이러한 활동을 통합하여 수행되는 과정에서 효율성을 높일 수 있다. 결국 물류활동이 추구하는 시간과 장소의 효율성을 달성하기 위해서는 관련 활동의 통합뿐 아니라 관련 인력이나 기업의 협력을 끌어낼 수 있도록 일정 지역에 집적하여 수행하는 것이 바람직해지고 있다. 소위 물류단지로 많은 나라에서 교통수단의 연계활용이 가능한 장소를 선택하고 있는데 항만, 공항, 도로, 철도 등 교통수단의 연결점이나 대량 화물집적지가 선택되고 있으며 국제물류의 중심지로는 항만 및 항만배후부지가 적극 활용되고 있다.

물류활동이 물리적인 통합을 통해 효율성을 향상시키고 있지만 통합의 진정한 의미는 정보의 통합 및 관리에 있다고 볼 수 있다. 물류활동의 각 단계마다 무수히 많은 정보가 생산되고 있으며 의사결정 또한 이러한 정보를 바탕으로 이뤄진다고 볼 수 있다. 물류활동에서 CEO의 역할은 지금처럼 충분한 정보의 수집과 체계적 분석이 어려웠던 시기에도 중요했으나, 물류의 다양해진 영역과 넓은 활동범위 등으로 총체적이고 단계적인 의사결정 과정이 중요해진 오늘날에는 그들의 역할이 더욱 커지고 있다. 특히 현대 물류가 3PL이나 공급사슬경영 형태로 발전함에 따라 물류기업으로서의 영역이 새롭게 만들어지고 있고 많은 기업과 협력관계를 구축해야 하기 때문에 지도자의 리더십은 물류기업 성공과 실패를 가르는 중요한 잣대가 되고 있다고 할 수 있다. 물류활동의 실천과정을 보면 우선 관련 정보를 수집하여 분석하면서 목표를 설정하고 유용한 수단과 방법을 동원하여 실행에 옮길 것을 구상하는 기획력이 중요한 기능을 한다. 이러한 기획단계 및 각종 수행방법을 수배하여 실천하는 과정에서 점차 물류활동의 영역이 넓어지고 복잡해지기 때문에 이를 처리하는 물류시스템에 첨단과학기술이 적극 활용되고 있다. 따라서 물류활동에 관련된 각종 정보를 전문적으로 취급하는 인력을 배양하고 기존 종사자들의 재교육을 통한 신기술 보급도 물류의 한 영역으로 간주되고 있다.

물류활동에는 실무 활동을 직접 담당하여 수행하는 기업인이나 조직이 중요한 역할을 수행하지만 이들이 원활하게 활동할 수 있도록 외부여건을 조성해 주고 필요한 사항을 공급해 주는 정부의 직, 간접적 지원 또한 큰 역할을 담당한다고 할 수 있다. 특히 국제물류활동의 범위가 넓어지고 다양해짐에 따라 외국과의 국제관계를 안정시키고 쌍방 간 혹은 다자간에 각종 국제규약이나 협약을 체결하여 물류활동이 국제적으로 원활하게 추진되도록 여건을 조성하는 것은 가장 기본적인 정부지원이 되고 있다. 정부는 또한 도로, 철도, 항만, 공항 등 물류관련 기반시설을 적기에 공급하고 공정하게 운영하여 물류기업의 활동, 나아가서는 국제무역활동이 활성화될 수 있도록 제도적, 재정적인 지원도 적극 추진하여야 할 것이다.

장기전에서 밀린 단일운송체제

장보고에 의해 구축된 해상물류와 칭기스칸에 의해 구축되었던 대륙의 육상물류체제, 그리고 쿠빌라이에 의해 육상과 해상물류의 통합이 시도되었던 원대의 물류체제는 거의 단일 운송수단을 활용하는 초보적 단순물류 단계라고 볼 수 있다. 장보고의 청해진 물류체제는 해상운송을 주축으로 하고 몽골의 물류체계는 육상물자의 흐름을 주축으로 하는 단일 시스템이었다. 다만 후자의 경우 쿠빌라이에 의해 해상운송의 중요성이 강조되어 육상운송체제를 일부 보완했지만 역시 보조적 수단에 지나지 않았기에 완벽한 연계운송이나 복합운송의 시스템으로서는 충분하지 못했다고 할 수 있다. 몽골의 상업적 영향력은 그들의 군대가 지배했던 영역보다 훨씬 멀리까지 퍼져갔으며, 쿠빌라이 칸 치세에는 몽골 제국이 '주식회사 몽골'로 바뀌었다. 13세기 내내, 그리고 14세기 초에 몽골인은 제국 전체의 교역로를 유지했고 40내지 50킬로미터마다 역참이 자리 잡고 있었다. 역참은 정치적 통신망으로 주 기능을 수행했을 뿐 아니라 상인들도 공용으로 활용하게 된 후로는 각종 유통, 상업정보의 수집처로 활용되었으며 운송용 동물들이 원기를 재충전하도록 쉬어가거나 지친 동물을 바꾸어 주는 등 실질적인 물류거점이 되기도 했으며 상인들에게 험한 지형을 헤쳐 나가도록 도와주는 안내역할까지 수행했다.

장보고의 해상운송체제는 주로 대외무역과 해상활동에 고착되어 있었기에 통일신라나 신라방이 산재해 있었던 중국 산동지방에서 내륙운송이나 연계운송을 고려한 흔적을 전혀 찾아볼 수 없다. 다만 출발하는 해안지역에서 목적지의 해안지역까지만 화물과 사람을 운송하는 데 초점이 맞춰져 있었으며 내륙운송체제 및 최종 소비지까지의 운송은 별도로 취급되었던 것으로 보인다. 오랫동안 장보고대사가 권한을 행사할 수 있는 영역은 해안지역에 국한되어 있었고 관심이 국외로 쏠려 있었기에 내륙 운송까지 확장하려는 구상은 하지 않았을 가능성이 크다고 봐야 할 것이다.

몽골의 시스템에서도 장보고와 유사한 형태를 관찰할 수 있는데 그들은 오로지 육상에 물류네트워크를 구축하는데 주력했으며 후에 흑해연안을 점령하여 해운과 연계, 확대발전시킬 수 있는 기회가 있었으나 그 지역을 정복했던 몽골군대의 성격으로 보아 해운을 활용할 구상을 갖지 못했을 가능성이 크다. 몽골군대는 일본과 자바를 침략할 때도 독자적인 해운 및 조선 기술력이 부족하여 어려움을 겪었고 결국 해상진출의 꿈이 좌절되었다. 따라서 그들은 정복기를 통하여 구축한 육상운송의 기본 틀을 바꾸지 않았으며 말을 이용한 단일운송시스템이 장기간 지속될 수밖에 없었다.

이러한 단일운송체제는 운송수단의 관리, 화물의 통솔범위가 좁아 그 자체로는 효율성을 기할 수 있으나 최종 소비자에게 효용을 극대화시키는 물류서비스의 근본 목적 달성이라는 측면에서 보면 그 성취도가 낮을 수밖에 없다. 단일시스템은 그 자체가 급격한 수요의 증대나 유통의 발전에 능동적으로 대처할 수 없고 운송능력의 한계를 안고 있다. 몽골의 육상 물류나 장보고의 해상 물류체제는 단일 운송수단이라는 체제의 취약점으로 항구적인 시스템의 구축을 이루지 못했고 지속가능한 발전도 이뤄지지 못했다.

청해진으로 집중된 운송기능들

통일신라, 몽골의 시대적 배경으로 볼 때 해상운송과 육상운송체제는 최적의 시스템이었던 것이 사실이다. 당시 물류의 기본적인 관념이 정립되어 있지 않았더라도 복합적인 기능을 통합하여 수행하는 시스템을 갖춰 효율적인 운용체제가 일찍부터 형성되었다. 초원이 바탕이 된 유목시대에 말을 이용한 역참제는 유목습관에 물류기능을 첨가한 형태로 광활한 정복지를 통합하여 운용하는 가장 효율성 높은 제도이지만 물자 운송의 채널로서는 중량, 부피 면에서 크게 제약을 받게 되고 정보의 흐름에는 스피디한 면이 있으나 물류면의 속도나 기민성 면에서는 다소 어려움이 있다고 볼 수 있다. 육상 물류의 거점이었던 잠치 중 일부 규모가 큰 곳은 대상관이라는 상인들의 거점이 설립되어 있어 이를 중심으로 교역활동과 정보를 교환할 수 있었고 물류활동에 필요한 제반 편의를 제공받을 수 있어 당시 대륙의 물류거점으로 인식할 수 있을 것이다.

청해진에 설치된 해상무역체제는 신라, 당, 일본 및 동남아 일부 국가와의 무역을 수행하는데 중심이 되는 적합한 곳에 위치해 있으며 해상보안을 유지할만한 군사력도 보유하여 최적화가 이뤄졌다고 할 수 있다. 장보고 시대의 해상물류체제는 단순한 화물의 운송에 그친 것이 아니고 장보고의 주선으로 교류를 했던 주요 항만에 인적, 물적 교류의 네트워크가 구축되어 있었기에 종합적인 물류활동을 통합하여 추진할 수 있는 거점이 되었다고 할 수 있다. 청해진 대사로 임명된 직 후 동북아해상을 지배하면서 신라, 당 · 일 항로의 최적 요충지인 완도를 중심으로 대규모 무역, 물류 인프라를 구축하였다. 청해진은 무역 뿐 아니라 물류를 위한 선박, 항만, 조선, 항해 전문가 등이 결집된 이른바 물류 클러스터(logistics cluster)였으며 허브포트(hub-port)였다. 이러한 기능들이 여러 곳에 분산되어 있는 것이 아니라 하나의 섬에 집중되어 존재하게 됨으로써 물류를 위한 최고의 시너지 효과를 창출하였던 것이다.

육로와 수운을 연결하는 신기술

해상운송을 주도했던 통일신라의 장보고 시대에 선박건조 기술은 3국 중 신라가 가장 우수하여 일본의 당나라 왕래에도 주요한 통행수단으로 이용되었다. 신라시대 선박건조 기술을 보면 당시 선박은 무동력선이었고 규모가 크지 않았던 것으로 추정되지만 당시 해운거래가 가능한 지역으로는 거의 대부분의 지역인 일본해역, 황해, 발해와 동지나해를 운항하기에 큰 어려움이 없었다. 3국간 교역의 규모나 화물 운송수요에 적합한 규모였으나 당시 항해술로는 먼 바다를 운항하기에 충분했다고는 볼 수 없으며 대량화물의 운송에도 미흡했던 것으로 보인다. 유일한 운송수단인 선박을 건조하는 기술은 재당 신라인과 청해진 해역에 거주하는 신라인들이 담당했을 것으로 추정되지만 중국의 차산업과 도자기 제조기술자와 그들의 기술을 청해진 부근의 해남, 강진 등에 받아들인 것을 보면 장보고 시대에도 특정 기술자를 우대하였음을 알 수 있다.

육상운송과 관련한 기술의 발전은 몽골 초기 대륙통합을 위한 정복전쟁이 장기간에 걸쳐 치러지면서 전투에 관한 기술의 습득과정에서 전차, 마차의 이용 등으로 발전의 궤를 그릴 수 있으나 이러한 전투 수단이 물자의 운송을 위한 물류체계에 활용된 기록은 찾아볼 수 없다. 칭기스칸은 스피드와 기술을 중시하여 정복기간 중에도 많은 신기술을 받아들였고 이를 실생활에 활용하였다. 그러나 물류에 관한 실용적인 기술을 개발하는 데는 기민성을 보이지 않았던 것 같다. 그러나 중국학자의 조언을 받아들여 적수담을 중심으로 바다로 나가는 물길을 열었고 내륙 및 강남지역의 많은 항만개발을 추진하는 과정에서 전통적으로 강했던 중국의 운송관련 기술을 받아들였다. 이러한 신기술의 습득은 원대의 물류체제를 육로와 수운을 통합한 복합체제의 형태로 발전시키는 기간을 형성했다. 그러나 쿠빌라이에 의해 계획되고 추진된 내륙 항구의 개발, 운하의 연결, 그리고 다량의 선박 건조 등 관련 기술의 발전이 명조에 의해 파괴되거나 무시됨으로써 더 이상의 발전을 이루지 못했다.

통합 네트워크의 확보와 열린 사회

장보고 시대의 물류 네트워크에는 중국, 일본, 신라의 3국에 거주하는 다수의 신라인들이 인적 네트워크를 구축하여 정보를 소통하였으며 무역, 물류, 안보차원의 협력까지 유도해내는데 전혀 어려움이 없었다. 장보고 시대에도 이러한 정보의 수집, 분석, 활용은 상당한 수준에 달했을 것으로 보인다. 청해진은 동북아 해상을 지배하는 거점으로서 당과 일본은 물론 이슬람 상인들과도 교류하였다. 물류거점인 청해진은 신라 조정으로부터 독립적인 경영체제를 인정받았고 해외 물류거점 역할을 하는 신라방과 신라소 또한 당나라 조정으로부터 자치권을 부여받았다. 이렇듯 청해진을 중심으로 재당 · 재일 신라인을 연결하는 커다란 동북아 인적 네트워크를 형성하였다. 청해진을 중심으로 한 당, 일본 등과의 무역에서 한자를 공유하고 있어 언어소통에는 거의 문제가 없었던 것으로 보이며 정보관리체제도 신속성이 보장된 시스템임을 알 수 있다.

몽골은 역참제를 통한 정보망의 구축, 정복지 수집정보의 활용, 분석된 정보의 신속한 전달 및 확산 등 물류관련 정보망 관리가 우수했다고 볼 수 있다. 잠치를 점령지마다 설치하여 통신, 물류, 유통의 근거지로 삼았으며 군사정보 수집임무를 충실히 수행함과 동시에 파발마 운영의 거점으로 삼았다. 잠치 운영의 묘를 살려 육상운송과 해상운송을 결합한 연계활동에서도 종합적인 정보의 수집 및 관리업무가 이들 거점을 중심으로 행해져 원대의 전반적인 네트워크의 범위가 확대되었다. 원대에는 다수 민족이 혼합하여 몽골연방의 대규모 울루스에 속해 있었기에 부족이나 민족 별로 다른 문화 속에서 다른 언어를 사용하고 있었다. 그러나 일찍부터 개방적인 교류체제를 구축하고 속 깊은 문화의 교류를 표방하여 다른 문화, 다른 언어에 대한 장벽이 비교적 적었으며 완전히 혼합된 다양한 문화의 접촉으로 몽골만의 독특하고 새로운 문화가 만들어지고 향유되었다고 할 수 있다. 그러나 이런 몽골식의 혼합문화를 수용하려들지 않은 명대의 척원정책 때문에 대원울루스 문화는 명맥을 이어가지 못했다.

장보고의 해상물류와 칭기스칸의 육상물류

9세기 신라 청해진에 본거지를 두고 일본, 중국, 신라 등 동양 삼국 해양을 경영하며 통합물류체제를 구축했던 장보고대사와 13세기 몽골부족의 통일을 계기로 주변의 넓은 광야를 질주하며 정복의 깃발을 높이 내걸고 잠치라는 독특한 육상운송 물류체제를 구축한 칭기스칸의 물류체제를 오늘날 근대적 물류개념에 입각하여 비교해 보면 많은 시사점이 얻을 수 있다. 칭기스칸은 동아시아의 동쪽 끝에서 흑해를 건너 유럽의 문턱에 이르기까지 그리고 몽골의 북쪽 초원부터 남으로는 말레이시아, 인도, 페르시아에 이르기까지 광대한 영토를 정복하여 대륙을 통합했고 육로 물류네트워크를 탄탄하게 구축하였다. 그 후 그의 손자인 쿠빌라이에 의해 바다로 나가는 수로를 개설하였고 남송을 통합함으로써 강남의 해양세력을 포용하게 됨으로써 육상과 해상을 아우르는 통합물류체제를 구축하게 된다. 따라서 본고의 물류체제 분석에 있어 칭기스칸시대라고 할 경우 편의상 칭기스칸에 의한 육상 통합뿐 아니라 쿠빌라이에 의한 육운과 해운의 대통합 시기도 포함하기로 한다.

최근 물류활동의 개념은 물류개념의 형성 초기부터 정립되어 온 경제활동의 보완적인 활동이라는 수동적인 틀을 벗어나 물류분야의 영역을 독자적으로 개발해나가는 적극적인 활동으로 다시 규정짓고 있다. 장보고 시대의 물류활동은 교역을 확대하는데 기여하는 것을 목표로 하는 부수적인 기능을 수행하는데 그쳤지만, 칭기스칸의 정복전쟁시대에는 병기, 군수품의 수송과정에서 파생적으로 물류활동이 수행되었으며 쿠빌라이 이후 상업주의에 의한 제도정비 과정에서 본격적인 교역확대와 유통활동을 보조하는 활동으로 정착되게 된다. 따라서 신라시대의 물류활동은 해외 교역확대의 일환으로 발전하여 국내물류와 깊은 연관을 짓지 못한 채 발전했으나, 원대의 물류활동은 본격적인 교역활동을 추진하고 활성화하기 위한 목적에서 정부의 적극적인 뒷받침을 받는 공식적인 정책의 소산이었다고 할 수 있다. 따라서 9세기와 13세기의 물류활동은 시대별로 그 지향하는 방향이 달랐다고 할 수 있다. 즉 신라시대에는 장보고 대사의 활동권역이 해양활동에 한정되어 있었기에 해양세력의 통합, 해양활동의 조정 등으로 한정된 반면에 칭기스칸 시대에는 대륙의 통합을 거쳐 대륙과 해운의 통합에 이르기 까지 오늘날 물류활동이 추구하는 바와 같이 글로벌물류체제의 구축을 지향했다고 할 수 있다.

장보고 시대와 칭기스칸 시대의 물류활동 간에는 이처럼 활동의 궁극적인 목표나 지향하는 방향이 차이가 났는데 그 원인 중의 하나로 물류활동을 추진하는 주체가 달랐기 때문이라고 볼 수 있다. 장보고 시대 신라 조정에서는 장보고대사가 추진하는 해양활동을 국가적으로 추진하는 공식적 대외교역으로 추진했다기보다 방관하고 있었다고 할 수 있다. 장보고대사는 탁월한 능력을 발휘하여 해상

무역을 독점할 수 있었으나 그의 사업은 신라의 경제기반과 연계되지도 못하였고 정부정책과도 멀리 있었기 때문에 신라사회에 뿌리를 내리지 못했던 것이다. 단지 개인중심의 막강한 경영권과 경제력의 집중만 이루어졌을 뿐이었다. 그러나 몽골에서는 정권을 장악한 대칸과 권부가 직접 정책적으로 물류활동을 추진하였는데 이는 대원 울루스를 유지하는 두 기둥이 중상주의와 물류체제의 유지였기 때문인 것으로 보인다. 오늘날 현대 물류활동의 주체는 제3자 물류(Third Party Logistics)를 주도적으로 추진하는 글로벌 물류회사로 발전하고 있다. 이들은 국제물류활동을 국경의 제약 없이 포괄적으로 추진하고 있는데 공급사슬(Supply Chain Management)에 따라 물류활동에 관련된 모든 회사의 물류활동을 사전에 확인하고 협력 체제를 구축하여 최적화를 만들어 내고 있다.

물류활동을 전개하는 지역적 범위도 신라시대에는 한중일 3국이 주 무대였으나 몽골시대에는 몽골의 지배를 받고 있는 전 유라시아 대륙이 대상 지역이었다고 할 수 있다. 물론 이런 시대에도 유통 등 상업 활동은 정치적 지배가 미치는 지역보다 훨씬 더 먼 통치지역 밖에서도 다양하게 이뤄졌다는 것을 알 수 있는데 물류활동도 이런 상업 활동에 따라 통치권이 미치는 범위보다 더 밖에서도 수행되었을 것으로 추정된다. 신라시대의 물류활동을 추진하는 육상조직은 한중일 3국에 분할되어 있었으나 해상운송 조직은 장보고선단으로 단일체제를 구축하고 있었다. 장보고 대사는 청해진을 중심으로 하여 일본에는 대일교관선을, 그리고 당에는 대당매물사라는 무역사절단을 각각 파견하여 나 · 당 · 일 3국 사이에서 청해진을 중심으로 중계무역을 활발하게 전개했다. 장보고 대사의 청해진 물류조직 체제와 경영방식은 오늘날의 다국적 기업 조직 및 경영방식과 유사하다고 볼 수 있다. 이것은 장보고 대사의 조직통솔과 경영기술이 당시로서는 대단히 뛰어났었다는 것을 의미한다. 그리고 장보고 대사는 신라정부에도 간섭받지 않는 독점적인 권한을 가진데다 가장 효율성이 높은 기업마인드를 가지고 민간무역 활동을 활발하게 전개했기 때문에 동북아지역의 해상권을 장악하고 해상왕으로서의 위상을 크게 높일 수 있었다. 몽골의 경우 칭기스칸 사후 4-5개의 울루스로 분리 통치되어 물류활동을 추진하는 조직도 통합과 분리가 동시에 병행되어 울루스 간의 친소관계에 따라 조직관리 형태가 공조를 취하기도 하고 경우에 따라서는 비협조적인 상태에 놓이기도 하였다. 현대 물류조직은 운송, 보관, 포장, 분류, 재가공, 정보관리 등 기능별로 분산되어 있는 활동을 통합하여 일관되게 처리하는 물류관리회사 체제가 각광을 받기도 하며 단계별로 관련된 각기 다른 회사의 기능을 통합하거나 협력 체제를 구축하여 공통 이익을 증대하는 Process in All 형태로 물류활동을 효율화하고 있다. 따라서 이러한 시스템의 병열 협력체제에서는 각 과정별로 의사결정이 중요하게 된다. 장보고 시대 물류활동에 관련된 의사결정은 비교적 자유로운 상태에서 분산적으로 수행되었으나 칭기스칸 시대에는 의사결정이 비교적 중앙집중형으로 처리되었다고 볼 수 있다.

물류는 원천적으로 최소의 비용으로 최대의 서비스를 구하는 경제활동이기 때문에 원가개념이 무엇보다도 중요하다고 할 수 있다. 그러나 9세기 신라시대와 13세기 칭기스칸 시대에는 물류활동에 소요되는 비용에 대한 개념이 희박하였다. 당시 물류를 전문적으로 취급하는 전문기업이 존재했던 것은 아니기에 물류 서비스에 대한 대가 책정방법이나 유사한 기록은 없지만 유통과정에서 화물의 운반 및 보관 등 물류에 관련된 비용은 상대적으로 높게 책정되었을 것으로 추정할 수 있다. 현대 물류활동은 대가를 받고 이뤄지며 대량화물의 운송, 보관 등 체계적으로 처리되고 있어 그 비용은 상대적으로 저렴한 편이다. 비용과 함께 시간에 대한 관념도 물류활동에서는 중요한 가치 측정의 수단이 되고 있다. 장보고 해상운송 시대에는 비교적 장시간이 소요된 반면에 칭기스칸 시대에는 육상운송에서 시간의 가치를 중시하는 기민성이 살아있어 화물의 운송도 비교적 신속하게 처리되었음을 알 수 있다. 요즈음 물류활동에서는 신속 정확한 서비스를 기본으로 하고 있으며 초스피드 서비스를 목표로 기술경쟁을 하고 있다.

장보고 대사는 당나라에 거주하여 물류와 무역, 상업 등 각 분야에서 상당한 능력을 발휘하고 있던 재당신라인들을 하나의 통합된 네트워크로 긴밀하게 연결시키는 강력한 시스템을 구축하여 국제무역에서 성공할 수 있었던 것이다. 신라시대 정보관리는 인적 네트워크를 중심으로 이뤄졌지만 네트워크에 참여한 대상이 신라방을 위주로 한 해안지역에 한정되어 있어 효율적인 정보관리체제 구축에는 미흡했다고 할 수 있다. 그러나 칭기스칸의 정복시기에 신속한 정보의 수집 및 관리를 위해 설치된 역참제를 통해 효율적으로 정보가 관리되었으며 이러한 상업네트워크는 상업중심의 쿠빌라이 시대에도 혼합된 문화 속에 그 중요성이 계속해서 유지되었다. 특히 칭기스칸의 역참제는 당시 정보의 전달 및 전파체제로는 가장 뛰어난 시스템으로 평가되며 그의 장기간에 걸친 대규모 정복의 장정이 성공적으로 추진될 수 있었던 비결이었다고 평가되고 있다. 현대 물류에서 정보 관리는 인터넷을 통해 상상할 수 없을 만큼 광범위하게 이뤄지고 있다. 이러한 정보관리 측면에서 보면 기록의 중요성이 부각되는데 장보고 시대에도 편지의 교류가 활발했던 기록을 볼 수 있으나 불행하게도 그 흔적이 희소하여 실체를 파악하기가 어렵다. 엔닌의 기록 외에는 믿을만한 기록이 거의 남아있지 않아 미흡한 관리체제를 들어내고 있는 반면, 칭기스칸 시대에는 기록문화가 시작되는 시점으로 상당한 기록이 남겨졌으나 물류 등 일반 경제에 관한 기록은 아직도 미흡했다고 볼 수 있다. 현대의 기록방법은 탁월하고 모든 활동이 단계마다 기록되고 있다. 또한 다른 주체 간에도 공동 작업을 통해 기록방법을 통일해 가는 작업이 필요하다고 할 수 있다.

물류활동에 활용된 운송수단으로는 각각 시대적 여건에 따라 최적의 운송수단을 동원하였는데 신라시대의 해상활동을 위해 선박이, 몽골의 육상운송에는 낙타, 말 등 축력을 이용하였다. 쿠빌라이 이후 바다로 진출하여 육상운송과 해상운송을 연계하면서 원대에도 선박이 운송목적으로 크게 활용되었다. 이러한 운송수단의 활용은 시대별로 여건에 따라 상이하지만 활용가능성을 최대한 발휘한 것으로 분석할 수 있다. 오늘날 물류활동에는 육, 해, 공 활용 가능수단이 복합적으로 활용되고 있으며 서로 다른 운송수단을 효율적으로 연결하기 위해 컨테이너가 광범위하게 활용되고 있다. 이러한 화물운반 용기의 활용으로 화물운송에 일대 혁명이 일어나고 있으며 공산품 완제품 위주의 완벽한 운송을 실현하고 있다. 그러나 9세기 신라와 13세기 몽골에서도 운송수단의 제약으로 인해 소형화물, 1차 산품 위주로 운송 품목이 제한될 수밖에 없었다. 이러한 물류활동의 제약은 그들이 사용하는 협소한 공간에도 적용되어 신라 시대에는 항구가 그리고 몽골시대에는 역참과 강남의 일부 항구가 주요 화물 보관 등 물류활동의 장소로 사용되었다. 현대 물류에서도 주요 결절점이 물류거점으로 활용되고 있으나 인구 밀집지역, 주요 화물 발생지역 등 화물의 기, 종점과 운송수단의 결합이 용이한 지점이

물류활동의 중심으로 선정되고 있다. 장보고 시대에 신라에는 뚜렷한 산업의 발전이 없었으며 대외 교역활동을 통해 귀족계층의 생활필수품이나 고가 사치품이 주로 거래된 것으로 보여 물류활동과 여타 산업과의 연계성이 미흡했으나 원대의 물류활동은 선도 부문으로 여타산업의 발전을 유도한 면이 있어 물류부문이 당시 중상주의 정책을 충분히 뒷받침한 것으로 보인다.

장보고, 칭기스칸, 현대 물류의 비교표

활동별 구분	장보고(9세기)	칭기스칸(13세기)	현대(21세기)
목적	교역확대	정벌 보조, 교역확대	물류영역의 개발
지향	해양의 통합	대륙의 통합	글로벌 물류
주체	민간 주도	정부 주도	3PL, 글로벌물류회사
범위	한, 중, 일	유라시아 전역	글로벌
조직	통합조직	통합 및 분리	통합 위주
의사결정 과정	분산형	중앙집중형	과정별 의사결정
물류비의 비중	비대가성, 높은비중	비대가성, 높은비중	대가성, 저렴
소요 시간	장시간	비교적 신속, 장시간	신속, 초스피드
정보관리 제도	인적 정보, 관리 미흡	역참제	인터넷
기록 방법	미흡, 타인 의존 보존미흡	기록 시작, 작업 필요	탁월, 공통
운송수단	선박	말, 낙타	육, 해, 공 복합수단
화물의 형태	소형, 1차산품	소형, 1차산물, 가공품	대형, 공산품
화물보관 장소	항구	역참 및 거점 위주	거점
타산업 발전 기여도	연관성 미흡	선도역할	보완역할

제2장

탈국가적 사고를 통한 동북아 3국의 물류체제

한중일 물류협력체제가 새로운 패러다임을 만든다

한국, 중국, 일본 등 동북아 3국은 세계 경제규모의 약 20%를 점유하고 있지만 세계화물량의 약 30%를 차지하고 있다. 13억 인구의 거대한 시장을 가진 중국은 세계 최대의 생산 공장으로 급속히 성장하고 있으며, 2006년 외환보유고 1조 억불 달성으로 세계 최대의 외환보유국이 되었다. 일본은 세계 최첨단 기술과 막대한 자본력을 바탕으로 범세계적 경쟁력을 유지하고 있다. 한국 역시 내적 활력과 역동적인 인적자원, 창의적 능력을 바탕으로 세계적 수준의 경제국가로 도약 중이다. 이렇듯 한국, 중국, 일본 등 동북아 3국이 보유한 풍부한 부존자원 및 잠재력은 동북아지역의 밝은 미래를 시사하고 있으며, 2010년에는 동북아 3국의 경제규모가 세계 GDP의 27%, 세계 무역의 30%를 차지할 것으로 예상되고 있다.

최근 동북아 3국에서는 역내교류가 급속히 활성화되고 있어 국제물류의 비중이 갈수록 커지고 있다. 이처럼 권역 발전의 동력이 해운, 항만을 중심으로 한 국제물류에 달려 있음을 인식한 3국은 경쟁적으로 항만시설 등을 늘리고 있다.

한국은 '동북아 물류 허브' 를 지향하며 부산, 광양의 Two Port 육성정책을 지속적으로 추진하고 있으며, 2020년에는 부산항 컨테이너 45선석(2,287만 TEU 처리예측), 광양항 컨테이너 22선석(1,200만 TEU)을 목표로 건설을 추진 중이다.

중국은 '자국의 물량은 자국이 소화한다.' 는 목표 하에 항만시설 확충에 많은 투자를 하고 있다. 이에 따라 전국항만을 3대 항구군으로 구분하고 이 항구 군을 중심으로 항만개발을 대폭 확대하고 있으며, 이들 항구 군에 대량화물 전용터미널과 물류단지를 집중 개발하고 있다. 3대 항구군의 항만개발 계획은 2010년까지 환발해권 항구군 2,900만 TEU, 장강삼각주 항구군 3,100만 TEU, 주강삼각주 항구군 2,000만 TEU의 화물처리능력을 갖추는 장기계획이다.

일본은 지역의 균형발전을 위해 다수 항만 개발전략을 추진해 온 결과 동북아의 중심항만 경쟁에서 상대적으로 한국, 중국에 비하여 뒤처지게 되었다. 이러한 상황을 반전시키기 위해 일본은 국제허브항만 육성을 통해 권토중래를 노리고 있다. 구체적으로 일본은 '수퍼중추항만 육성계획' 의 수립을 통해 2003년부터 소수 대형항만을 집중 육성하고 있다.

한국, 중국, 일본은 서로 다른 나라이지만 황해라는 하나의 바다를 공유하고 있는 지리적 특성을 갖고 있다. 따라서 각국의 항만 정책도 각국의 이익만이 아닌 공동발전을 위하여 장보고, 칭키스칸 시대와 같은 통합적 사고가 필요하다. 장보고와 칭기스칸이 역사적으로 증명하고 있는 것처럼 탈국가적 사고의 실현을 통하여 궁극적으로는 한국, 중국, 일본 각국과 동북아시아 전체가 번영 발전할 것이다. 하지만 현재까지는 그러한 사고가 뒷받침 되지 않아 중복투자, 지역과 시설의 효율적 활용의 어려움, 통합적 네트워크 구성의 어려움 등이 문제점으로 지적되고 있다. 이러한 문제는 동북아시아 각국간 협력증대를 통하여 극복 방안을 모색하여야 한다.

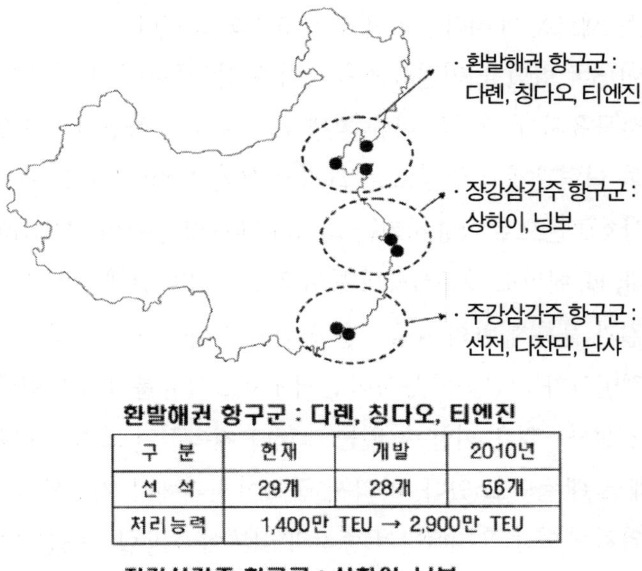

환발해권 항구군 : 다롄, 칭다오, 티엔진

구 분	현재	개발	2010년
선 석	29개	28개	56개
처리능력	1,400만 TEU → 2,900만 TEU		

장강삼각주 항구군 : 상하이, 닝보

구 분	현재	개발	2010년
선 석	33개	39개	72개
처리능력	1,500만 TEU → 3,100만 TEU		

주강삼각주 항구군 : 선전, 다찬만, 난샤

구 분	현재	개발	2010년
선 석	22개	21개	43개
처리능력	1,000만 TEU → 2,000만 TEU		

중국 3대 항구군의 항만 현황 및 개발계획

한편 물류분야에서는 개별적으로 수행되던 활동이 복합다기능화 되어 제3자 물류를 선호하거나 공급자사슬 형으로 발전하고 있으며, 관련기술의 발달 특히 IT기술의 발달은 새로운 대응을 요구하고 있어 항만구역은 국제물류활동의 중심으로 자리 잡고 있다. 이처럼 급변하는 국제물류의 흐름, 특히 동북아권역에서의 두드러진 변화로 물류분야에서도 통합물류시스템을 구축하여 항만간의 과다경쟁을 피하고 가능한 분야를 선정하여 경쟁과 협력을 통해 서로 발전할 수 있는 새로운 패러다임의 형성이 요망되고 있다.

동북아 3국 항만을 연결하는 동북아 통합물류시스템 구축을 위해서는 화물유치와 쟁취를 위한 경쟁 위주에서 각 항만간의 역할분담을 통한 협력관계의 형성으로, 그리고 항만운영의 목표도 독자생존에서 상호공존으로 상승시키는 의식과 제도의 전환이 선행되어야 할 것이다. EU에서도 물류시장의 통합을 위해 40여년에 걸쳐 꾸준히 노력한 결과 물류 전반의 효율성을 증진하고 나아가 전반적인 경제통합에 견인차가 되었듯이 동북아권역에서도 물류분야의 협력과 공존이라는 신사협정은 피할 수 없는 그러나 지속적인 노력이 필요한 현안과제로 대두되고 있다. 따라서 동북아권역에서 지정학적으로 유리한 위치에 있는 우리나라가 중국과 일본이 수용할 수 있는 가시적인 협력증진 모델을 제시하면 권역 물류합리화를 위한 주도적인 역할을 할 수 있을 것으로 보인다. 새로운 패러다임에 의한 동북아 물류협력 노력은 3국 기업의 물류비 절감과 재원의 효율적 배분이라는 단기적 호재와 장기적으로 동북아 FTA 체결을 앞당기고 동북아 경제공동체 출범의 초석이 된다는 파생효과도 기대할 수 있다.

동북아 물류를 통합한 시스템은 3국의 인프라를 최대한 활용하고 신개념에 의한 부가가치 창출형 항만을 만들어가는 방식으로 권역 내 관련 정보, 인력, 제도, 기능 등을 최대한 동원하는 올인 형태로 구축되어야 하지만 전략적으로 소수 항만을 선택하여 집중해야 큰 효과를 기대할 수 있을 것이다. 동질의 서비스를 대상으로 평가할 때 일본이나 중국의 항만에 비해 아직 가격경쟁력이 있는 우리 항만은, 지속적인 관련기술의 개발과 우수한 물류인력의 활용도를 높이고 몇 가지를 제도적으로 보완한다면 국제물류의 중심으로 발전할 잠재력이 가장 높다고 할 수 있다.

동북아 물류협력체제는 각국의 정부와 기업이 공동으로 구축해야 하지만 재원조달은 민간이 주도해야 하며 정부에서는 기업의 참여를 적극 유도할 수 있는 다양한 방안을 선행적으로 추진해야 할 것이다. 우선 한국, 중국, 일본 3국 기업 간 협력기반 조성을 위한 포럼과 세미나 자리를 만들어 새로운 패러다임을 널리 알려 공조분위기를 만드는 것이 중요하다. 각국에서는 상대국 현지에서 활동할 수 있는 물류활동의 리더를 물류협력 명예대사로 위촉하고 정부 간에도 장관급 물류협의체를 구성하는 한편 물류외교 전담관을 현지 공관에 배치하는 등 전방위 지원을 펼쳐야 할 것이다. 단기적으로 3국의 물류 흐름과정에서 가공, 분류, 포장 등 부가가치 물류기능을 수행하는 국제물류센터를 각국 항만의 배후부지에 건립하여 동북아 물류협력의 새 패러다임에 의한 사업을 시범적으로 추진해야 할 것이다.

글로벌화를 위해 기술이 움직이고 있다

국제화와 지방화가 동시에 추진되는 세방화(Glocalization) 과정에서 IT를 기반으로 하는 첨단기술의 진보는 전통적인 공간개념을 통째로 바꿔 시간단위가 전혀 다른 사이버공간을 제공해 주고 있다. 실물세계를 무대로 하는 물류분야 역시 그 명칭마저 'logistics'에서 'supply chain management', 제3자 물류 등으로 변천하고 있으며 적용대상과 내용도 크게 변화하고 있다. 해운 항만 분야에서는 선박의 대형화 및 전용화, 운송의 컨테이너화와 항만 하역기술의 변화, 항만 운영기술의 변화 등을 통하여 세방화(Glocalization)가 급속도로 진행되고 있다.

첫째, 선박의 대형화 및 전용화는 다음과 같은 특징을 갖는다. 선박의 크기는 운송화물의 톤당 운송원가를 최소화하는 방향으로 끊임없이 조정되고 있다. 따라서 선박의 대형화는 주로 컨테이너선 부문에서 추진되고 있다. 또한 조선기술 발달, 하역기술 향상, 물동량 증가 등으로 대형화가 급속도로 진전되고 있으며, 전문가들의 견해에 의하면 컨테이너선의 대형화는 향후 한층 더 빠르게 이루어져 2010년 에는 12,000TEU급의 선박이 취항하게 될 것으로 예상되고 있다. 또한 세계 상선보유의 추세를 보면 전용선의 비중이 점차 증대하고 있음을 알 수 있다. 선박의 대형화와 전용화는 효율적인 하역시스템과 연계 운송망을 그 전제하므로 선박에게는 이미 국경이 존재하지 않는다고 할 수 있다.

둘째, 운송의 컨테이너화와 항만 하역기술의 변화를 통하여 세방화(Glocalization)가 진전되고 있다. 우리나라 전체 수출입화물에서 차지하는 컨테이너화물의 비율은 1975년 8.1%에서 1990년에는 20.0%로 급격히 높아졌고, 이러한 추세는 현재까지 지속적으로 진행되고 있다. 선박의 대형화는 주로 컨테이너선 부문에서 추진되고 있고, 기존 일반화물로 처리되던 품목들 역시 컨테이너화가 진행되고 있다. 또한 제품의 경박단소(輕薄短小)화로 컨테이너 물량은 1차 산품과 원자재를 중심으로 컨테이너 물량이 증가될 것으로 생각된다. 항만의 화물처리능력을 증대시키기 위해서는 시설의 확충, 정보화와 함께 하역기술의 발전이 요구되며, 선박의 대형화는 재항시간의 단축을 통한 규모의 경제 실현을 위하여 하역생산성의 향상을 절실하게 요구하고 있다. 항만하역 시스템의 발전은 ① 안벽 하역장비, ② 통합하역시스템, ③ 터미널의 레이아웃 등의 부문에서 이루어지고 있다.

셋째, 항만 운영기술의 변화가 세방화(Glocalization)를 이끌고 있다. 항만운영 및 물류의 정보화와 관련하여 도입되고 있는 정보기술은 야드에서의 데이터 관리에 필요한 통신기술, 자동화 인식기술 및 물류정보시스템으로 구성되고 있다. 통신기술은 무선 LAN(local area network)과 CDMA(code division multiple access) 이동통신 기술이 주로 도입되고 있으며, 자동화 인식기술은 바코드 방식, RFID (radio frequency identification) 방식, 영상인식 방식 등이 있다. 항만운영의 생산성을 높이기 위해서는 위에서 본 통신기술 및 자동인식기술을 바탕으로 터미널 내 모든 활동들을 체계적으로 연결 및 제어하는 정보시스템이 필요하게 되며, 대다수 터미널에서는 양 · 적하, 야드관리, 장비이동, 전자문서교환, 선석제어 등에 대해 통합된 운영정보체제를 갖고 있다. 위와 같은 선박의 대형화와 전용화, 운송의 컨테이너화와 항만 하역기술의 변화, 항만운영기술의 변화 등을 통해서 항만은 신속한 화물 처리를 가능하게 되었고, 글로벌 체제를 구성하고 운영할 수 있게 되었다.

경쟁 속에서 협력관계를 유지하라

한국, 중국, 일본 동북아 3국은 각국의 물류분야의 발전을 위해 제도, 시설, 운영체제 등 상호 경쟁적인 관계에 있으며 동북아의 물류중심화 정책을 경쟁적으로 시행하고 있다. 이들 국가 사이에 부분적으로 협력관계도 지속되고 있으나 협력과 경쟁의 뒤섞임 속에서 명분과 실리를 추구하려는 이중적인 자세가 있으며 광역적인 제도의 마련, 글로벌 마인드에 의한 효율성 추구 등은 뚜렷한 진전이 없는 실정이다. 하지만 한국, 중국, 일본은 역사 · 문화적으로 매우 친밀한 관계를 가지고 있다. 근대화 이전 동북아 권역의 삼국(한국 · 중국 · 일본)은 각각의 국가들이 개별적으로 발전하였지만, 경제적으로는 유기적인 협력을 통한 발전을 이루어 왔다.

20세기 정치적 영향으로 각각 독자적으로 발전을 이루어 왔으나 20세기 후반 중국이 개방정책을 택하고 일본과 한국이 경제적 성장을 이루면서 다시 교류가 확대되기 시작하였다. 중국의 경제적 성장 이후 동북아 지역은 세계 2위의 경제규모를 나타내고 있다. 이러한 상황에서 상생을 통한 각국의 발전을 위해서 다방면의 지속적이고 심도 있는 협조 필요성이 대두되었다. 항만 건설은 엄청난 자금이 소요되는 사업으로 많은 국가 예산을 필요로 한다. 따라서 공급과잉이 계속될 경우 각국의 경제에 커다란 부담으로 작용될 가능성이 크기 때문에 물류분야 역시 시설, 운영, 기술 등 여러 측면에서의 상호 협력이 필요하다.

동북아 3국의 물류분야의 협력은 각국의 환적물동량에서 먼저 시작되고 있다. 각 나라가 수입, 수출하는 물량이 각국에서 직접 수

출입되는 경우도 있으나 항로, 항차의 부족 등의 이유로 제3의 항구를 거쳐 수입, 수출 되는 화물을 환적화물이라 정의하는데, 중국의 경제 성장이후 동북아 3개국의 환적 화물의 양이 비약적으로 증가하고 있다.

항만 화물의 효율적인 처리를 통한 3국간 공동 이익의 실현을 위해 우리나라는 2006년 9월 중국 장강에 위치한 타이창 항과 부산·광양간의 항로를 개설하였다. 이 사업은 동북아 3국에서 각각 추진되고 있는 항만개발 계획을 통한 단순한 물량 독점 보다는 상호 협력하여 연계 항만이 모두 상생 발전이 필요함을 인식하고 한국과 중국 정부의 협력으로 추진되었다. 우리 정부의 주도로 한국, 중국, 일본의 물류관계 장관 회담이 개최되고 있으며 이를 통하여 동북아의 물류협력이 추진되고 있다. 한국, 중국, 일본이 물류 협력을 위한 공동체를 실현한다면 한국에서 2010년까지 단순 환적 컨테이너 899만 TEU를 처리할 것으로 기대되고 있으며 이는 같은 기간 예상되는 중국과 일본의 전체 수출입 물동량 14,900만TEU의 7.2%에 해당하는 규모이다.

항만 개발은 접안시설과 배후부지 시설로 나누어 개발할 수 있다. 접안시설은 항만에 선박을 접안시키기 위한 시설로서 동북아시아 권역을 하나의 경제권으로 설정하고 권역 내 물동량 수요와 이미 건설되어 있는 항만의 수, 처리능력, 항만시설의 경제적 파급효과, 경제성 등을 고려하여 종합적으로 개발되어야 한다. 또한 배후부지 시설은 각 항만과 국가의 산업경제적 현실을 반영하여 권역 내 국가의 산업협력을 통한 부가가치 창출이 일어날 수 있는 방향으로 개발하여야 할 것으로 생각된다. 또한 항만 시설은 항만뿐만 아니라 도시개발계획과 함께 종합적인 개발계획이 필요하며 이 개발계획은 권역 내 국가들의 공동의 연구 · 추진이 필요하다.

동북아 권역의 협력을 위하여 항만 개발뿐만 아니라 물류 SOC확충, 국가기간 물류 네트워크 구축을 위한 항만 건설과 재정 협력 분야 역시 정보화 · 표준화가 국가 간 협력을 통해 추진되고 있으며, 나아가서 국제 표준 규격의 상호 사용을 통하여 동북아 지역의 물류 표준의 통일을 목표로 추진되고 있다. 또한 우리나라의 한 대학에서는 중국의 대학과 협력을 통해 중국 학생을 선발하여 중국에서 기본적인 교육과 한글교육을 받은 후 한국에서 2년간의 학습과정을 거쳐 한국 대학의 학위를 수여하고 있다. 장차 이 학생들은 한국과 중국의 물류분야에서 가교역할을 담당할 인재로 성장할 것으로 예상한다.

이러한 물류 협력의 모습들은 장보고 시대와 칭기스칸 시대의 협력 모델과 아주 흡사하다. 장보고는 언어, 문화 등에서 이미 국제적 소양을 갖춘 인물이었고, 지역별 협력과 적절한 인재 등용으로 1000년 전에 이미 해양에서 국제적 물류 네트워크를 구성하였으며, 칭기스칸은 인재 양성과 나눔, 그리고 교통을 통하여 육상에서 가장 발달한 네트워크를 구성하고 세계에서 가장 큰 나라를 건립하고 통치하였다. 어떻게 보면 한국, 중국, 일본 등 동북아 권역 국가들의 협력은 역사적 숙명이라고 할 수 있다. 21세기에 들어와서 항공의 중요성이 부각되고 있지만, 전통적으로 지역을 연결하는 방법이 육상과 해양이었으며, 지역적 협력이 필요한 물자의 수송이라는 측면에서는 육상과 해양의 역할이 절대적이다. 이러한 측면에서 보면 동북아시아 권역은 경쟁의 20세기를 지나 협력의 21세기를 거쳐 장보고, 칭기스칸이 꿈꾸었던 세계인의 꿈을 실현할 수 있을 것이다.

동북아 경제공동체를 만들어라

앞에서 서술한 바와 같이 동북아시아 권역의 협력은 역사적 숙명으로 보인다. 해상의 장보고와 육상의 칭기스칸의 모습을 멘토링하여 협력을 통한 진정한 '지구촌(地球村)'을 이룰 수 있을 것이다. 하지만 이러한 목적을 달성하기 위해서는 여러 가지 문제점이 존재한다. 한국, 중국, 일본의 동북아시아 3국은 EU의 경우처럼 한 체제에 포함되기 어려운 입장에 있지만 3국간의 느슨한 물류체제 통합을 장기 목표로 하고 단기적으로는 부분적인 통합체제의 구축의 추진을 통하여 공동의 목적을 도출한다면 효율적인 협력과 통합 체제를 구축할 수 있을 것이다.

물류시장을 비롯한 국제 무역 분야에서 부각되는 장벽은 일반적인 관세장벽과 제도적(기구적), 법적, 규정적, 기술적, 물리적인 비관세장벽이다. 현재 한국, 중국, 일본은 운송인, 포워더 및 물류서비스 제공자에 대하여 차별적인 정책을 실시하여 운송서비스의 효율적인 운영을 저해하고 있다. OECD는 상품, 다양한 기준 및 기술적 규정에 근거하여 그러한 장벽과 장애로부터 발생하는 비용이 생산비용의 2~10%를 구성한다고 추정하였다. 이뿐만 아니라 물류시장에는 시장의 역사적 전통만큼 다양한 형태의 진입 장벽이 존재하고 있다.

물류 시장에 대한 전형적인 형태의 장벽으로는 제도적 장벽, 법률적 장벽, 기술적 장벽 등이 있다. 동북아시아의 물류 협력을 위해서도 이와 같은 장벽을 극복해야만 한다. 동북아시아의 기존 해상 및 복합운송시스템은 높은 시장 분할, 상이한 시장자유화의 진전 그리고 3국간을 지배하는 일련의 복잡한 법 규정으로 인해 증가하는 수요를 수용할 수 없다. 한국, 중국, 일본 사이에 통합체제를 형성하기 위해서는 각국의 상이한 통관절차, 시설, 장비 · 용기 등이 상호 활용이 원활하게 이루어져야하며, 이를 위해 법 · 제도 및 정보시스템의 지원이 필수적이다. 특히 중국과 같이 통관 절차의 불투명성으로 인해 화물의 지체 및 비용의 과다계상 등의 문제점을 해결하기 위해서는 통관시스템의 개선 및 인력의 전문화를 통해서 가능하다. 부문별 통합 시나리오 설정을 위해 비슷한 여건의 유럽의 추진사례를 벤치마킹하여 시사점을 도출할 수 있다. 통합체제의 형성은 문제해결 단계에 따라 4단계로 구분할 수 있다. 1단계에서는 각국의 통관시스템, 시설, 장비 · 용기, 정보시스템 등의 문제점을 파악하고 각국별로 통합 지표를 설정함으로써 이를 활용하여 각 부문별 통합이 가능한 최적의 상태로 개선한다. 2단계에서는 시설, 장비 · 용기, 정보시스템의 코드, 제출 서류 등에 대해서는 상호 활용이 가능한 수준으로 표준화시켜야 하며, 이를 지원하기 위한 법 · 제도의 개선이 뒷받침 되어야 한다. 3단계에서는 통합이 가능한 각국의 통관시스템 및 정보시스템의 통합을 추진하며, 4단계에서는 통계정보를 기반으로 국가별 성과지표를 비교 · 검토하고 통합체제의 중장기 발전 계획 수립에 활용한다.

통합체제의 발전을 위해서는 물류정책과 교통정책의 연결이 필수적이다. 유럽의 정책은 무역의 자유로운 흐름과 높은 수준의 보안을 통한 절차 간 균형을 이룰 수 있는 방안을 제시하고 있다. 교통정책에 물류 개념을 도입하고 의사결정시 물류를 고려하여 효율적이고 올바른 결정을 하도록 유도해야 한다. 한국, 중국, 일본 사이에는 전술한 바와 같이 많은 개선 사항이 있다. 하지만 각 개선사항에 대한 다음과 같은 단계적 해결을 통하여 통합 물류체제를 이룩할 수 있을 것이다.

첫째로 통합체제의 수립을 위하여 협력의 주 대상인 화물운송 과정의 장애요인을 파악하고 해결방안을 모색하는 것이 필요하다. 화물운송 물류산업과 정부기관은 상호 지속적인 협력과 대화를 통해 화물운송물류 산업을 발전시키고 물류시스템을 최적화시키는 방안을 강구하여야 한다. 한국, 중국, 일본의 기업과 정부의 지속적인 대화를 통하여 장애요인을 파악하고, 노하우를 상호 공유하며, 모범사례를 발굴하며 각국의 정책개발에 활용하여 장애 요인을 제거하고 통합을 지향하는 것이 필요하다.

둘째로 정보통신기술의 적극적인 활용이 필요하다. 현대인을 디지털 유목민 이라고 이야기 한다. 이는 첨단 정보기기를 통하여 유목민과 같은 문화를 형성한다는 뜻으로 현대인의 특징을 대변한다. 한국, 중국, 일본은 디지털 분야에서 세계 최고 수준을 자랑한다. 한국의 인터넷, 모바일 통신 기술과, 일본의 첨단 과학 기술, 중국의 디지털과 과학기술의 투자는 새로운 가능성을 나타내고 있다. 통합체제의 가장 기본적인 요소인 공유와 나눔은 소유가 중시되었던 전통적인 농경사회의 모습과는 상반된 위치에 있다. 하지만 동북아시아의 발달된 정보통신기술은 공유와 나눔을 확산시키고 있으며 이를 통하여 새로운 발전 가능성을 보이고 있다. 효율적인 물류관리를 위해 위성항해시스템 등을 통한 화물추적은 물류 효율성 증대에 크게 기여하고 있다. 한국, 중국, 일본이 추구해야 하는 통합체제의 목적을 달성하기 위하여 각 국가에서 개발한 교통관리시스템이 국가 간 무역에 장애가 되지 않고, 모든 국가에 호환될 수 있도록 표준화된 기술 개발을 추진해야 할 것이다.

통합체제의 달성을 위하여 첨단 기술과 시설 등의 인프라가 필요하지만 그 시스템과 인프라를 운영하고 이용하는 사람이 가장 중요하다. 따라서 통합체제의 구축을 위해서는 인적 자원의 개발이 필수적이다. 화주, 교통이용자, 운영자는 물류와 관련하여 의사결정자의 전문성을 매우 중요시 여기고 있으나 현재 각 나라와 교육기관들의 교육 내용이 매우 상이하다. 따라서 상호 인정을 받을 수 있는 물류교육 및 훈련 프로그램과 공인자격을 만들어 교육하는 것이 필요하다.

통합체제를 구축하기 위하여 정확한 통계정보가 필요하다. 한국, 중국, 일본에서 모두 이용할 수 있는 통계정보 수집 방안과 물류성과 지표를 개발하여 지역 내의 물류성과를 지속적으로 관리하고, 유럽국가 및 타 대륙의 물류성과를 비교 평가해야 한다. 또한 벤치마킹 대상을 발굴하고, 물류통계 자료 및 정보를 축적하여 현행 물류산업을 분석하여 중장기 물류산업 발전 계획을 수립하는데 활용해야 할 것이다.

앞에서 이야기 한 바와 같이 항만 등의 물류시설의 건설은 엄청난 자본이 투입되므로 이러한 인프라의 효율적 활용이 필요하다. 한국, 중국, 일본의 공동 관리 아래 인프라 시설 구축 계획 및 재정 지원을 통하여 동북아시아 지역의 인프라를 효율적으로 이용하도록 지원한다. 신규 인프라시설 건설보다 기존 인프라시설의 효율적인 활용 방안을 모색하게 하고, 효율적이고 지속 가능한 물류기법 활용으로 기존의 인프라시설을 최적으로 활용하도록 유도한다. 인프라시설을 구축하기 위해서 민간자본의 참여를 유도하고 법, 제도적 장치를 마련하고 통합체제를 구축하기 위하여 서비스 성과에 대한 측정이 필요하다. 따라서 한국, 중국, 일본은 통합에 필요한 성과지표를 지속적으로 개발하고, 벤치마킹 사례 발굴과 품질인증 제도를 마련하여 통합체제를 통한 물류사슬과 기업의 전반적인 품질을 인정하고, 관리하는 방안을 마련하여야 한다.

통합체제는 빠른 처리를 통한 이윤창출을 그 목적으로 한다. 따라서 현재 각국간 상이한 행정서비스와 복잡한 과정은 대폭 축소되고 조절되어야 한다. 동북아시아 지역에서는 통관과 무역에서 무서류 환경 조성을 구축하여 행정서비스에 투여되는 시간을 줄여야 한다. 즉, 통관의 경우 단일행정기관에서 모든 업무가 일괄적으로 처리되고 한 번의 서류 제출로 업무가 간소화되며, 한 장소에서 모든 통관검사가 완료될 수 있도록 하여야 한다. 이를 추진하기 위하여 서류의 공동양식 채택, 전산정보의 공유, 통관절차의 공동화, 물류관련시설의 공동운영. 항만 등 시설의 공동 투자 등의 가시적인 협력 및 통합 가능 분야를 선정하여 3국간 장관급 및 실무 정책담당자간의 협의를 통하여 가시적인 성과를 목적으로 해야 한다. 글로벌 경제시대에 있어 한국, 중국, 일본의 통합체제의 구축은 제도, 운영체제, 기반시설, 정보의 공유 등 부분적인 활동의 통합뿐 아니라 3PL 등 새로운 물류활동의 도입을 통해서도 가능하다고 생각된다.

동북아의 물류체제의 구축을 위하여 한·중·일 물류체제를 비교하고, 협력에 가장 중요한 방법적인 요소가 되는 물류관련 수단 및 기술의 발전을 고찰하고, 경쟁 속에서 협력관계가 어떻게 모색되고 있으며, 통합체제 구축을 위한 구체적인 방법을 생각해 보았다. 한·중·일 통합 물류체제 구축은 정치, 경제, 사회, 문화적 여러 부분에서 넘어서야 할 여러 가지 장벽이 존재한다. 하지만 이 지역은 공통의 역사적·문화적 배경을 가지고 있으며, 세계에서 역동적으로 발전하고 있는 지역이다. 문화적 동질성과 경제의 역동성은 통합의 가장 기본적인 요소이며, 동북아 지역에서는 통합의 기본적인 요소를 충족했다고 할 수 있다. 이렇듯 준비되고 발전 가능성이 있는 동북아 지역이 장벽을 넘어 통합체제 구축한다면, 과거 로마시대 지중해를 중심으로 법과 도로를 이용하여 구축한 통합체제가 인류를 한 단계 발전 시킨바와 같이 통합체제의 영향은 동북아시아 지역에만 그치는 것이 아니라 전 세계까지 영향을 미칠 것으로 생각된다. 현재 세계적으로 추진되고 있는 FTA는 한국 · 중국 · 일본 통합체제 구축의 중요한 계기가 될 것으로 생각된다. 통합체제 구축을 위하여 자국의 이익만을 내세우는 것이 아니라 권역의 공동 번영 발전을 목표로 한다면 다른 어느 지역보다 효과적인 통합체제를 구축하고 나아가서는 동북아 경제공동체의 구축까지 이를 수 있다고 생각된다. 이러한 통합체제는 장보고의 해상체제, 칭기스칸의 육상체제가 유기적으로 융합된 복합체제이며, 한국 · 중국 · 일본의 공동 선조인 두 사람의 세계인이 꿈꾸었던 체제가 아닌가 생각해 본다.

제3장

물류, 장보고와 칭기스칸에게서 배워라

해상물류, 장보고에게 맡겨라

장보고는 신라 신문왕 때 828년 한반도 서남해안 지역인 완도에 청해진을 설치하고 1만 여 명에 이르는 해상세력을 확보하여 황해 및 동중국해 지역에서 양민과 교역인들을 괴롭히던 해적들을 소탕하는 큰 성과를 거두었다. 이와 같이 형성된 신뢰와 권위를 바탕으로 장보고는 청해진 교역체제를 효율적으로 가동시켜 황해와 동중국해의 해상권을 장악했던 것이다. 장보고의 청해진 해상교역체제가 성공적으로 운영됐던 비결은 장보고 대사의 탁월한 리더십 덕분인데 재당 신라인 상인들을 긴밀한 네트워크로 규합하여 교역시스템을 구축했으며, 일본 규슈지역 등에도 우호 및 협력세력을 구축하여 체계적으로 관리해 나갔다. 장보고 대사는 청해진 본영을 중심으로 당나라와 일본에 효율적인 해외 교역망을 확고하게 구축하여 나·당·일 3국을 연결하는 하나의 해양물류네트워크를 가동시켰기 때문에 해상왕으로서 확고한 위치를 확보할 수 있었다. 장보고는 글로벌 마인드를 갖고 해외신라인 출신 무역상을 하나로 묶어 네트워크를 형성하고 무역업무, 여객 운송, 선박 건조, 수리, 종교 문화, 학술 지원 등 다양한 해운, 해사, 문화 사업을 전개한 복합경영인이라고 할 수 있다.

장보고 대사가 황해의 해상권을 장악하고 해상왕이라는 명성까지 얻게 된 것은 그가 미래를 내다보는 뛰어난 통찰력을 가지고 효율성이 높은 해상물류네트워크를 구축하여 청해진 해상무역체제를 당시 동북아시아에서 가장 경쟁력 있는 복합경영조직으로 이끌어 나갔기 때문이다. 장보고는 청해진 무역체제에 종사하는 직원들에게 비전을 제시하는 뛰어난 최고경영자였다. 그는 청해진대사로 임명된 직 후 동북아해상을 지배하면서 신라, 당·일 항로의 최적 요충지인 완도를 중심으로 대규모 무역, 물류 인프라를 구축하였다. 청해진은 무역 뿐 아니라 물류를 위한 선박, 항만, 조선, 항해 전문가 등이 결집된 이른바 물류클러스터였으며 허브포트였다.

청해진은 동북아 해상을 지배하는 거점으로서 당과 일본은 물론 이슬람 상인들과도 교류하였다. 물류거점인 청해진은 신라 조정으로부터 독립적인 경영체제를 인정받았고 해외 물류거점 역할을 하는 신라방과 신라소 또한 당나라 조정으로부터 자치권을 부여받았다. 이러한 인적 네트워크를 기반으로 각 지역에 거점을 형성하여 정보를 수집하고 선단을 조직화하여 동북아 해상과 중국의 대운하, 연안에 펼쳐진 거대한 물류 그물망을 형성하게 됨으로서 교역을 통한 시너지효과를 극대화 할 수 있었다.

장보고 대사는 청해진을 중심으로 하여 일본에는 대일교관선을,

그리고 당에는 대당매물사라는 무역사절단을 각각 파견하여 신라 · 당 · 일본 3국 사이에서 청해진을 중심으로 중계무역을 활발하게 전개했다. 장보고 대사의 청해진 물류조직체제와 경영방식은 오늘날의 다국적 기업 조직 및 경영방식과 유사하다고 볼 수 있다. 또한 청해진은 관리조직이라는 관점에서 보면 일종의 군산복합체적인 특성을 가지고 있다. 특히 군사적인 조직인 병부 이외에 민간무역체제인 민부를 독립적으로 갖추고 있었고 이 민부 아래에 대일 회역사 및 견당매물사를 담당하는 책임자를 두고 있다. 그리고 자치단체로서 재당신라인을 위한 재당 민, 병부 조직을 두어 당나라 거점을 관리하는 해외지역별조직을 두었다.

그러나 장보고 사후 이러한 조직이나 물류체제가 단시간에 붕괴되어 버린 것은 리더의 부재가 가장 큰 원인이었고 장보고세력의 반항을 우려해 신라조정에서 이들을 탄압하고 제거시키는 바람에 인적 네트워크가 무너진 것도 쇠퇴의 다른 원인라고 할 수 있다. 뛰어난 리더라면 자신이 없더라도 조직이 운영될 수 있도록 체재를 갖추어야 하며 뒤를 이을 인재들을 양성했어야 하지만, 장보고의 그러한 능력은 부족했다. 또한 장보고대사의 해상장악은 신라의 경제기반과 연계되지도 못하였고 정부정책과도 멀리 있었기 때문에 신라사회에 뿌리를 내리지 못하고 단지 개인중심의 막강한 경영권과 경제력의 집중만 이루어졌을 뿐이었다. 따라서 장보고 사후 대중국, 대일본 무역은 장보고 이전으로 후퇴해 버리고 오랫동안 역사에서 잊힌 채 지나게 됐다.

칭기스칸 시대의 통합물류체제를 만들어라

1206년 몽골 초원에서 대칸에 취임한 칭기스칸은 이름부터 세계를 하나로 통치할 야망을 염두에 두고 있어 대륙의 통합을 이뤘지만 바다를 그리지 못했던 그의 웅대한 뜻은 손자인 쿠빌라이에 의해 이루어지게 된다. 무엇보다도 대륙의 대통합이라는 역사적인 장거를 이룩한 칭기스칸은 시대적 상황이나 주어진 여건을 잘 활용하는, 리더십이 강한 CEO였다. 군사적 정복과 더불어 물류체제의 구축에도 주력했던 그는 점령지를 종횡으로 누비는 역참을 40킬로 마다 설치하였다. 초기 역참은 군사용으로 설치되었고 정복지와의 정보 교환이 주 임무였으나 점차 민간에 의한 교역의 거점으로 전환되고 상업의 주요 거점으로 발전해 갔다. 잠치(역전망)는 당초의 군사목적·정치목적만의 특급 연락망의 범위를 넘어 중앙아시아와 동아시아를 연결하는 육상·수상·해상의 교역통로로서 국가 경영의 중추 네트워크 역할을 하고 있었다.

말(馬)은 몽골 초기와 원대에 걸쳐 기본적인 운송수단이었고 가장 중요한 물류의 기반으로 활용되었으며, 대상에 의한 낙타가 말의 기능을 보완하여 장거리 물자 운송에 큰 역할을 수행했다. 남송과의 통합 후에는 선박이 대량운송수단으로 활용되었지만 대부분의 주요 물류활동이 내륙에서 발생되고 종결되어 말처럼 지배적인 운송수단으로 활용되지는 못하였다. 종교와 예술에서 비단, 도자기, 유리 같은 물품에 이르기까지 동서교류를 촉진하는 데는 말, 낙타 같은 동물이 중요한 운송수단이 되었고 해상교류에는 선박이 대량운송의 수단으로 유용하게 활용되었다.

칭기스칸에 이은 손자 쿠빌라이는 글로벌 물류체제의 마스터로서 대도를 건설하여 바다로 길을 내는데 그치지 않고 남북대운하를 통해 중국 내륙까지 수운을 통해 연결하는 대담한 계획을 실천했다. 수도권의 중심항으로 변한 적수담 주변은 시장, 창고, 경제관청 등이 자리 잡아 교역, 유통, 통신, 물류의 허브가 되어 해상교통의 출발점이자 종착점이 되었다. 남송을 통합하여 중원을 장악하게 된 쿠빌라이는 해상함대 대부분을 손상 없이 인수하였고 그에 수반한 조선기술 · 항해기술이나 해양문화에 관한 지식 · 정보 등 중국 강남 사회가 축적해 온 해양실력도 그대로 계승하여 육상과 해상을 연계 운송할 수 있는 통합물류체제를 구축하였다. 원대의 해상운송체제는 활발하지는 않아 고려를 통한 일본의 원정을 추진할 정도로 의식은 있었지만 이를 보장해 줄 기술수준은 미치지 못한 것으로 보인다.

칭기스칸 시대의 물류체제가 성공적일 수 있었던 원인으로 신기술의 습득과 효율적인 인력 운용을 들 수 있다. 소수의 유목민으로 구성된 몽골 정복군은 항상 새로운 정보와 신기술을 중시했는데 이러한 기술 인력의 양성, 신기술의 개발 원칙은 남송 합병 후 조선기술과 항만축조 기술 개발로 이어져 물류 수송수단의 발전에도 긍정적인 영향을 미친 것으로 볼 수 있다. 또한 이러한 발전에 있어서 원대의 물류체제 구축을 주도한 쿠빌라이를 지원하여 종합적인 구도를 건의하고 추진했던 주인공들이 없었다면 불가능했을 것으로 보인다. 물류체제의 구축 및 발전에 있어서 CEO의 앞선 견해와 지도력뿐 아니라 장대한 비전과 기술, 관련 지식을 갖춘 실무계층 전문인력의 확보가 얼마나 중요한 역할을 하는지를 보여주는 사례라 할 수 있다.

원대를 이어 받은 명나라는 원대의 통치이념, 조직체계, 물류시설들을 거의 무시하거나 파기하여 명대는 중국 역사상 가장 어두운 나라가 되어버렸다. 원대의 중상주의 통치이념과 각종 조직적 기반들이 명대에 들어 너무 쉽사리 해체의 길을 걷게 된 것은 물론 원대의 물류기반이 그렇게 탄탄하지 못했다는 것도 있겠지만 상업주의에 기초해서 정착한 원대의 통치방식이 유지되지 못한 불행한 일면도 있다. 원대의 제도, 시설, 관습에서 벗어나려는 명초기의 척원정책에 의해 육상과 해상을 통합하여 세계를 통합하려던 원대의 구상은 더 이상 유지 발전되지 못하고 대부분의 육상 시설은 파괴되고 해상은 봉쇄되는 불운을 맞게 되었다. 특히 물류체제의 몰이해와 중상주의의 배격으로 칭기스칸의 탁월한 지도력에 의해 구축된 원대의 육상물류체제, 해상운송 체제의 장점을 간과한 채 물류활동을 잠재워버렸다.

1%의 차이가 수만 달러의 성공을 좌우한다

최근 우리나라를 포함한 동북아 권역에서 한, 중, 일을 포함한 권역 내 경제협력 추진의 기반으로 물류분야의 협력증진이 강력히 요구되고 있다. 즉 동북아 권역에서는 한정된 지역의 여건에만 적응하고 안주하는 지엽적인 물류기업보다는 글로벌 경영여건에 적응하는 국제적 물류기업으로의 변화가 요구되고 있다. 이미 대부분의 물류기업이 국제화를 이루고 있지만 활동지역 범위의 확대, 기능적 통합, 대상 기업의 다양화 등 외형적인 변화와 더불어 국내외 고객의 시간과 비용 등 물류서비스 질의 고급화 요구에도 적응해야 한다. 국제적으로 이 분야의 경쟁이 치열해지고 있기에 물류 조직으로서 급변하는 주변 여건의 변화에 적응하기 위해서는 보다 능동적이고 신축적으로 대처해야 할 것이다. 이러한 물류조직의 활성화와 현실적이고 진취적인 적응을 위해 장보고와 칭기스칸의 물류체제 비교에서 보았듯이 전반적으로 물류에 대한 깊은 이해와 장기적 비전을 갖고 있는 CEO의 지도력이 중요한 변수중 하나가 되고 있다.

현대 급변하는 물류여건 속에서 혁신적 조직으로 성장하기 위한 최고경영자의 개인적 자질로는 물류여건 변화에 대한 적응력, 국내외 정세 및 경제여건의 변화를 판단하고 대처하는 이해력, 혁신적 변화를 추진할 수 있는 강한 의지와 설득력, 글로벌 체제에서 외부 제도와 관습 등 문화적 이질성을 수용하는 다양성 등이 필수적이라 할 수 있다. 물류조직을 구성하는 조직원들도 지도자의 리더십을 따를 전문지식과 물류에 대한 소양을 갖추고 있어야 함은 물론이다. 우리는 해상왕 장보고와 몽골의 칭기스칸, 쿠빌라이의 뛰어난 자질과 리더십이 역사상 유례를 볼 수 없는 획기적인 물류체제를 구축하였고 당대를 풍미했던 것을 보았는데 이러한 지도력의 필요성은 오늘날에도 결코 약화되지 않았다고 할 수 있다. 더구나 이들 지도자들이 자신의 능력만으로 거대한 물류조직을 구축하였고 운영하면서 본인의 부재 시에 대한 대비가 미흡하여 그들 사후에 기존조직이 머지않아 와해됐던 것을 보면서 장기적 조직 관리의 중요성을 다시 음미해 볼 수 있다. 물류부문에서도 지도자의 부재, 시스템의 고착, 정체성 확립의 부족은 안정적 조직의 홀로서기에 부정적 영향을 미쳤다. 장보고는 통찰력과 리더십을 가지고 있어 해상물류네트워크를 구축하여 청해진 해상무역체제를 당시 동북아시아에서 가장 경쟁력 있는 복합경영조직으로 이끌어 갈 수 있었고 부하들에게 비전을 제시하는 뛰어난 최고경영자였다고 평가받고 있다. 이러한 지도력은 대륙을 통합한 칭기스칸과 육상과 해상을 연계한 글로벌 물류체제를 구축한 쿠빌라이에서도 예외가 아니었음을 볼 수 있다.

장기적으로 혁신적인 물류체제의 구축을 위해서는 기업의 물류활동을 직, 간접적으로 도와주는 정부의 정책적, 재정적지원이 중요하다고 할 수 있다. 글로벌 경제체제에서는 단 1센트의 차이가 수만달러의 성공을 결정하는 첨예한 경쟁 속에 기업운영을 하고 있으며 동북아 권역에서 물류부문의 경쟁 양상은 더 심하다고 할 수 있다. 역사적으로 장보고대사의 활동에 대한 지원이 단절되었을 때 그리고 원제국의 정책이 승계되지 못한 명나라에서 물류체제가 무참히 무너지고 다시 암흑으로 돌아갔던 과정은 국가적 지원 없이 물류체제의 안정이 어렵다는 것을 보여주고 있다. 국제물류체제가 보편화되어 있는 현대 물류시스템에서도 정부의 기업 물류활동에 대한 지원은 성공의 관건이 되고 있다. 특히 기반시설인 도로, 철도, 항만, 공항시설 등 물류인프라의 구축에 대한 정부의 재정적 투자와 지원, 기업 물류활동을 원활하게 해주는 각종 규제와 국제협약의 체결, 언어, 문화 등 이질적인 요소의 영향을 최소화할 수 있는 문화정책과 정보관리를 위한 과학기술의 발달, 물류전문인력의 지속적 배양 등 물류활동의 기초 여건은 국가의 정책에 크게 의존하고 있다고 할 수 있다.

통합형 물류체제가 대세다

장보고대사의 해상 통합관리, 칭기스칸의 대륙 통합에 이은 육상, 해상 물류체제의 통합은 오늘날 물류부문이 추구하는 집중

(Integration)의 효용을 극대화한 개념이라고 할 수 있는데 이미 9세기 선대부터 예지를 발휘한 것이라 볼 수 있다. 칭기스칸은 지역적 통합만 이뤘고 쿠빌라이가 다른 운송수단 간의 통합을 추진한 것이었기에 기대했던 것만큼의 시너지 효과는 없었지만 비용의 절약이라는 경제성을 엿볼 수 있는 점이라 할 수 있다. 현대 물류에서는 이러한 통합의 범위나 규모가 발전하여 기능별, 운송수단별, 단계별 등 가능한 모든 부문에서 물류활동의 통합이 일어나고 있으며 이러한 통합과정을 통해 새로운 기능이 만들어지고 있다. 동북아 권역의 물류 효율화를 위한 글로벌 물류체제의 구축도 이러한 통합의 관념에서 출발한 것이라 할 수 있으며, IT분야의 첨단 기술을 활용한 물류활동의 단계별, 기능별, 주체별 관련 정보의 통합관리, 컨테이너를 활용한 다종 운송수단의 연계운송을 위한 일관운송체제, 물류 클러스터를 이용한 다양한 물류관련 주체들의 연계활동 등 대부분의 발전된 물류활동이 이러한 통합의 경제성을 극대화하는 예라고 할 수 있다.

쿠빌라이 이후 몽골제국은 정치적으로는 네 개의 칸국으로 분할되어 통치되면서도 유통, 상업활동 및 물류활동 등에서는 협력체제를 유지하여 느슨한 통합을 이루고 있었다. 물론 강력한 바탕 문화가 없어서 현지문화를 대부분 수용하고 계승 발전시켰던 몽골에 의한 독특한 지배방식이기는 하지만 필요한 경우에 일부 기능의 통합만을 추구하는 것도 바람직한 방안이라고 할 수 있다. 동북아 권역의 물류활동 통합에서도 전체적인 통합에 이르기까지 가능한 지역이나 기능부터 통합을 시도하여 제한된 경제성을 구하고 점차 확대하는 것도 좋은 접근방법으로 보인다. 그러나 물류체제의 구축에 있어 지나친 정치적 의존은 바람직하지 않다. 이럴 경우 정치적 단절이 곧 물류의 퇴장으로 이어질 수 있는데 원대의 물류체제는 막 위에서 사라지는 페이드 아웃정도가 아니라 갑작스런 종막으로 이어지고 물류에는 암흑이 오래 지속되기도 했었다.

조직의 혁신적 수용자세를 배워라

물류체제는 마스터플랜에 의해 원대한 시스템을 설계하고 구축하는 것도 어렵지만 일단 운영되는 시스템을 효율적으로 관리하는 것도 용이한 일은 아니다. 물류조직을 효율적으로 관리하기 위해서는 중복투자의 해소로 자원의 효율적 배분이 가능해야 하며 조직과 관련 인력을 지속적으로 양성하고, 훈련하여 물류관련 기술의 발전을 위한 기반을 조성해야 할 것이다. 소수의 유목민으로 구성된 몽골 정복군은 항상 새로운 정보와 신기술을 중시하여 정복지마다 현지 정보를 취합 분석하고 현지 기술자를 우대하며 신기술 습득 및 활용에 적극적이었다. 이러한 기술 인력의 양성, 신기술의 보급 등은 물류체제를 유지 발전시키는 데도 긍정적인 영향을 미친 것으로 볼 수 있다. 그래서 칭기스칸 군대는 자기네 개발품이든 아니든 기술을 향상시키려고 엄청난 노력을 쏟았고 기술자를 우대했다. 또한 범위가 넓어지고 복잡다기해진 물류활동의 움직임을 주시할 수 있는 정보채널이 열려 있어야 할 것이다. 다양한 정보를 수집, 관리할 수 있는 네트워크를 통해 관련 업계와의 협력관계 유지, 경쟁 상대방의 경쟁력 분석, 외국과의 문화적 언어적 격차를 해소하는 것도 중요하다. 칭기스칸 시대의 역참제는 왕의 위치가 항상 유동적인 몽골에서 유용하게 활용될 수 있는 비(非)중앙집중적 정보전달 체제이며 전 통치권역에 세세하게 구축된 물류의 근간이며 권력의 통치 수단이기도 했다. 역참망을 지도에 표시 한다면 세계 지도가 새카맣게 될 만큼 이 시스템은 정교한 조직이며 언제나 살아 움직이는 제 1차 인터넷 개념이라 할 수 있을 것이다. 장보고대사가 해상무역을 독점적으로 지배하게 할 수 있었던 기반에는 동북아를 포괄하는 네트워크의 역할이 컸다고 할 수 있다. 해상 무역활동의 수행을 위해서는 물적 네트워크뿐만 아니라 인적 네트워크도 상당히 중요했다. 장보고 대사는 재당, 재일신라인을 통하여 정보를 입수하였고 이를 국제물류에 적극적으로 활용하였다. 장보고대사의 해상활동에서나 칭기스칸의 물류체제 관리에서 돋보이는 점은 항상 기술자를 우대하고 신기술의 도입을 주도했다는 점이다. 물류활동처럼 하루가 다르게 발전하고 있는 기술적 진보를 수용하기 위한 조직의 혁신적 수용태세가 중요하다고 할 수 있다.

역사의 지층이 새로운 시대의 문을 연다

장보고와 칭기스칸의 물류 패러다임을 비교하면서 얻은 역사적 교훈을 정리하면 첫째, 물류체제의 구축 및 운영은 CEO 한 사람의 의지나 지도력에만 의존하는 것보다 조직적으로 운영되는 체제로 구축하는 것이 바람직하다는 것이다. 장보고의 해상운송체제가 그의 사후 궤멸한 것이나 원대의 거대했던 물류시스템이 쉽사리 전복되어 버린 것을 보면 개인에 의한 조직운영 보다는 시스템 자체가 조직적으로 운영되는 탄탄한 형태가 바람직함을 알 수 있다. 한 사람이나 소수의 과두 운영체제에서 의사결정에 소수의 영향력이 과

다하게 작용할 우려가 있는데 다행히 칭기스칸 시대에는 전원합의에 이를 때까지 시한을 정하지 않고 장시간의 토의를 거쳐 결정하여 모범적인 사례를 보여주고 있다. 물류활동은 연속적인 의사결정 과정이라고도 볼 수 있는데 이러한 과정에서 칭기스칸이 보여 준 사례가 좋은 길잡이가 될 수 있을 것이다.

둘째, 현대 물류활동은 분산되어 있던 조직, 기능, 활동을 통합하는 과정에서 시간과 비용을 절약하는 것을 기본으로 하고 있다. 물론 이처럼 물류활동의 통합이 주는 경제적 효과가 크지만 여건이 성숙하지 않은 경우 지역적, 기능별, 업종별 물류활동의 완전한 통합보다는 가능한 분야부터 단계적으로 통합하거나 1차적인 협력적 관계를 먼저 설정하는 것도 중요하다고 할 수 있다. 장보고 시대의 해상활동의 통합은 사실상 느슨한 통합이었거나 일종의 연합형태를 띠었다고 볼 수 있다. 동북아권역은 선대의 예와 유럽연합의 예에서 보듯이 장기적으로 경제활동의 국가별 제약을 서서히 완화해가는 로드맵을 그려볼 수 있을 것이다. 권역국가들이 잠정적인 목표로 추진하고 있는 FTA는 가능한 국가에서부터, 효과가 확실한 분야부터 시기적으로 파급효과가 큰 부문부터 전략적으로 추진할 필요가 있다고 보는데 우선 물류부문에서라도 권역국가 간에 긴밀한 협력체제를 구축하는 것이 바람직할 것으로 보인다.

셋째, 장보고 대사는 탁월한 능력과 통찰력을 바탕으로 구성원들에게 비전을 제시하고 실천함으로서 커다란 성과를 거둔 뛰어난 창조적 리더이며 국제적인 최고 경영자라고 할 수 있을 것이다. 칭기스칸에 대한 평가는 양면성이 있어 일부는 그의 잔혹한 야만성을 지적하기도 하나 그는 생각이 깊었고, 매우 엄격했으나 관대하고 자애로웠으며 용맹한 지도자로 평가하기도 한다. 호혜평등 정신을 가진 그는 병사들과 똑같은 게르에서 잤고 병사들과 똑같은 음식을 먹었기 때문에 병사들의 존경을 받았다. 칭기스칸은 정보를 소중히 관리하고 그 가치를 최우선시 하였으며 기술자를 우대하여 새로운 기술의 습득을 장려하였다. 장보고, 칭기스칸의 리더십 분석에서 보듯이 물류CEO가 갖춰야 할 성향으로 미래에 대한 확신을 심어줄 수 있는 장기적 비전, 다양한 문화적 이질성을 수용하는 포용력, 관련분야나 협력업체, 나아가 외국의 관련기업이나 관련단체와 이루는 원만한 협력관계, 인적 물적 네트워크의 구축 및 활용, 물류와 직 간접적으로 연관된 기술 인력의 우대, 통합 물류시스템의 구축, 의사결정 과정에서 참여자들의 의견을 최대한 수용하는 합의제 등을 들 수 있다.

넷째, 신라의 공식 지원이 소원했던 장보고 대사, 명대에 정책적으로 무시되었던 원대 물류정책 등에서 보면 민간부문의 기업물류활동을 지원해 주는 정부의 역할이 중요하다고 할 수 있다. 정부는 기업부문에서 최소 비용과 최단 시간에 제공할 수 있는 물류활동을 원활히 수행할 수 있도록 정책적, 재정적으로 지원하는 동시에 국제협력에 관한 여건을 적극적으로 형성하여 첨예한 국제물류분야 경쟁에서 자국의 경쟁력을 유지할 수 있어야 할 것이다.

다섯째, 일반 기업에서 물류부문을 개선하거나 새로 도입할 경우 기존 개념이나 조직의 틀을 바꾸는 부분적인 혁신적 접근도 때로는 필요하다고 할 수 있다. 칭기스칸은 그의 몽골부족 통합이라는 1차 과업을 완수하고 국가통치체제를 정비하는 과정에서 전래되어 오던 관습과 규칙들을 과감히 벗어나 혁신적인 행정, 조직, 제도개혁을 단행하여 체제를 안정시켰다. 그러나 이러한 개선과정에서도 물류활동이 기업의 기본 목적인 경제활동에 부수해서 수행되는 본

질은 유지되어야 할 것이다. 한정된 물류분야도 독자적인 부문으로 인정하고 물류활동에 관한 의사결정권을 부여하여 자율성이 있어야 효율적인 변화를 추구할 수 있을 것이다.

• 참고문헌

‖ **단행본** ‖

개빈 멘지스, 조행복 옮김, 『1421, 중국 세계를 발견하다』, 사계절, 2004

강정모 외, 『장보고와 동북아경제 중심전략』, 박영사, 2005

조영록, 『동양의 역사와 문화』, 국학자료원, 1998

김옥근, 『고려재정사연구』, 일조각, 1996

김종래, 『CEO 징기스칸-유목민에게 배우는 21세기 경영전략』, 삼성경제연구소, 2006

김종래, 『유목민 이야기』, 꿈엔들, 2005

김창석, 『삼국과 통일신라의 유통체계 연구』, 일조각, 2005

김형근, 『해상왕 장보고의 국제무역활동과 물류』, 해상왕장보고기념사업회, 2001

라시드 앗 딘 지음, 김호동 역주, 『몽골 제국이 남긴 '최초의 세계사' -부족지』, 사계절, 2003

라시드 앗 딘 지음, 김호동 역주, 『몽골 제국이 남긴 '최초의 세계사' -칭기스칸』, 사계절, 2003

라시드 앗 딘 지음, 김호동 역주, 『몽골 제국이 남긴 '최초의 세계사' -칸의 후예들』, 사계절, 2003

르네 그루세, 김호동 · 유원수 · 정재훈 역, 『유라시아 유목제국사』, 사계절, 1999

미스키 다카요시, 김인규 역, 『동서도자교류사』, 눌와, 2001

박용운, 『고려시대사』, 일지사, 1993

박한제, 김호동. 한정숙, 최갑수, 『유라시아 천년을 가다』, 사계절, 2003

배석규, 『칭기스칸 천년의 제국』, 굿모닝미디어, 2004

백산학회, 『대륙관계사 논정』, 백산자료원, 2000

블라디미르초프, 『몽골사회제도사』, 대한교과서 주식회사, 1990

신채식, 『동양사 개론』, 삼명사, 2000

스기야마 마야사키 지음, 임대희/김장구/양영우 옮김, 『몽골 세계제국』, 신서원, 2001

윤명철, 『한국해양사』, 학연문화사, 2003

______, 『고구려 해양사 연구』, 사계절, 2003

자크 아탈리 지음, 이효숙 옮김,『호모 노마드 유목하는 인간』, 웅진 지식하우스, 2006
잭 웨더포드 지음, 정영목 옮김,『징기스칸, 잠든 유럽을 깨우다』, 사계절, 2004
정수일,『고대문명교류사』, 사계절, 2002
정은주, 박미란, 백금희,『비단길에서 만난 세계사』,창비, 2005
조성을 편역,『격동의 아시아 정복왕조시대』, 집현전, 1998
최근식,『신라해양사 연구』, 고려대학교 출판부, 2005
최민자,『세계인 장보고와 지구촌 경영』, 범한, 2003
타니카가 토오루, 박찬익 역,『중국 물류의 기초지식』, 사계절, 2005
하자노프,『유목사회의 구조』, 지식산업사, 1990
한국역사연구회,『한국역사』, 역사비평사, 1992

‖ **논문** ‖

강봉룡, "한국의 해양영웅 장보고와 이순신의 비교연구 -장보고축제와 진남제의 역사적 맥락", 지방사와 지방문화 5권 1호, 2002, pp. 49~93
강봉룡, "해상왕 장보고의 동북아 국제 해상무역체제",『해상왕 장보고의 국제무역활동과 물류』, 김형근 편저, 해상왕장보고기념사업회, 2001
강상택, "8~9세기 동아시아 해상무역의 실태 - 장보고의 해상활동과 관련하여", 1998, pp. 69~77
강성작, "조선전기 대명공무역에 관한 연구", 인하대 대학원, 1990
강종희, "장보고 정신의 21세기 구현을 위한 해양 정책 방향", 한국해양수산개발원, 2005, pp. 57~72
고등사학회, "교과서에 보이는 장보고 관련 서술의 문제점과 제언", 2003, pp. 29~51
고승희, "18-19세기 북관개시의 운영과 성격",『제43회 전국역사학대회 논문집』, 역사학회, 2000
권덕영, "장보고의 약전", 사학 제 25권, 2002, pp. 25~52
권덕영, "재당 신라인의 종합적 고찰",『대외문물 교류연구 2』, 해상왕장보고기념사업회, 2003
권정한 외, "장보고와 해상왕국-장보고의 과오를 타산지석으로", 대한조선학회지

제41권 4호, 2004, pp. 47~55
김경미. "장보고는 국제무역 종합상사 1호다.", 해양한국, 2005.7, pp. 90~92
김덕수, "인물로 본 한국무역사에 관한 일고찰", 『해상왕 장보고의 국제무역활동과 물류』, 김형근 편저, 해상왕장보고기념사업회, 2001
김문경, "당 · 일에 비친 장보고", 동북아학회지 제 50권, 1995, pp. 145~165
______, "고대 동아시아의 해운활동과 장보고", 1997, p9~37
______, "청해대사 장보고의 일생", 1992, pp. 40~45
______, "장보고와 장도 청해진 무역", 1998, pp. 1~36
______, "장보고 대사와 청해진", 1991, pp. 20~25
______, "장보고의 해상무역에 관한 일고찰", 1998, pp. 63~90
______, "나말 신라인의 해상무역에 관한 연구 -장보고를 중심으로",1983
김성훈, "장보고 해상활동의 미래사적 조명", 『장보고와 동북아경제중심전략』, 강정모 외, 박영사, 2005
김재성, "장보고통상네트워크의 현대사적 의의", 해양비즈니스 제3호, 2004.6, pp. 9~22
김재철, "해신장보고와 한국의 진로", 해양한국, 2003.2, pp. 22~23
김천식, "장보고의 해상 활동의 범위와 역사적 의의", 해운물류학회 제41권, 2004.6, pp. 181~198
김형근, "신라인의 항해술에 관한 연구", 『대외문물교류연구2』, 해상왕장보고기념사업회, 2003
______, "해상실크로드와 해상왕 장보고", 『해상왕 장보고의 국제무역활동과 물류』, 김형근 편저, 해상왕장보고기념사업회, 2001
김호성, "국가발전 전략가로서의 장보고", 해양한국, 2005.7, pp. 93~97
민성규, 최재수, "해상왕 장보고의 해상활동과 무역의 의의", 『해상왕 장보고의 국제무역활동과 물류』, 김형근 편저, 해상왕장보고기념사업회, 2001
박명섭, "장보고의 해양네트워크 경영의 재조명을 통한 동북아 허브항만 구축에 관한 연구", 무역상무학회지 제27권, 2005.8, pp. 69~95
박양호, "신개방시대의 장보고 프로젝트-21세기 국가전략",동아시아미래연구회, 1999
박종록, "해양정보를 이용한 선조들의 지혜-장보고와 이순신 조류의 흐름을 이용했

다", 해양한국 2006.1, pp. 170~173
박한남, "고려의 대금외교정책 연구", 성균관대 대학원, 1994
이병로, "장보고 사후의 해상세력과 고려 왕건과의 관계", 계명대학교, 2003
이병로, "장보고와 훈야노 미야다마로와의 교역에 관한 연구", (재)해상왕장보고기념사업회, 2005.5, 5, pp. 1~27
야마사키 마사토시, "장보고시대의 동북아시아 무역", 2005, pp. 43~54
서수완, 박명섭, 고용기, "장보고 대사의 해양경영모델에 비추어 본 동북아 물류네트워크 구축방향", 해양비즈니스 제4호, 2004.12, pp. 23~42
서영교, "장보고의 기병과 서남양안의 목장", 2002, pp. 55~76
서윤희, "청해진 대사 장보고에 관한 연구, 신라 왕실과의 관계를 중심으로", 2001, pp. 1~37
신성재, "9세기 전반의 신라 정치사회와 장보고 세력", 학임 제 24권, 2003, pp. 1~35
안남일, "장보고 관련 문화콘텐츠 자료 연구", 우리어문연구 제23집, 2004.10, pp. 461~482
오용석, "중국경제의 발전과 장보고 모델의 현대적 응용", 동북아경제연구 제16권 제3호, 2004, pp. 73~111
우성남, "장보고 무역할로 탐사를 마치고", 대한조선학회지 제33권 제 3호, 1996, pp. 18~33
윤광운, 박명섭, 김재승, 손성문, "동북아 고대 해상무역제도에 관한고찰 -장보고의 통상네트워크와 관련하여", 국제무역연구 제 8권 제 1호, 2002.4, pp. 33~62
윤명철, "장보고의 해양활동과 국제관계 - 동아지중해론을 중심으로-" 해양정책연구 제16권 1호, 2001, pp. 303~338
윤명철, "장보고 시대 동아지중해의 해양활동과 국제항로", 『해상왕 장보고의 국제무역활동과 물류』, 김형근 편저, 해상왕장보고기념사업회, 2001
이용현, "장보고의 무역활동: 그 교역 조직면에서 접근", 해상왕 장보고의 국제무역활동과 물류』, 김형근 편저, 해상왕장보고기념사업회, 2001
이원식, 이기표, "장보고 무역선의 조선지 및 조선법식(선형)의 가정", 대한조선학회지 제40권 제2호, 2003, pp. 90~97
이유진, "8-9세기 동아시아 세계의 대외관계와 교역", 『해상왕 장보고의 국제무역활

동과 물류』, 김형근 편저, 해상왕장보고기념사업회, 2001

이철영, 정문수, "장보고 시대의 해양물류체계와 한반도 국제물류 중심화 방안", 『해상왕 장보고의 국제무역활동과 물류』, 김형근 편저, 해상왕장보고기념사업회, 2001

임종관, "장보고 해상활동의 재조명과 21세기 해양사상 고취 방향", 한국해양수산개발원, 1998

___, "장보고의 해상활동 재조명과 21세기국가경영시사점", 동아시아미래연구회, 1999

조태현, "장보고 해상무역활동의 재평가와 글로벌 경영의 미래 비전", 무역상무학회지 제 31권 제 2호, 2006.4, pp. 187~204

최재수, "장보고의 해상활동에 대한 새로운 접근 ·", 해양한국, 1999.5, pp. 156~166

___, "장보고의 해상활동에 대한 새로운 접근 ②", 해양한국, 1999.7, pp. 149~153

___, "장보고의 해상활동에 대한 새로운 접근 ③", 해양한국, 1999.8, pp. 146~149

___, "장보고의 해상활동에 대한 새로운 접근 ⑤", 해양한국, 1999.10, pp. 157~169

___, "장보고의 해상활동에 대한 새로운 접근 ⑥", 해양한국, 1999.11, pp. 128~132

___, "황해해상무역의 주역, 장보고와 재당신라인들", 해양한국, 2005. 4, pp. 170~173

한창수, "천년전의 글로벌 CEO, 해상왕장보고", 해양한국, pp. 97~99

허 일, "장보고의 선박 · 항해술 · 무역", 한국해양, 1999.3, pp. 97~106

황상석, "장보고를 한민족의 사표로 삼자", 열린마당, 2000, pp. 64~68

田俊遷, 成吉思汗發展經濟的措施和指導思想, 《西北史地》1997年 第1期, 《西北史地》編輯部, 1997

金錯刀, 成吉思汗是位好總裁?, 《全球商業經典》總第33,34期 合刊, 國家行政學院, 2005年 7月

吐娜, 成吉思汗在西域的統治, 喀什師院學報(哲學社會科學版) 第4期, 喀什師範學院, 1994

王來喜, 試論成吉史汗重商思想, 內蒙古師大學報(哲學社會科學版) 第26卷 第3期, 內蒙古師範大學, 2000年 6月

李天田, 成吉思汗的管理模式, 中國文化報, 2006年 4月 19日 第008版.

‖ **웹사이트** ‖

거북선과 이순신 http://www.gbsun.com

거북선 연구원 http://www.keobukseon.co.kr

하멜캡슐시스템 http://www.hamel.go.kr

한국해양사연구소 http://www.seahistory.or.kr

[찾아보기]

물류, 장보고와 칭기스칸에게서 배워라

저자 정필수

초판 1쇄 발행 2007년 8월 28일
초판 2쇄 발행 2007년 11월 30일

발 행 처 경희대학교 출판국
발 행 인 조 인 원

출판설립 1960년 9월 16일 제5-8호
출판등록 1977년 11월 8일 제6-5호

주 소 서울시 동대문구 회기동 1번지
전 화 (02) 961-0106/7
팩 스 (02) 962-8840

값은 표지에 있습니다.
ISBN 978-89-8222-317-1 (03510)

홈페이지 http://www.khup.com
이 메 일 khsd3080@khu.ac.kr